HAND Lettering A–Z

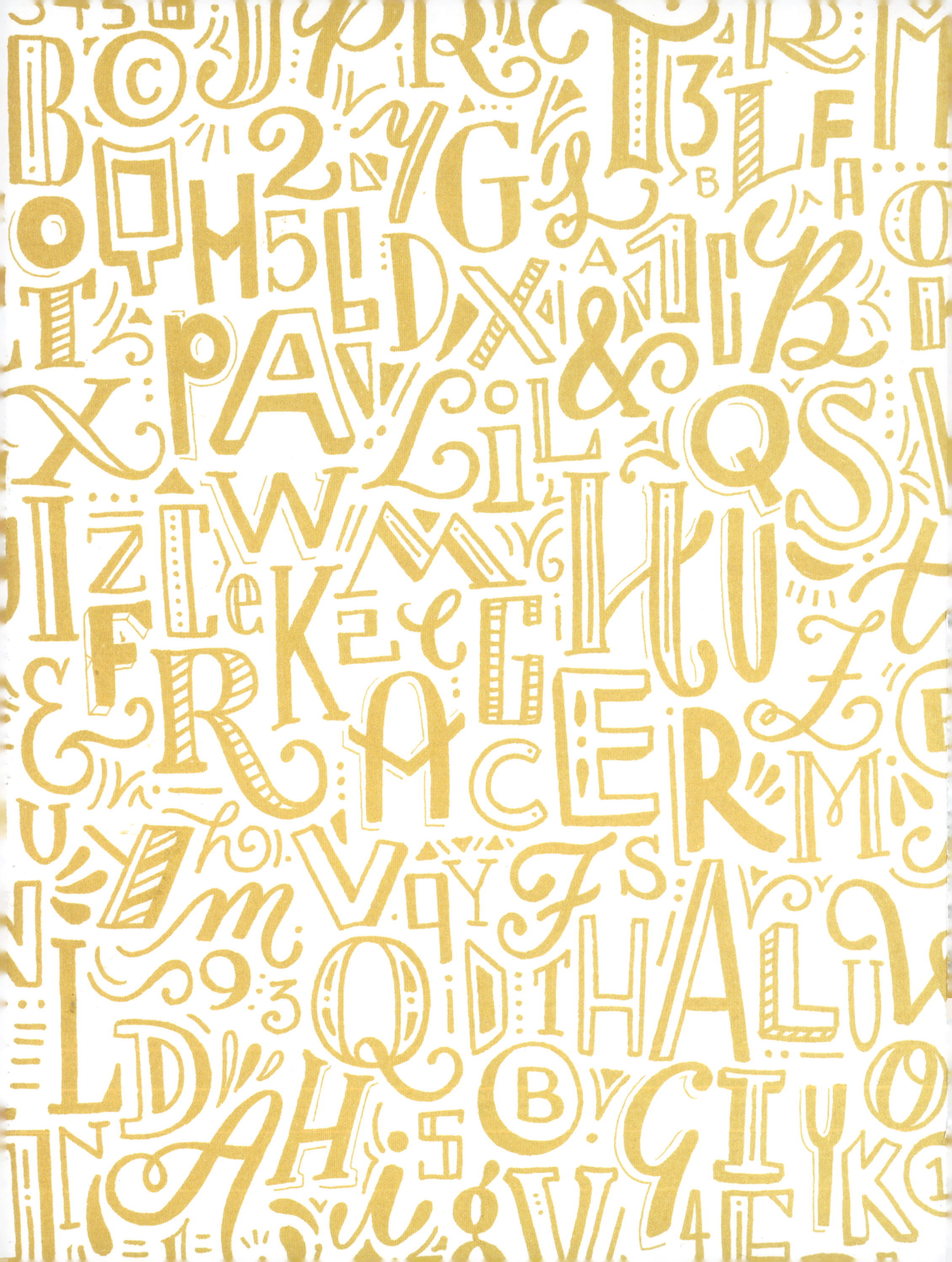

HAND Lettering A–Z

Kreative Ideen für das ENTWERFEN und ZEICHNEN von ALPHABETEN

Abbey Sy

stiebner

First published in the United States of America in 2017 by
Rockport Publishers, an Imprint of
Quarto Publishing Group USA Inc.
Beverly, Massachusetts

Umschlaggestaltung und Layout: Abbey Sy
Innenlayout: John Foster at Bad People Good Things

Titel der Originalausgabe: Hand Lettering A to Z. A World of Creative Ideas for Drawing and Designing Alphabets

Bibliografische Information der Deutschen Nationalbibliothek
Die Deutsche Nationalbibliothek verzeichnet diese Publikation in der Deutschen Nationalbibliografie; detaillierte bibliografische Daten sind im Internet über http://dnb.dnb.de abrufbar.

Übersetzung aus dem Englischen: Christine Heinzius
Satz und Redaktion der deutschen Ausgabe: Verlags- und Redaktionsbüro München, www.vrb-muenchen.de

ISBN 978-3-8307-1441-5

Printed in China

www.stiebner.com

Verlagshinweis: Wir produzieren unsere Bücher mit großer Sorgfalt und Genauigkeit. Trotzdem lässt es sich nicht ausschließen, dass uns in Einzelfällen Fehler passieren. Unter www.stiebner.com/errata/1441-5.html finden Sie eventuelle Hinweise und Korrekturen zu diesem Titel. Möglicherweise sind die Korrekturen in Ihrer Ausgabe bereits ausgeführt, da wir vor jeder neuen Auflage bekannte Fehler korrigieren. Sollten Sie in diesem Buch einen Fehler finden, so bitten wir um einen Hinweis an verlag@stiebner.com. Für solche Hinweise sind wir sehr dankbar, denn sie helfen uns, unsere Bücher zu verbessern.

INHALT

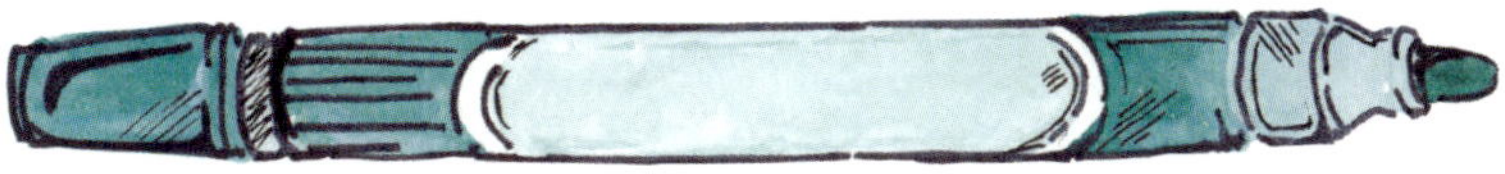

Einleitung 7

GRUNDLAGEN 8
Gut (aus-)gerüstet 8
Papier 9
Stifte, Bleistifte, Pinsel, Farbe 10
Skizzenbuch & Co. 11
Schriftarten & Zeichensätze 12
SERIF (MIT SERIFEN) 12
SANS SERIF (SERIFENLOS) 13
SCRIPT (SCHREIBSCHRIFT) 13

DAS EIGENE ALPHABET 14

SERIF 16
Swash Serifs 16
Lazy Serifs 22
Bone Type 28
Woodpecker vom Gastkünstler João Neves 34
Midwestr vom Gastkünstler Lisa Lorek 40

SANS SERIF 46
Condensed Capitals 46
Inline and Outline 52
Nature Story 58
Bubble Letters mit Farbverlauf der Gastkünstlerin Googly Gooeys 66

SCRIPT 74
Freehand Brush Script 74
Lined Script 80
Retro Script 86
Swish & Flick von der Gastkünstlerin Meagan Hyland 92

VERZIERUNGEN 98
SONDERZEICHEN 100

PROJEKTE 102
Maßgeschneidert 102
Künstlerisches Tagebuch 106
Notizbuch-Cover 108

GALERIE 110

Register 127
Danksagung 128
Über die Autorin 128

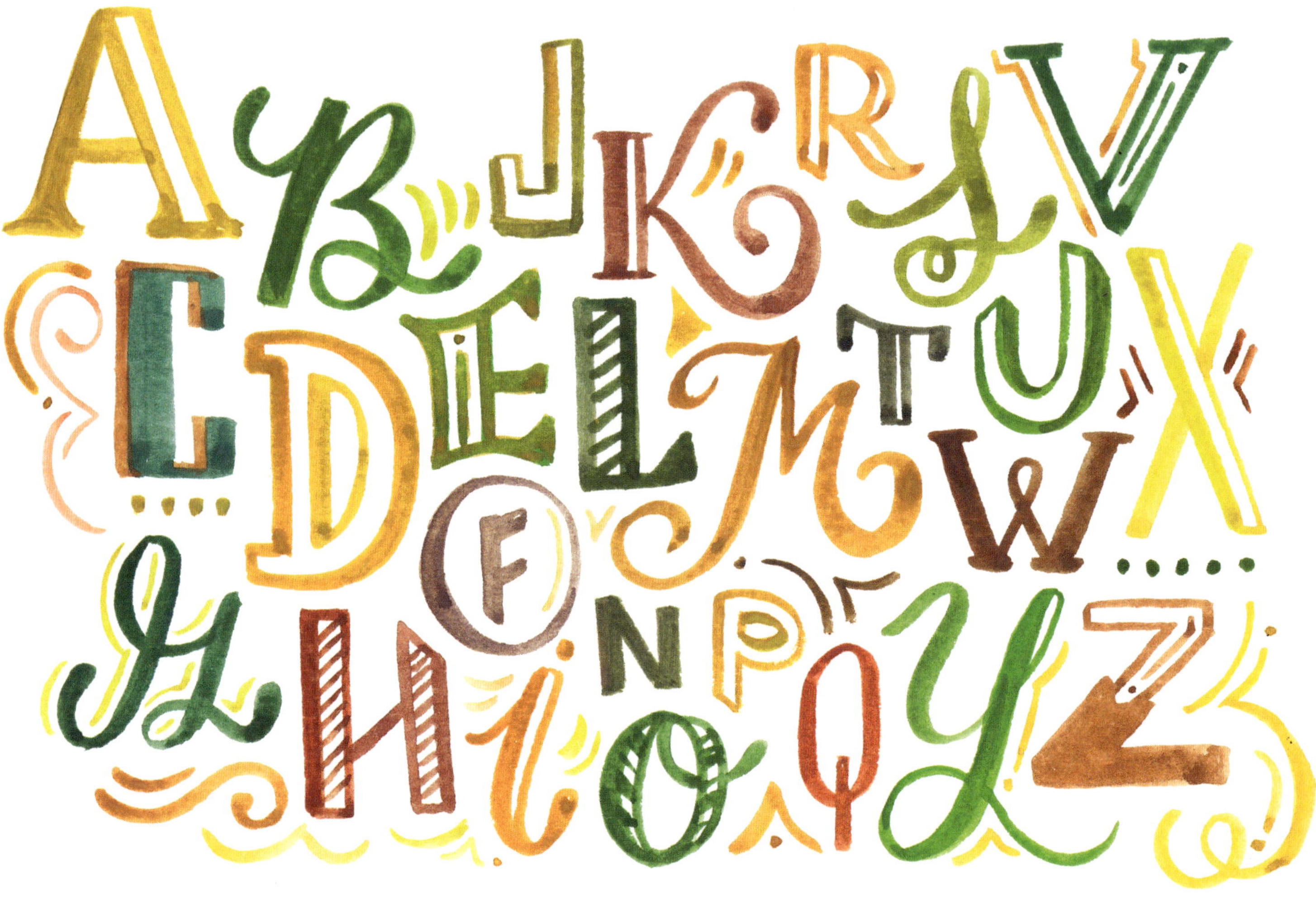

EINLEITUNG

Ihre Handschrift verrät so einiges über Sie – zum einen drücken Sie damit aus, was Sie sagen möchten, und zum anderen zeigen Sie damit auch Ihre Kreativität. Welche Art der Kommunikation könnte persönlicher sein?

Sie können mit Ihren Schriften herumspielen. Sie können sie in Tage- und Notizbüchern einsetzen, in Kunst für Ihre Wände, in Geschichten für Kinder, in Briefen an Freunde – in jeglicher Kommunikationsart. Deswegen habe ich vier internationale Künstler eingeladen, zusammen mit mir für dieses Buch Alphabete zu entwerfen und in vielen Sprachen zu zeigen, wie man sie anwenden kann. Wie Sie in diesem Buch sehen werden, müssen Sie kein ausgebildeter Künstler sein, um das Handlettering zu beherrschen. Mit Buchstaben zu spielen erfordert keine umfassenden Kalligrafiekenntnisse.

Es gibt Alphabete für den Anfänger wie für Fortgeschrittene, die es Ihnen erlauben, Ihre Kreativität so zu nutzen, wie es Ihnen gefällt – bunt oder schwarz-weiß, schlicht oder barock. Es geht nur darum, kreativ mit den sechsundzwanzig Buchstaben unseres Alphabets umzugehen – Worte miteinander zu verweben und Spaß an der visuellen Kommunikation zu haben. Worte haben die Kraft, Menschen zu berühren – *I love you, Je t'aime, Te amo.* Das macht aus dem Handlettering, dem Anpassen des Stils an das Gefühl, eine so einzigartige und persönliche Kunstform.

Ich hoffe, dass dieses Buch Ihnen dabei hilft, Ihren eigenen Stil zu finden und zu nutzen. Ich wünsche Ihnen, dass Ihre Ideen Ihre Fantasie beflügeln und Sie ermutigen, den Stift zur Hand zu nehmen und loszuschreiben.

HABEN SIE SPASS DABEI UND BLEIBEN SIE KREATIV!

Abbey

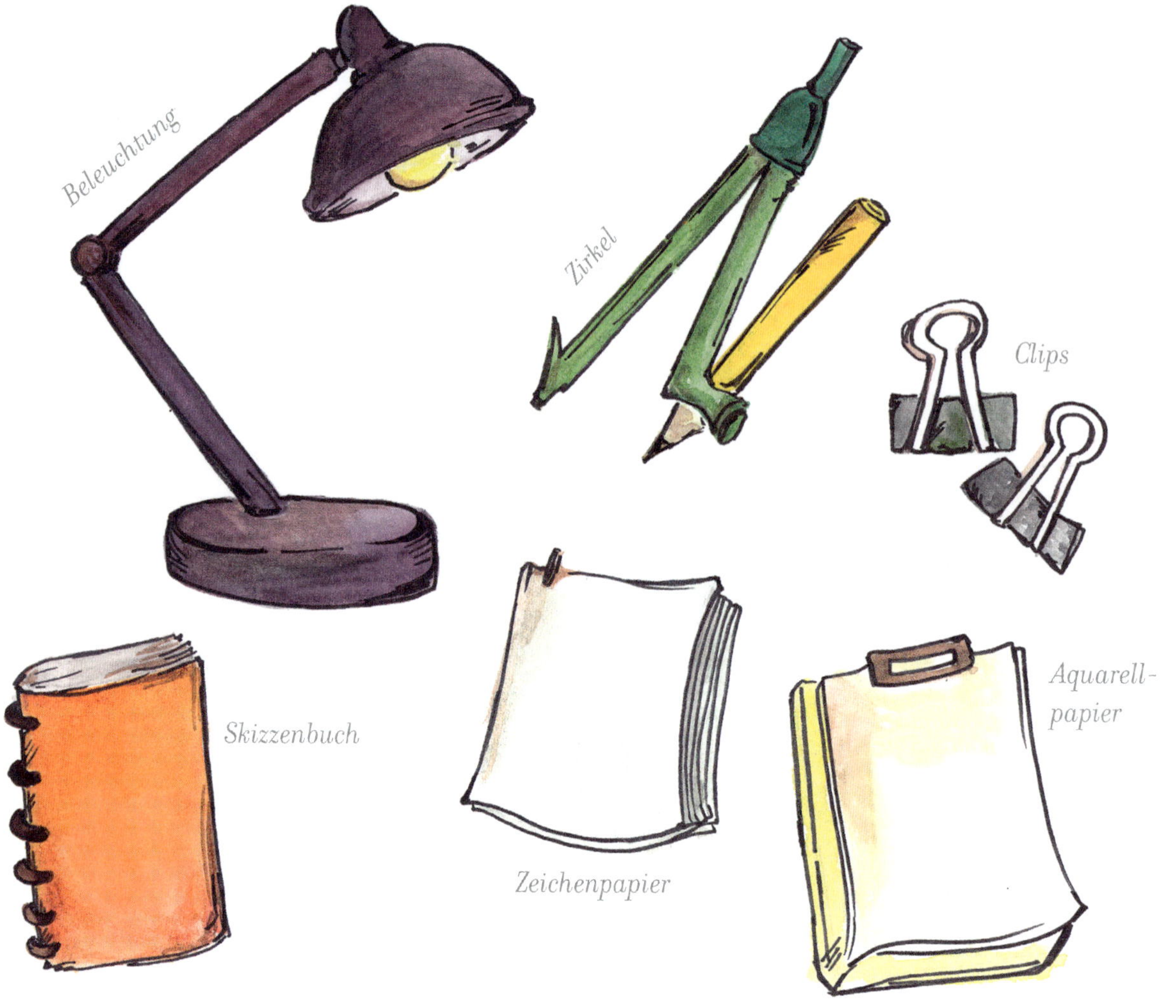

GRUNDLAGEN

Gut (aus-)gerüstet

Ob Sie nun über einen eigenen Arbeitsplatz verfügen, an dem Sie Ihre Materialien aufbewahren können, oder am Küchentisch arbeiten – so kommen Sie bestens zurecht: Achten Sie darauf, dass Ihre Arbeitsfläche sauber und völlig glatt ist. Wenn Ihr Tisch teilweise uneben ist, legen Sie einen Karton oder dickes, glattes Papier unter das Zeichenpapier.

Schaffen Sie genug Raum rund um den Schreibtisch, um bequem arbeiten zu können.

Die Arme und Ellbogen sollten Sie frei bewegen können. Wenn Sie sich an den Armen eingeengt fühlen, ist es schwierig, fließend zu schreiben.

Eine gute Beleuchtung ist wichtig. Maximieren Sie tagsüber das natürliche Licht, es ist das beste Licht, wenn man mit Farbe arbeitet. Abends ist eine flexible Schreibtischlampe mit beweglichem Arm eine gute Wahl.

DIESES ZUBEHÖR SOLLTEN SIE IMMER ZUR HAND HABEN:

Lineal – *zum Messen und für Hilfslinien*
Clips – *um das Zeichenpapier festzuhalten*
Weicher Radiergummi – *für Bleistiftmarkierungen*
Bleistiftspitzer – *ein einfacher reicht völlig*
Zirkel – *für Kreise und Kurven*

Papier

Welches Papier Sie brauchen, hängt davon ab, ob Sie mit Markern, Fineliner, Wasserfarbe und Pinsel, Kreide oder Bleistiften arbeiten. Wenn Sie häufig Buchstaben zeichnen oder gern ihre Ideen skizzierend ausprobieren – hier ein paar Papierarten, die dafür gut geeignet sind. Je mehr Sie damit herumexperimentieren, desto eher werden Sie Ihre persönlichen Favoriten finden.

ZEICHENKARTON ist glatt und recht schwer, sodass man ihn beidseitig benutzen kann. Er ist perfekt für Stifte und Tinte, Marker und Buntstifte und hält auch leichten Wasserfarben stand.

AQUARELLPAPIER gibt es in vier unterschiedlichen Qualitäten: Feinkorn (fein, glatt), Mittleres Korn/satiniert (leicht rau), Grobkorn (rau), Torchon (sehr rau). Anfänger arbeiten am leichtesten auf glattem Papier. Wenn Sie erfahrener sind, mögen Sie es vielleicht auch, auf Papier mit stärkerer Textur zu malen. Experimentieren Sie und finden Sie Ihr Lieblingspapier. Die meisten Aquarellpapiere wiegen zwischen 200 bis 300 Gramm pro Quadratmeter, was kräftig genug für Wasserfarben ist. Ich habe gern sowohl Bögen als auch Blöcke zur Hand und bevorzuge raues Papier.

SKIZZENBÜCHER: Nutzen Sie ein Skizzenbuch, um Ihre Entwürfe und ersten Skizzen zu erarbeiten. Skizzenbücher eignen sich dafür, Ihre Handletteringfähigkeiten zu üben und zu verfeinern. Ich skizziere die ganze Zeit, und habe dabei festgestellt, dass meine besten Ideen für Designs und Layouts aus meinem eigenen Skizzenbuch stammen.

Da ich immer und überall ein Skizzenbuch dabei habe, mag ich es, wenn es nicht viel größer als meine Hand ist. Skizzenbücher mit Karos oder Punkten sind toll für grobe Skizzen und Ideen, weil das Raster es vereinfacht, Buchstaben abzumessen. Wenn Sie oft mit Wasserfarben arbeiten, wählen Sie ein Skizzenbuch mit robusten Papier.

SPEZIALPAPIER gibt es in unterschiedlichen Farben, Oberflächen, Texturen, Gewicht und Größen. Cardstock zum Beispiel ist ein fester Karton (ca. 200 Gramm pro Quadratmeter) in Unifarben, häufig mit Struktur oder anderen Effekten, der sich gut für Geschenke, Souvenirs und Einladungen eignet. Spezialpapiere wie dieses sind in der Regel von hoher Qualität und können teuer sein. Man verwendet sie also am besten nur für etwas Besonderes.

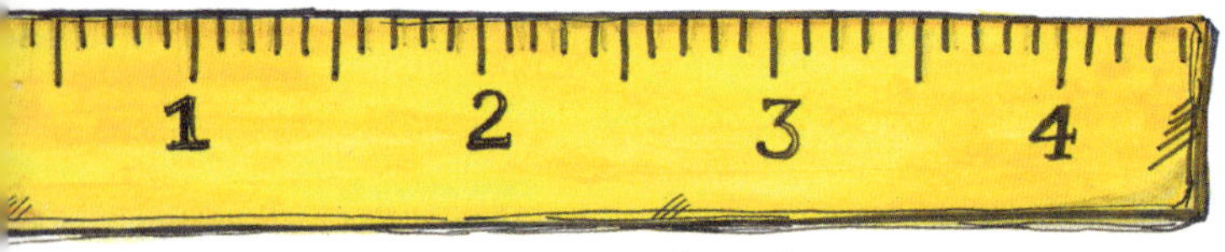

Lineal

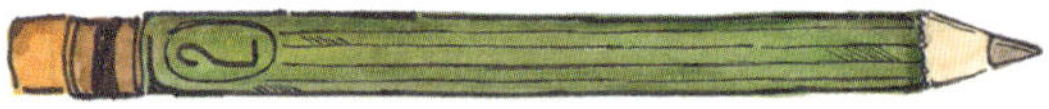

Bleistift

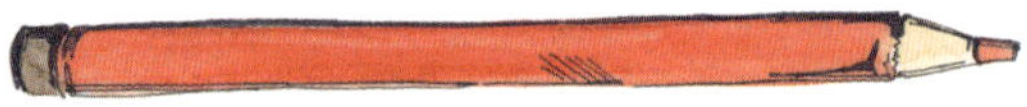

Buntstift

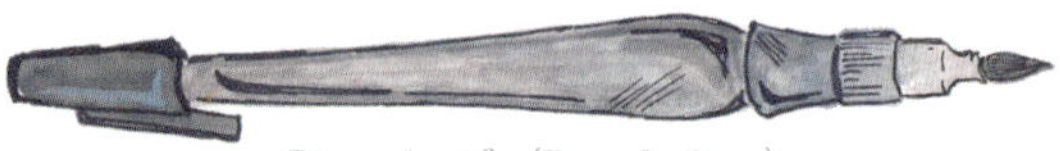

Pinselstift (Brush Pen)

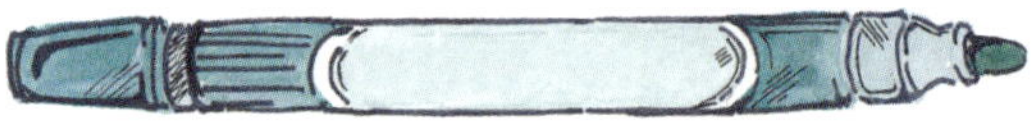

Marker

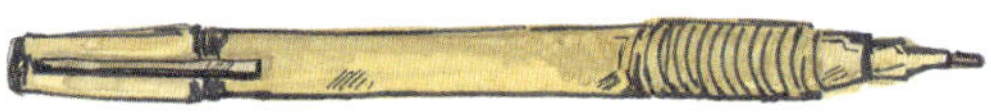

Fineliner

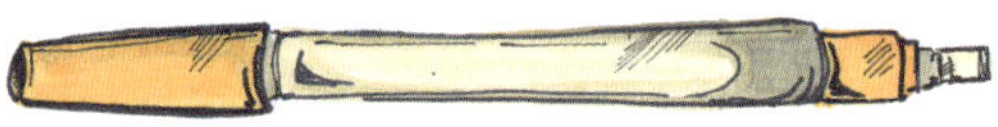

Kalligrafiespitze

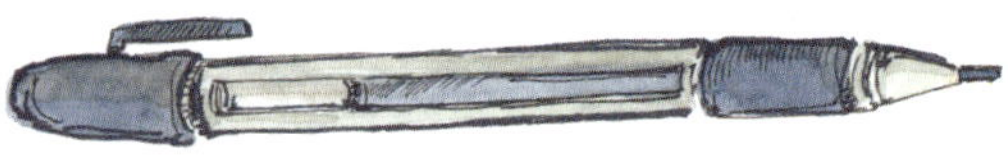

Gelstift

Stifte, Bleistifte, Pinsel und Farbe

FINELINER MIT RUNDER SPITZE: Ein Fineliner ist Ihr bester Freund. Sie zeichnen und scribbeln damit ähnlich wie mit einem Bleistift, was den Fineliner zum universellen Zeichenstift fürs Handlettering macht. Fineliner gibt es in Stärken von 0,01 bis 0,8 mm. Sie sollten Stifte in mindestens drei unterschiedlichen Stärken zur Hand haben, damit man mit Schatten, Linien und Details spielen kann. Die Stärken, die ich am häufigsten benutze, sind 0,1, 0,5 und 0,8 mm für unterschiedlich dicke und dünne Linien und Details.

GELSTIFTE: Gelstifte haben eine runde Spitze, ähnlich wie die Fineliner, aber die Struktur der Schrift ist anders. Sie eignen sich gut fürs Handlettering, weil sie günstig, überall erhältlich und super für grobes Skizzieren und Zeichnen sind.

STIFTE MIT KALLIGRAFIESPITZE: Kalligrafiespitzen sind flach und eckig, damit kann man breite und dünne Linien schreiben. Sie werden meistens für Großbuchstaben und gotische Schriften benutzt sowie für Schreibschrift, es gibt sie in vielen unterschiedlichen Breiten.

PINSELSTIFE sind perfekt für den glatten, frei fließenden Look asiatischer Kalligrafie. Ihre Biegsamkeit macht sie zu einem guten Stift für Kunst mit starken Schwüngen. Pinselstifte gibt es mit synthetischen und Naturhaaren. Gefilztes Haar ist für Anfänger am besten, da es der Spitze von Filzstiften ähnelt.

BLEISTIFT: Es ist wichtig die Bleistifthärte auszuwählen, die Ihrer persönlichen Vorliebe entspricht. Ich nehme gern einen HB oder 2H Bleistift zum Skizzieren. Sie hinterlassen relativ zarte Markierungen, die leicht wegzuradieren sind, wenn ein Entwurf in Tinte oder Farbe ausgearbeitet wurde. Ein Druckbleistift ist ebenfalls gut eignet.

BUNTSTIFTE sind für Anfänger eine gute Wahl. Sie bieten satte, leuchtende Farben und verleihen Ihren Strichen ein hübsches, organisches Aussehen. Praktisch jede Art von Papier eignet sich für Buntstifte. Verwenden Sie ein schwereres Papier, wenn sie mit Aquarellbuntstiften arbeiten.

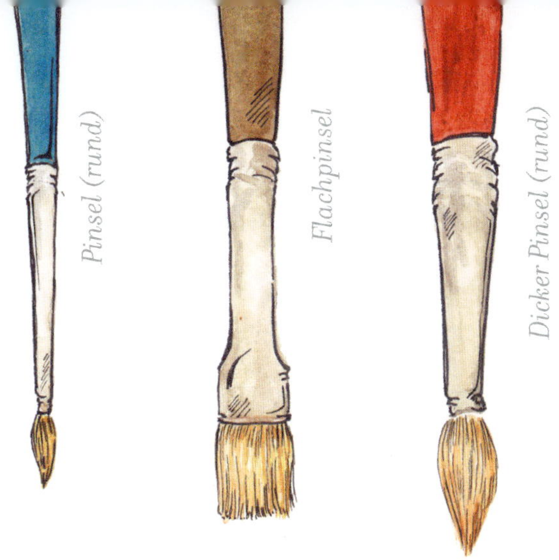

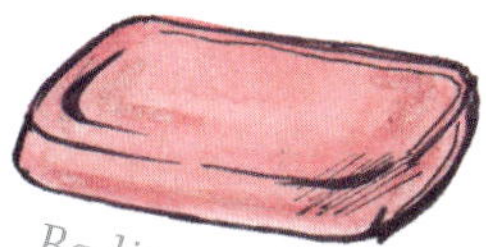

Radiergummi

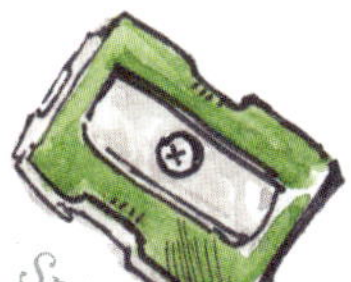

Spitzer

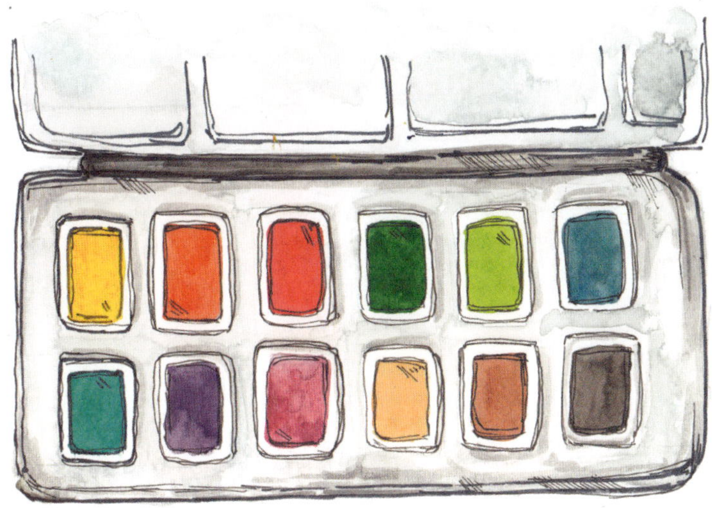

Aquarellfarben

AQUARELLPINSEL: Runde Pinsel mit feinen Spitzen sind sehr vielseitig, sie lassen dicke und dünne Streifen für die meisten Schriftstile entstehen. Ich habe immer für alles Mögliche einen dicken und einen dünnen, runden Pinsel zur Hand. Flachpinsel eignen sich am besten für römische oder gotische Schriften sowie für Serifen (siehe S. 12) und eckige Buchstaben. Sie sind eine gute Wahl bei Buchstaben, die sehr unterschiedlich dick sind.

Die häufigsten und am einfachsten zu benutzenden Pinsel sind synthetisch (Nylon oder Perlon). Sie nehmen nicht sehr viel Wasser auf, und die Haare sind sehr biegsam. Pinsel aus Tierhaaren (Kolinsky, Zobel, Eichhörnchen etc.) sind meist weicher und schwerer zu kontrollieren. Naturhaarpinsel nehmen mehr Wasser auf. Wenn Sie also gern nass in nass mit Wasserfarben arbeiten, helfen Naturhaarpinsel, diesen Effekt zu erzielen.

AQUARELLFARBEN: Aquarellfarben eignen sich sehr gut fürs Handlettering; sie erlauben es, Farben zu mischen und so eigene Farben zu kreieren. Sie sind transparent, was sie sehr vielseitig macht. Wenn Sie lieber mit deckenden Farben schreiben wollen, verwenden Sie Gouachefarben.

Unterschiedliche Farben zur Verfügung zu haben, hilft, unterschiedliche Effekte bei den Buchstaben zu erzielen. Aquarellfarben und Gouache sind sowohl in Tuben als auch in Malkästen erhältlich. Kaufen Sie immer lichtechte Farben von hoher Qualität.

Skizzenbuch & Co.

Inspiration gibt es überall – Ihre Aufgabe ist es, sie zu finden. Kreative Ideen, die wie aus dem Nichts aufzutauchen scheinen, verschwinden auch genauso schnell wieder, wenn man sie nicht notiert. Haben Sie deshalb immer und überall ein Skizzenbuch dabei. Hilfreich ist auch eine Korkpinwand, an die Sie Zettel sowie Farb- und Stilproben pinnen können.

Gehen Sie mit offenen Augen durchs Leben, dann werden Sie an den ungewöhnlichsten Orten etwas Inspirierendes entdecken: die Typographie auf einer Seifenverpackung, ein Busfahrschein, ein altes Straßenschild. Filtern Sie Ihre Eindrücke ganz nach Geschmack, um so Ihren eigenen Stil zu finden.

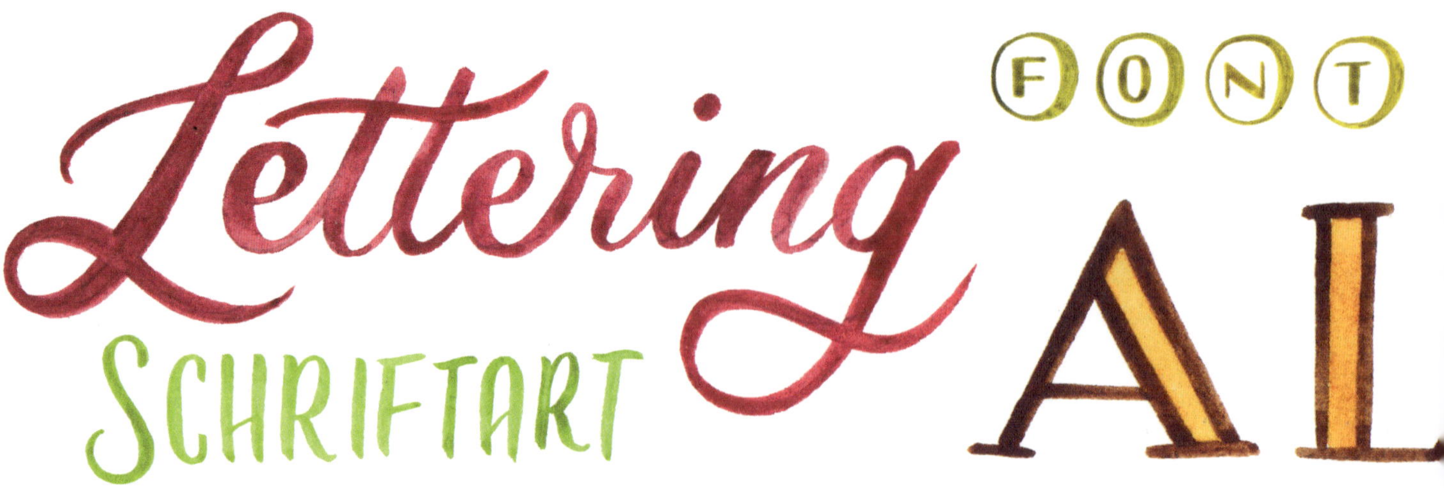

Schriftarten & Zeichensätze (Fonts)

Jede Schriftart besteht aus einer alphabetischen Reihe von Groß- und Kleinbuchstaben mit einem speziellen Stil und einer bestimmten Größe. Man spricht auch von einem Zeichensatz (englisch: Font). Beim Handlettering gibt es genau wie bei einem Druckverfahren drei Hauptschriftarten: Serif (mit kleinen Endstrichen an den Buchstaben), Sans Serif (ohne Serifen) und Script (Schreibschrift).

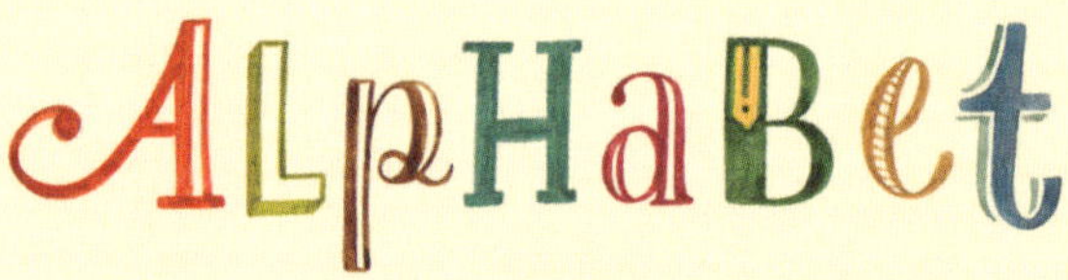

Jeder Buchstabe setzt sich aus verschiedenen Strichen zusammen. Dazu gehören der nach unten führende Ab- oder Grundstrich, der auch »Nase«, »Ansatz« oder »Dachansatz« genannte, schräg-horizontale Anstrich sowie der nach oben geführte Aufstrich, der auch »Haarstrich« genannt wird, weil er die dünnste Linie im Buchstaben markiert.

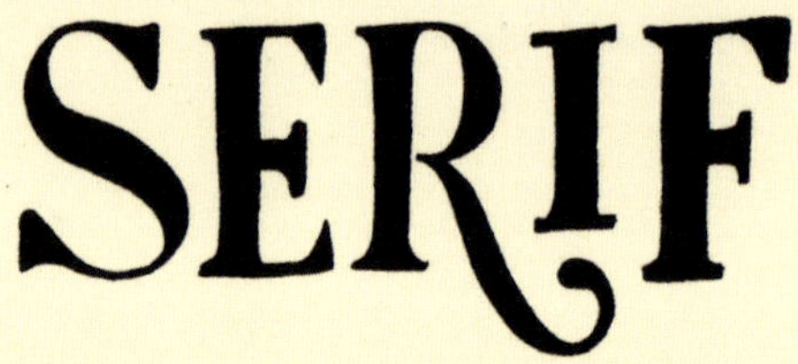

SERIF

Die kleinen Endstriche an den Buchstaben nennt man also Serifen. Sie geben der Schrift einen klassischen und zugleich verspielt wirkenden Touch. Verlängern Sie eine Serife – und schon erinnert sie vielleicht an eine Kletterpflanze, an ein Spinnennetz oder eine Garnspule, woraus sich eine zündende Idee für eine ganz neue, kreative Schrift entwickeln kann. Den inneren Bogen der Serife, die Serifenrundung, nennt man auch »Kehlung«.

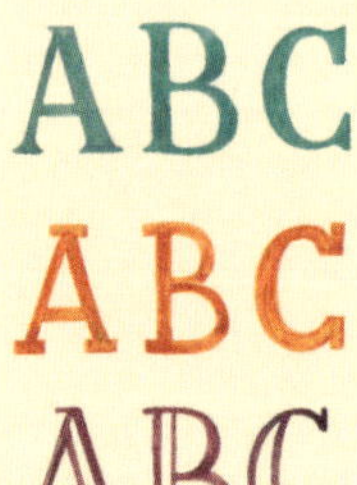

Beispiel 1: Old Style
(mit Kehlung)

Beispiel 2: Slab Serif
(ohne Kehlung, geringer Kontrast)

Neoklassisch/klassizistische Antiqua
(einzelne Monoline)

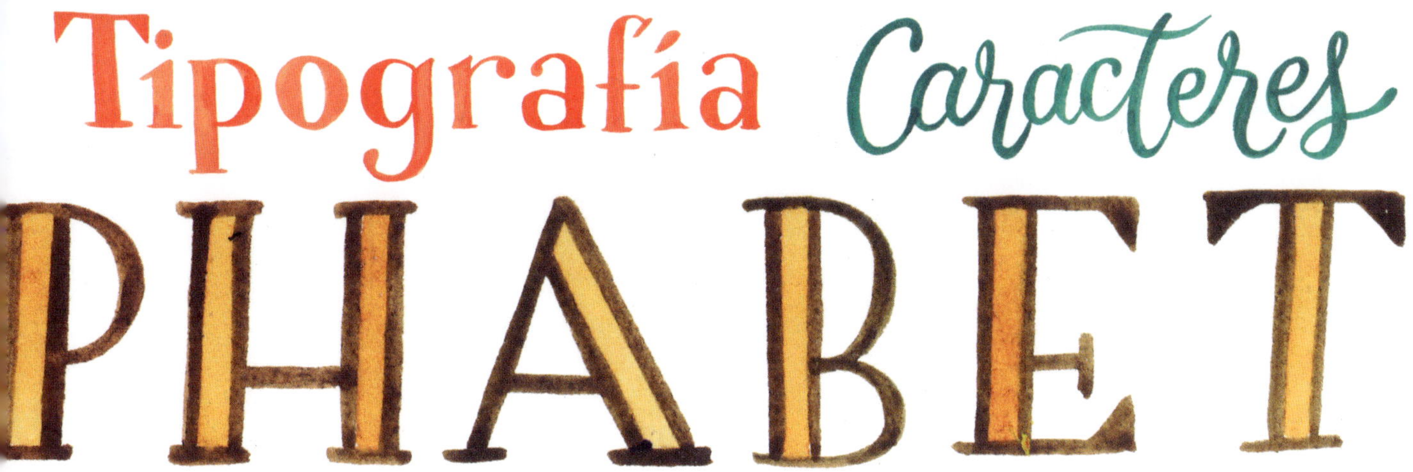

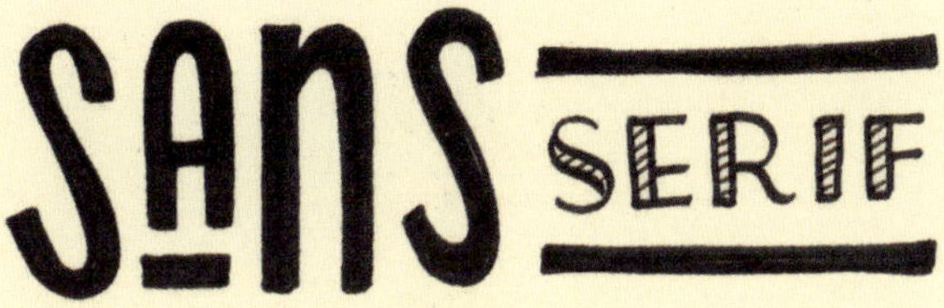

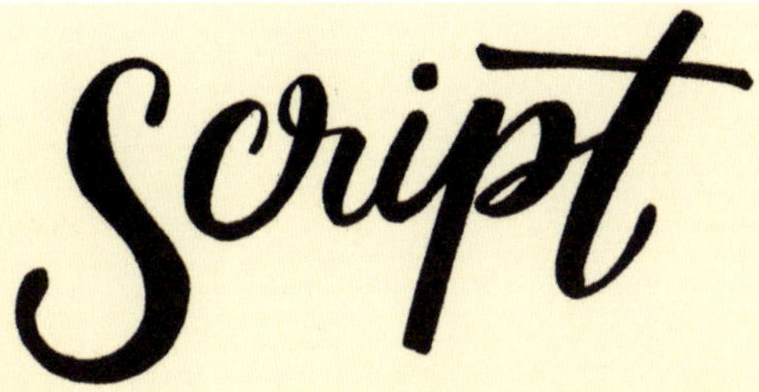

SANS SERIF

Serifenlose Schriften werden meist bei modernen Designs eingesetzt. Viele Websites nutzen zum Beispiel gern serifenlose Schriften für den Text wie für die Überschriften. Mit ihrem stromlinienförmigen Look sind serifenlose Schriften ein toller Ausgangspunkt für kreative Modifikationen.

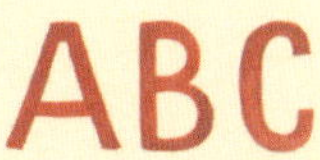

Beispiel 1: Grotesk
(modern)

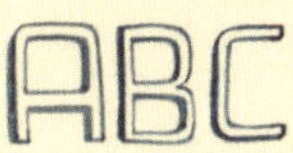

Beispiel 2: Square
(klare Endung mit weniger Bögen)

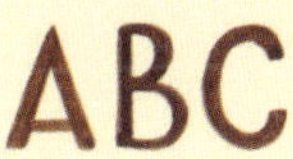

Beispiel 3: Geometrisch
(von geometrischen Formen inspiriert)

SCRIPT

Schreibschrift ist ein lockerer Schriftstil, bei dem die Buchstaben – wie in einer flüssigen Handschrift – miteinander verbunden werden. Sie passt toll zu romantischen Botschaften oder wenn Sie Blumen und Schnörkel ergänzen wollen. In ihren moderneren Ausprägungen wird Schreibschrift auch gern in der Graffitikunst verwendet, im Retrostil und in vielen anderen Stilen mehr.

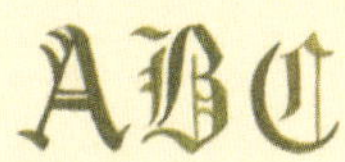

Beispiel 1: Fraktur
(ein Stil aus der Zeit, als bewegliche Lettern noch nicht erfunden waren)

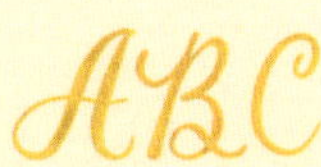

Beispiel 2: Kalligrafisch
(traditionell, formal)

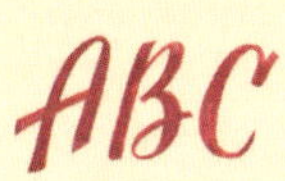

Beispiel 3: Locker
(modern)

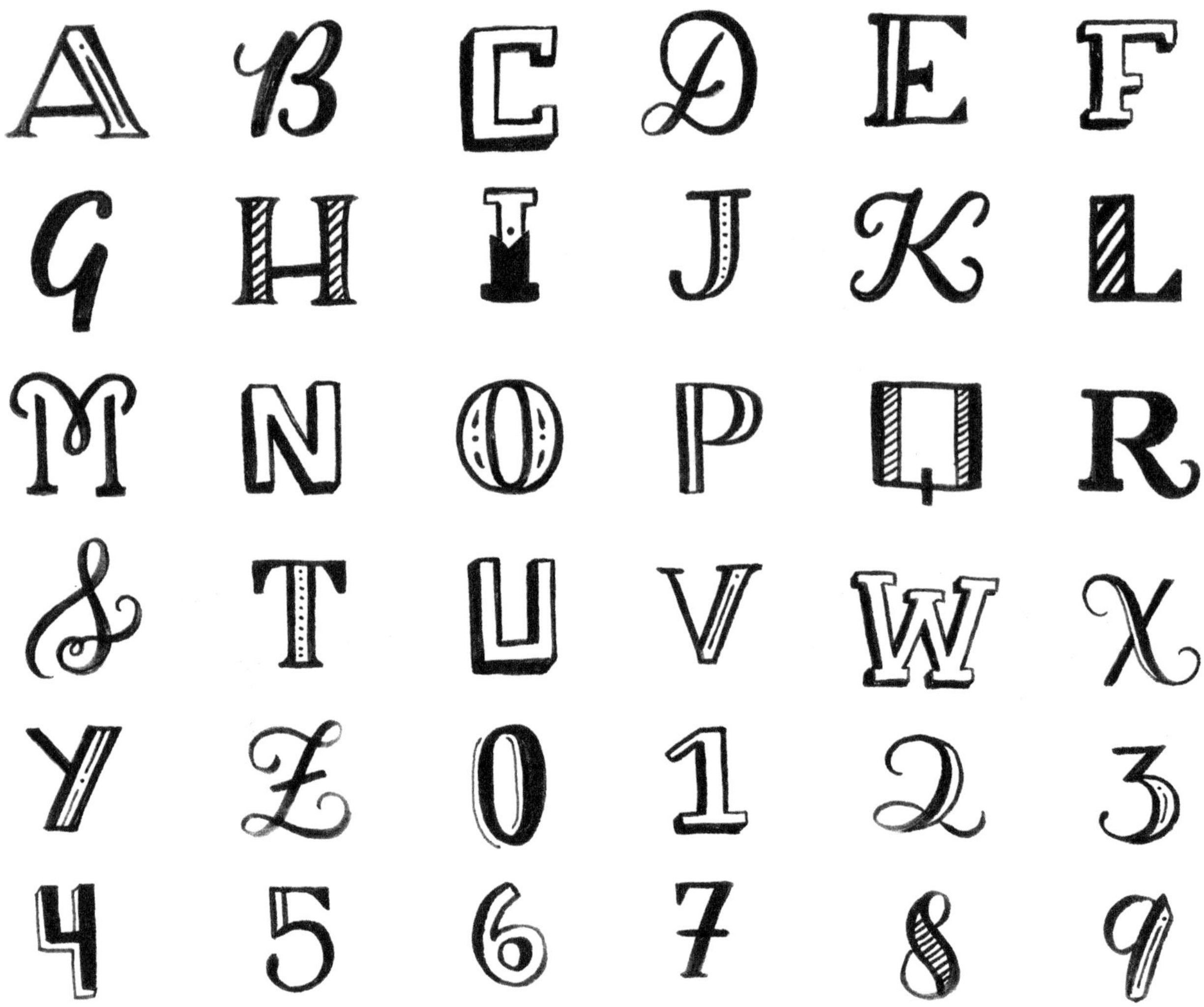

DAS EIGENE ALPHABET

Jetzt geht's los mit dem Entwickeln und Kreieren Ihrer eigenen Alphabete. Denken Sie daran, dass ein handgezeichnetes Alphabet visuell hervorstechen soll – lassen Sie Ihrer Fantasie freien Lauf. Es kommt vor allem darauf an, verschiedenste Ausdrucksformen für die Buchstaben zu finden, die Sie vor Ihrem geistigen Auge haben.

1 Beginnen Sie mit den einfachsten Buchstaben. Sie können sich dabei an Ihrer eigenen Handschrift orientieren. Es gibt keine Regeln für die jeweilige Größe von Klein- und Großbuchstaben oder für passende Ober- und Unterlängen, aber versuchen Sie, sie einheitlich zu zeichnen. Meistens sollten Grundbuchstaben in ein Kästchen passen, da es als Rahmen für den Buchstaben dient. Die dazugehörigen Ober- und Unterlängen können über das Kästchen hinausreichen.

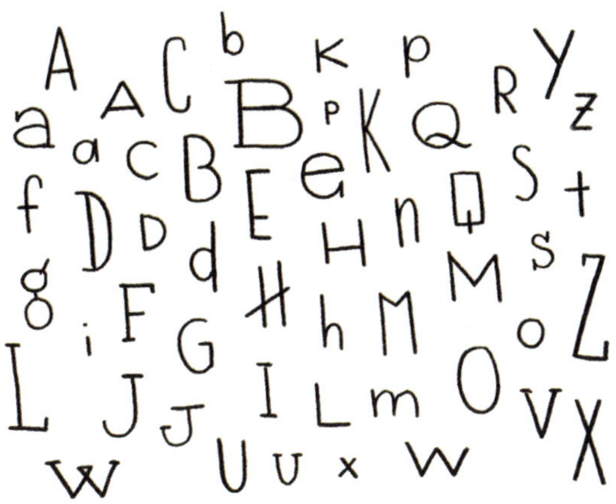

2 Um den Buchstaben optisch Gewicht zu verleihen, können Sie zum Beispiel Striche dicker machen, auch mit unterschiedlichen Stichstärken experimentieren, um Abwechslung zu kreieren bzw. eine Outline (siehe S. 53) oder einen Schatten für einen dreidimensionalen Effekt hinzufügen.

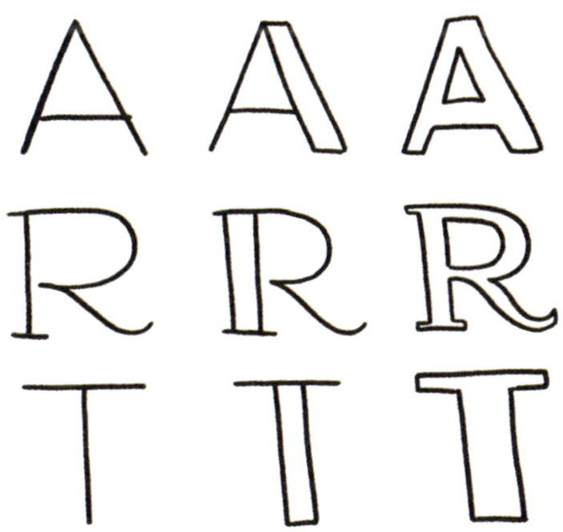

3 Fügen Sie Ihrer Schrift Muster oder andere Verzierungen hinzu, seien es Schnörkel am Ende der Striche, andere fröhliche Elemente oder Farben. Seien Sie so witzig oder so ernst wie Sie möchten. Die Möglichkeiten sind unerschöpflich.

Hier sehen Sie einige Variationen des Buchstabens A. Nutzen Sie diese als Ausgangspunkt für Ihre eigenen Entwürfe. Je weiter Sie sich davon entfernen, um Ihre eigenen Ausdrucksmöglichkeiten zu finden, desto besser.

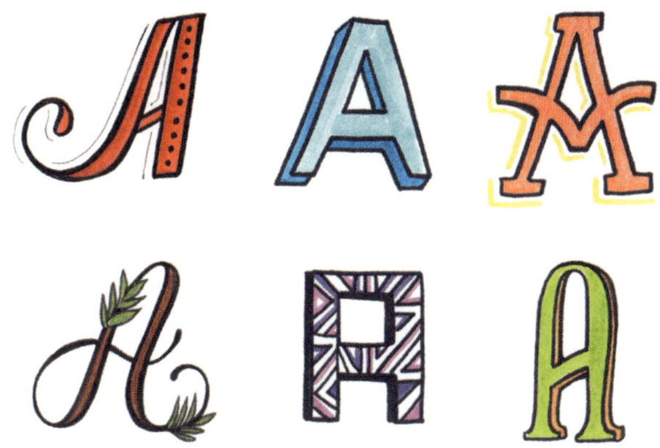

Obere Reihe von links nach rechts:

- Für diesen Effekt wurden Serifen und Schreibschrift kombiniert. Dazu Muster und kräftige, transparente Farbe, damit die Buchstaben stark hervortreten.
- Umrisse und Farben zusammen lassen diese Buchstaben geschlossen wirken. Der 3-D-Schatten bringt Tiefe und Kontrast.
- Probieren Sie es mal mit einem ausgefallenen Querstrich oder extravaganten Serifen. Umranden Sie den Buchstaben mit einem helleren Farbton für einen strahlenden Effekt.

Untere Reihe von links nach rechts:

- Naturelemente passen gut zu Schreibschriften.
- Geometrische Muster und ein dunkler Schatten verleihen einem auffallenden Buchstaben weitere Dimensionen.
- Eine angerundete Serifenschrift in Kontrastfarben betont den Charakter des Buchstabens.

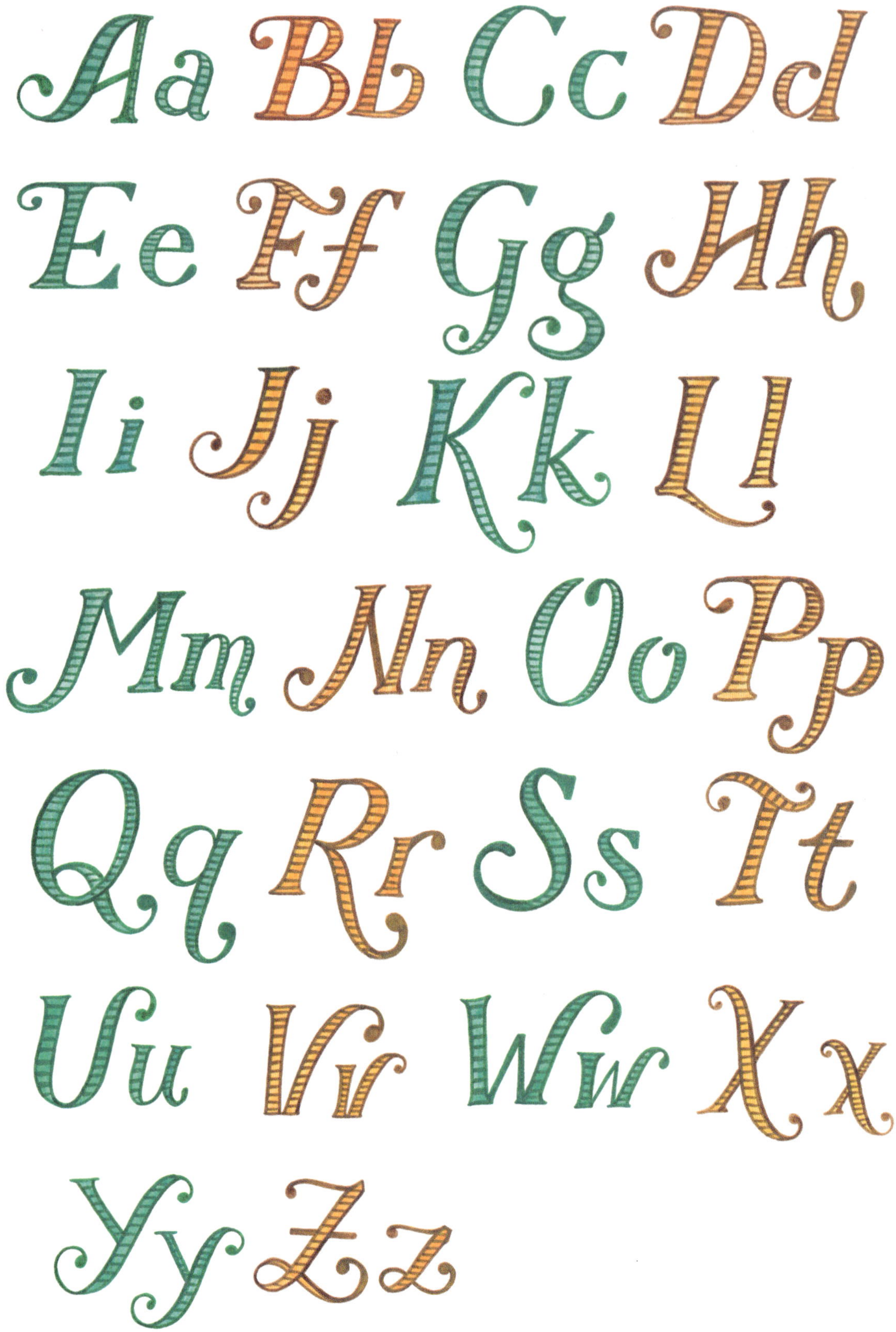
Aa Bb Cc Dd
Ee Ff Gg Hh
Ii Jj Kk Ll
Mm Nn Oo Pp
Qq Rr Ss Tt
Uu Vv Ww Xx
Yy Zz

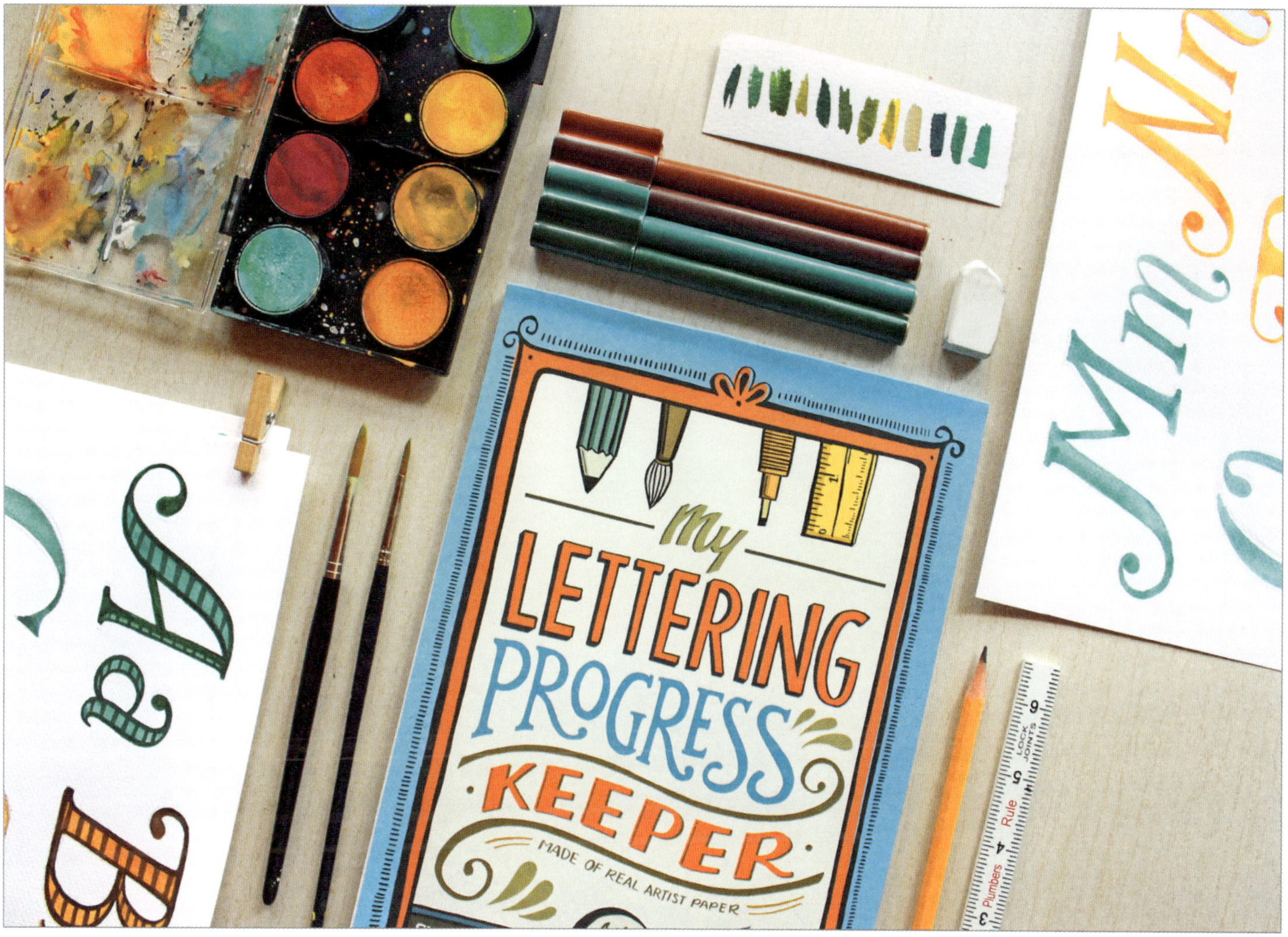

SERIF

Swash Serifs

Bei dieser Schrift wollte ich modernen Schwung und traditionelle Eleganz vereinen. Wie bei einer Schreibschrift sind die Buchstaben um 45 Grad nach rechts geneigt und haben deutliche Unterschiede zwischen Haar- und Grundstrichen. Aquarellfarbe und Filzstift wurden gemischt, und ein gestreiftes Muster lässt die Schrift auf eine fröhliche Weise modern wirken.

Material & Zubehör

- Papier zum Üben
- Bleistift
- Radiergummi
- Lineal
- 200–300 g/m² Feinkorn Aquarellpapier
- Aquarellmalkasten (eine oder zwei Farben daraus)
- dicker, runder Pinsel
- Filzstift mit runder Spitze (einen Ton dunkler als die ausgewählte Farbe)

1 Zeichnen Sie zum Warmwerden mit dem Bleistift ein Serifenalphabet mit unterschiedlichen Groß- und Kleinbuchstaben. Sie können mit der Höhe und Breite spielen, aber achten Sie darauf, dass sie ausgewogen sind und in ein Quadrat passen. Ergänzen Sie neben den Serifen noch eine schräge oder gekippte Version des gleichen Alphabets.

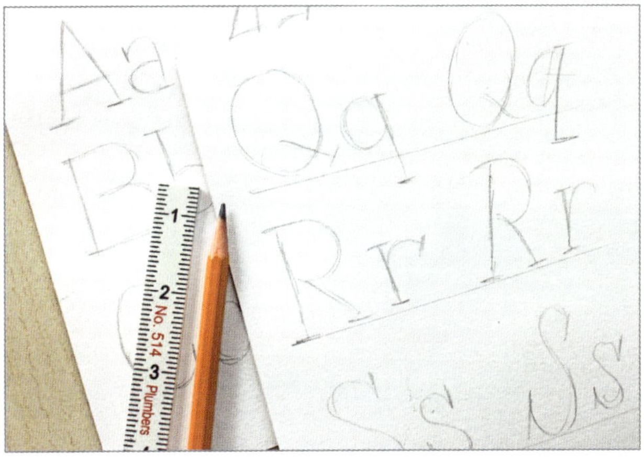

Ich habe eine Schrift mit gerundeten Bögen (Antiqua) und Serifen gewählt, aber Sie können auch eine andere Schrift nehmen. Wenn Sie sich für eine Serifenschrift entschieden haben, fangen Sie an, auf dem Aquarellpapier zu arbeiten. Zeichnen Sie die Buchstaben nach rechts geneigt (kursiv).

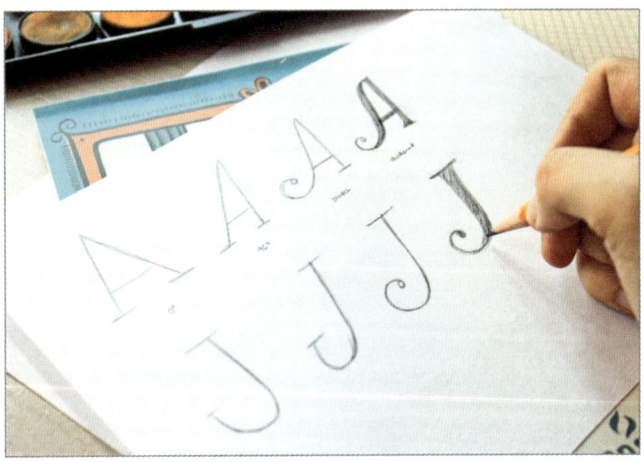

2 Ergänzen Sie an einem Ende der Serifen einen Schwung (Swash): Das sind Verzierungen am End- oder Anfangsstrich einer Serife. Sie werden immer übertrieben, sodass der Swash leicht über den eigentlichen Umriss des Buchstabens hinausragt. Ergänzen Sie am Ende jeweils eine Kugel.

3 Sorgen Sie für einen zusätzlichen Kontrast, indem Sie die Querstriche der Buchstaben verstärken. Achten Sie darauf, dass diese breit genug für das Streifenmuster sind.

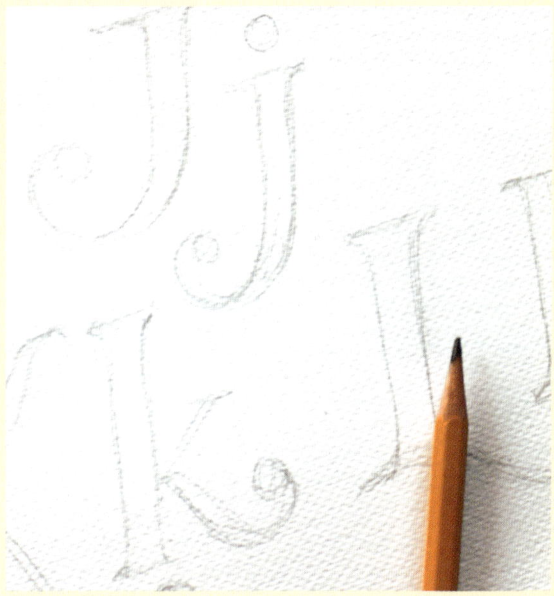

ANMERKUNG: Jeder Groß- und Kleinbuchstabe kann bis zu zwei Swashes und Kugelendungen bekommen. Die schmaleren Enden behalten die Serifenstruktur. Manche Buchstaben (wie U und I) bekommen eventuell keine Endungen oder Swashes.

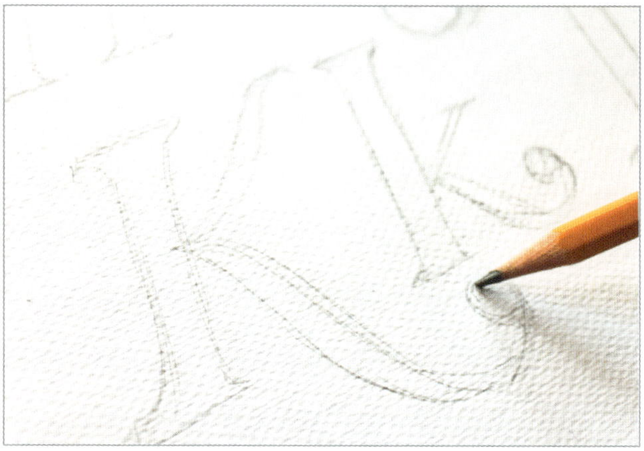

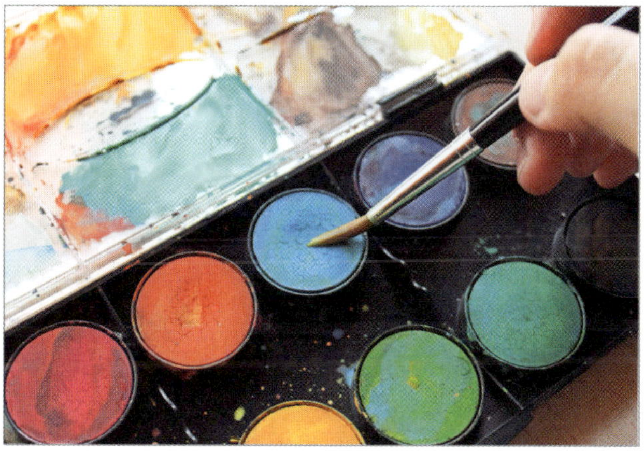

4 Wenn Sie mit Ihren Vorzeichnungen fertig sind, übertragen Sie diese auf Aquarellpapier. Ich habe für dieses Alphabet Feinkornpapier benutzt, weil es eine glatte Textur hat, was gut bei gemischten Techniken (hier Wasserfarbe und Filzstift) ist. Ich arbeitete auf einem 18 x 25,5 cm großen Bogen, auf den ungefähr vier Groß- und Kleinbuchstaben passen. Zeichnen Sie die Buchstaben leicht mit einem Bleistift vor, lassen Sie dabei genug Platz für üppige Swashes.

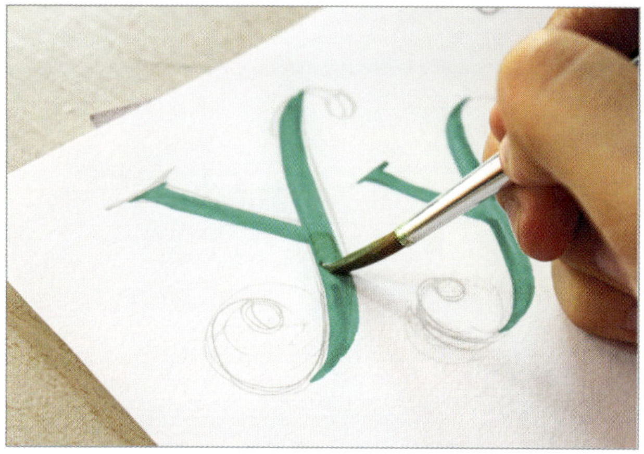

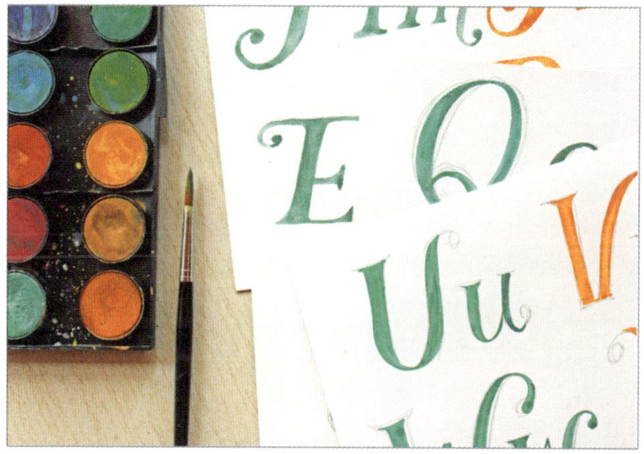

5 Jetzt wählen Sie eine Farbe aus und malen diese mit einem runden Pinsel und Aquarellfarbe in die breiten Buchstabenstriche. Folgen Sie dabei den Bleistiftlinien für eine einfachere Bemalung.
Die Wahl der Farbkombination ist hier ganz offen. Ich habe abwechselnd die Komplementärfarben Blau und Orange in Retrofarbtönen benutzt. Für den gelborangen Farbton mischte ich Gelb auf meiner Palette mit etwas Hellorange.

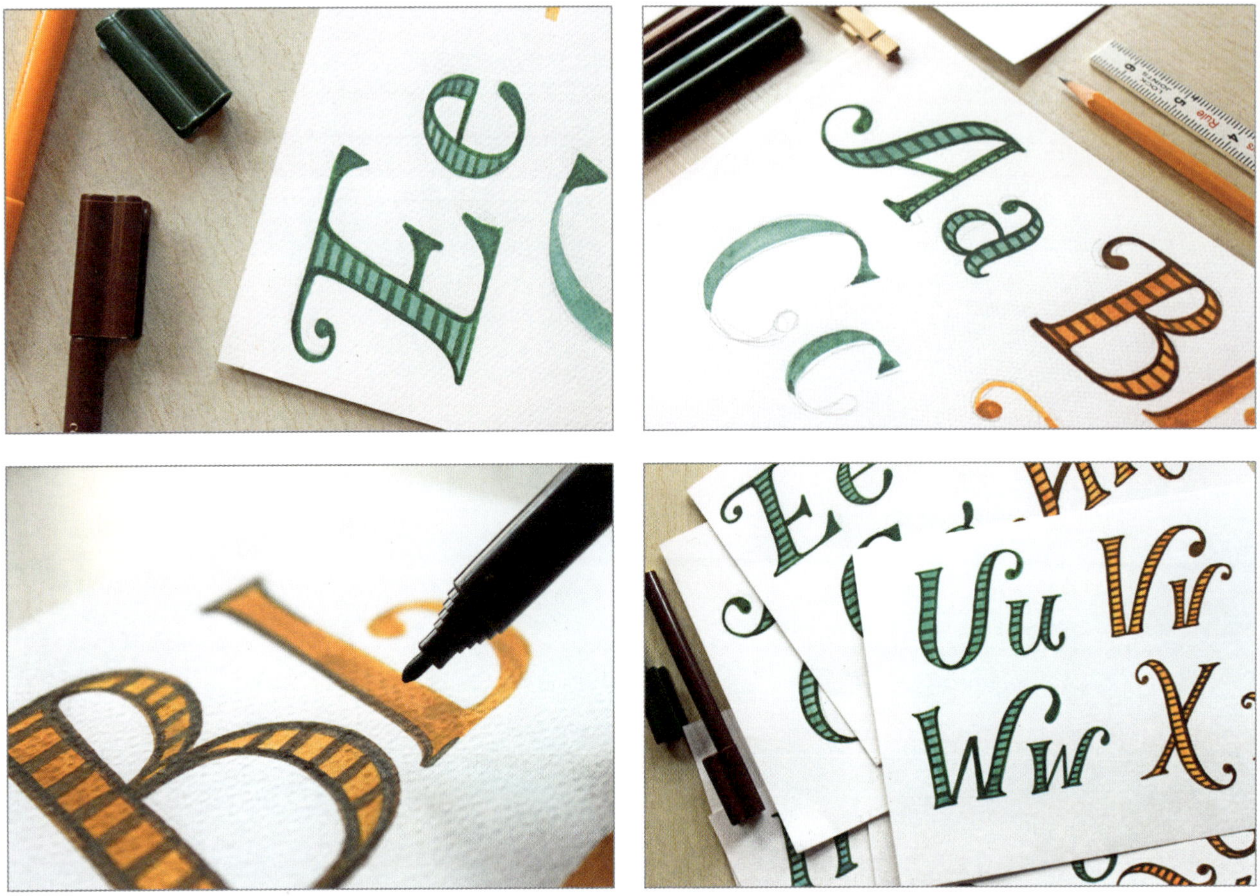

6 Lassen Sie die Farbe ganz trocknen – mindestens zwei Stunden. Danach radieren Sie die Bleistiftmarkierungen weg. Ziehen Sie die gemalten Buchstaben mit einem runden Filzstift in einem dunkleren Farbton nach. Ergänzen Sie anschließend Streifen für das Muster in den dicken Strichen.

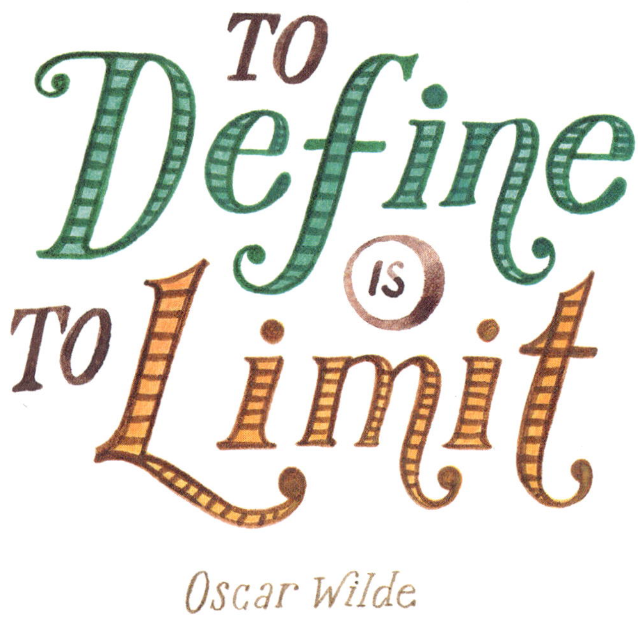

Definieren bedeutet limitieren.

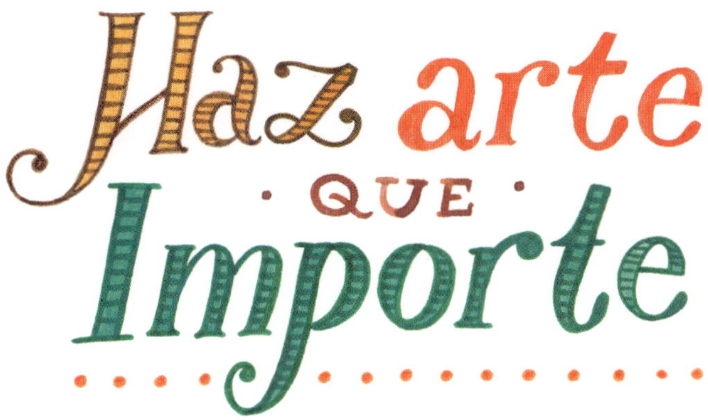

Kreiere Kunst, die etwas bedeutet.

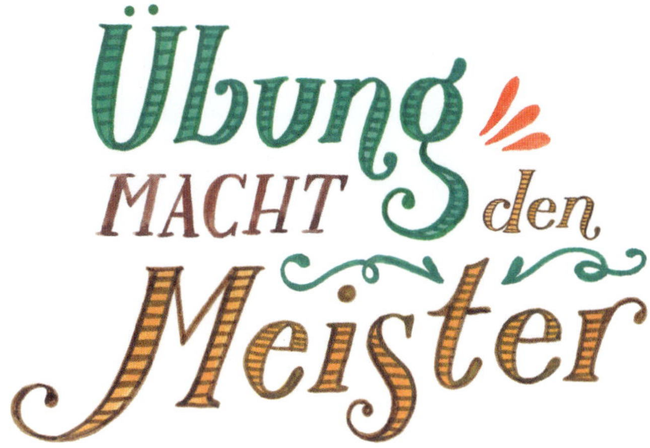

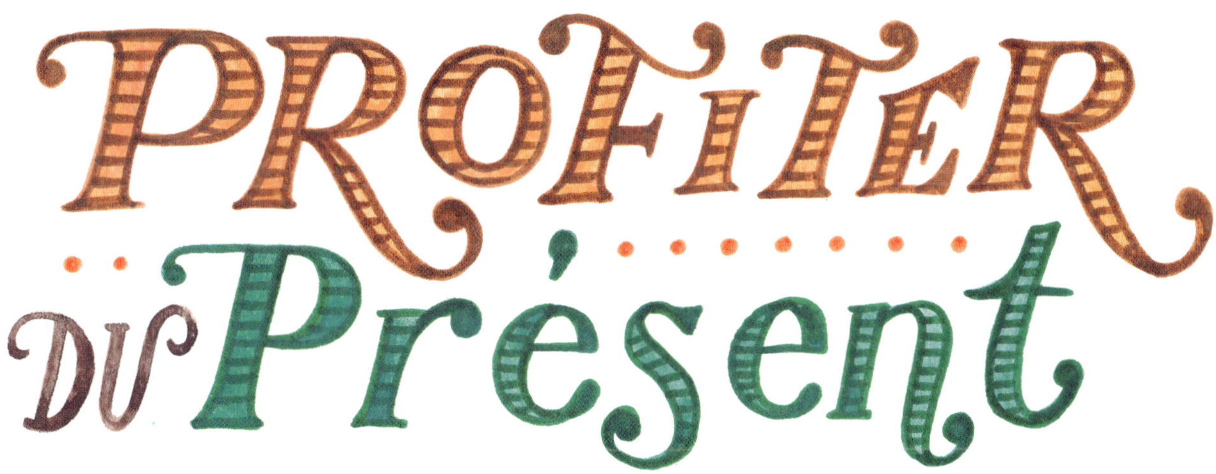

Genieße das Hier und Jetzt.

Tipp: *Manche Schwünge (Swats) können größer oder übertriebener sein als andere. Entscheiden Sie, welche Wörter Sie betonen möchten, und verwenden Sie auch mehrere Farbkombinationen.*

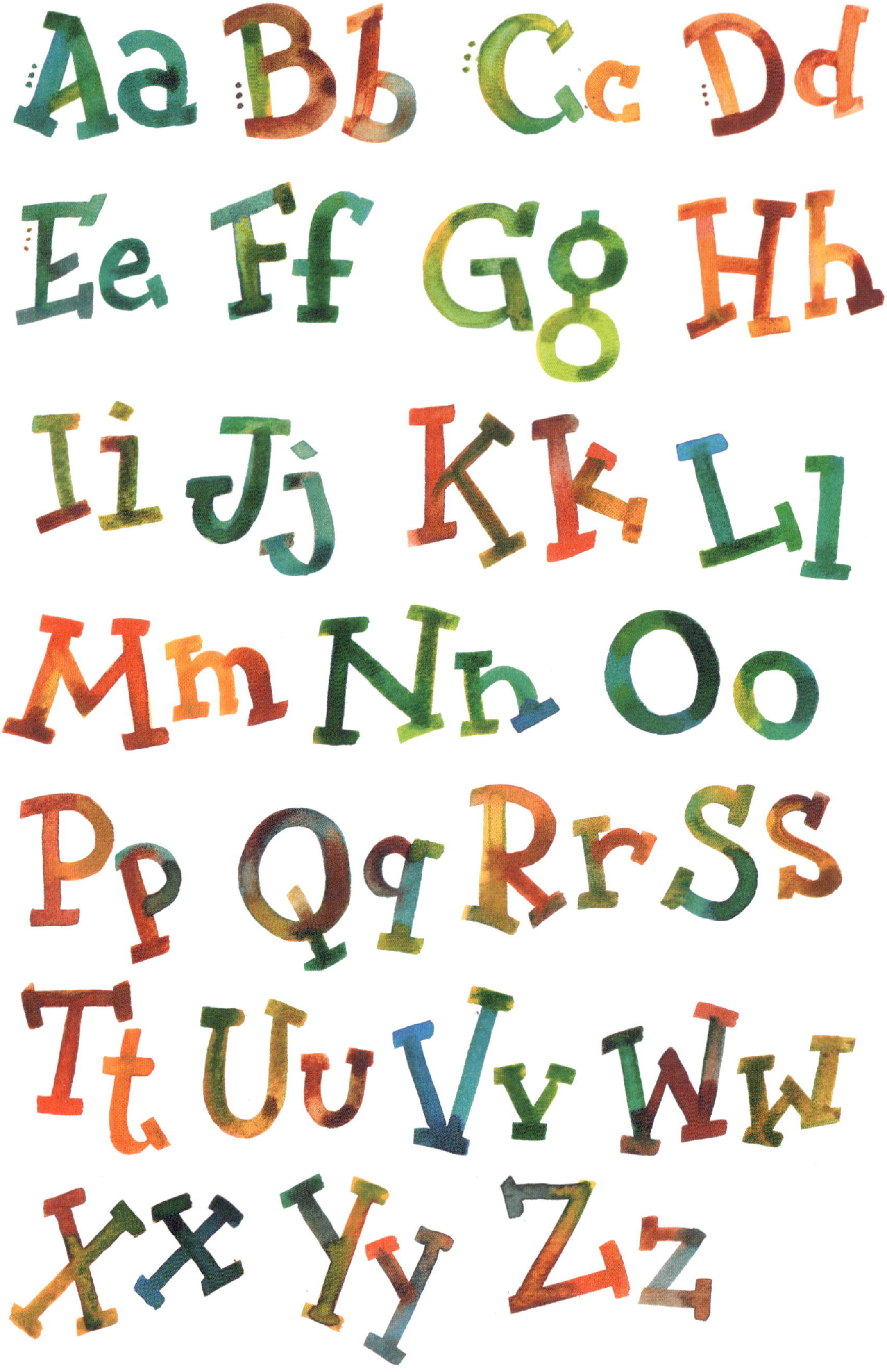
Aa Bb Cc Dd
Ee Ff Gg Hh
Ii Jj Kk Ll
Mm Nn Oo
Pp Qq Rr Ss
Tt Uu Vv Ww
Xx Yy Zz

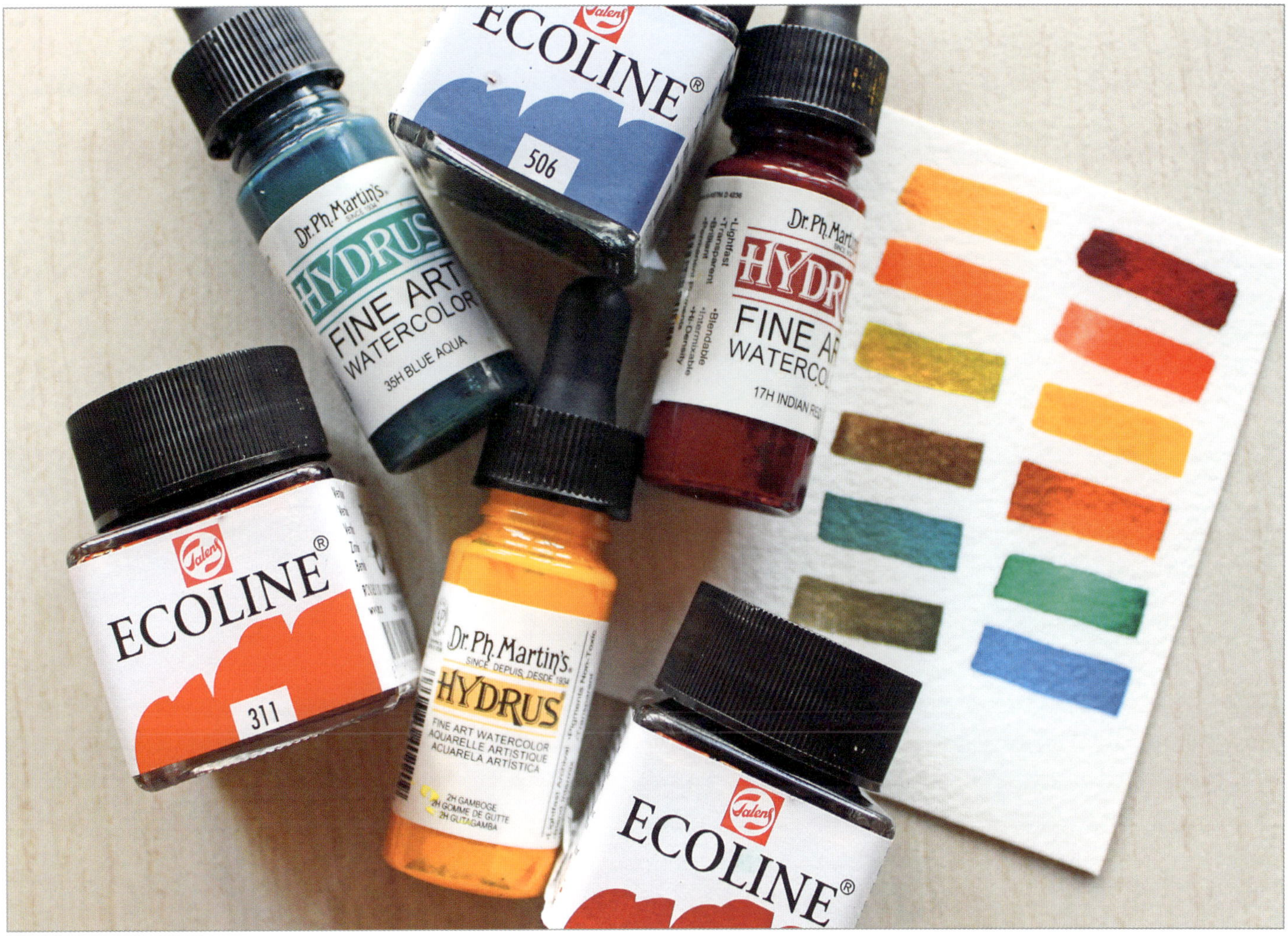

Lazy Serifs

Diese Schrift hat sich entwickelt, als ich mit unterschiedlichen Farben und Serifenstilen gespielt habe. Anstatt einer geraden Linie zu folgen, wie bei den meisten Buchstaben, ist diese Schrift ganz frei gestaltet. Ich verwendete dafür eine große Vielfalt konzentrierter Aquarellfarben in unterschiedlichen Farbtönen und einen Flachpinsel, um den blockartigen Effekt zu erzielen.

Material & Zubehör

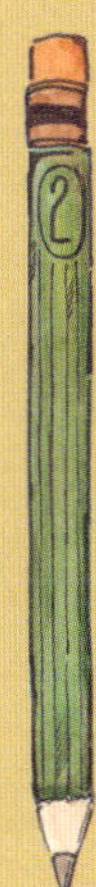

- Bleistift
- Radiergummi
- Lineal
- 300 g/m² Aquarellpapier, satiniert
- flüssige, konzentrierte Aquarellfarbe in zwei oder drei warmen oder kühlen Farben
- Flachpinsel (Größe Nr. 1)
- runder Pinsel (Größe Nr. 1)

1 Typisch für diese Schrift sind dicke, blockartige Serifen. Da dieser Stil freihändig geschrieben wird, können sich die Buchstaben in unterschiedliche Richtungen neigen. Diese müssen auch nicht auf einer geraden Linie stehen, wenn man Wörter schreibt. Üben Sie und probieren Sie verschiedene Interpretationen aus: Es geht um einen lässigen, aber trotzdem lesbaren und attraktiven Eindruck.

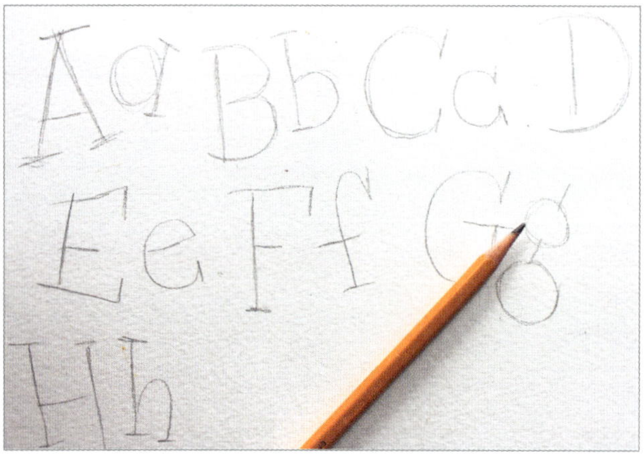

2 Nun ist es an der Zeit, Pinsel und Palette vorzubereiten und das Farbkonzept zu erarbeiten. Für die Lazy Serif benutze ich gern den Flachpinsel. Er kann für dicke und dünne Striche eingesetzt werden – hier konzentrieren wir uns auf die breiten Striche. Die Größe des Flachpinsels bestimmt die Breite Ihrer Striche. Einen Flachpinsel mit der breiten Seite zu benutzen, garantiert einen einheitlichen Strich.
Ich habe mich für konzentrierte Aquarellfarben entschieden, die flüssig und leuchtender sind als Aquarellfarben in Näpfchen oder Tuben. Sie bieten größte Brillanz und sind auch flüssig genug, um mit anderen Farben gemischt zu werden. So erreicht man starke Farbverlaufeffekte.

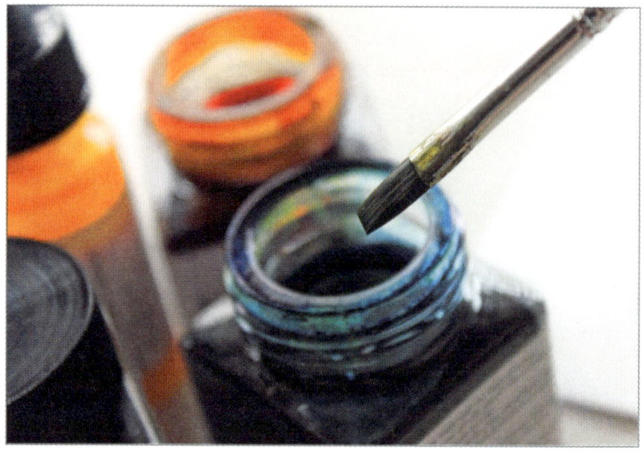

3 Jetzt nehmen Sie das Aquarellpapier, tauchen den Pinsel in die Farbe und malen zum Aufwärmen waagerechte, senkrechte und diagonale Linien. Wiederholen Sie dies mehrfach, um den Strich und die Farbverteilung auszuprobieren. Die Farbmenge wird variieren, je nachdem, wie viele Pigmente am Pinsel sind. Sie können ausschließlich warme (Rot, Zinnober, Braun) oder kalte Farben (Ultramarin, Blau, Grün) mit etwas Gelb verwenden, aber auch warme und kalte Farben mischen, um den Farbverlauf deutlicher zu machen. Hier ein paar Beispiele für Farbverläufe, die ich ausprobiert habe.

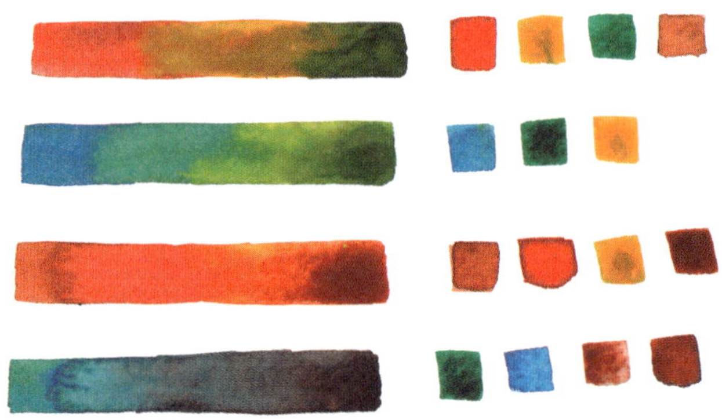

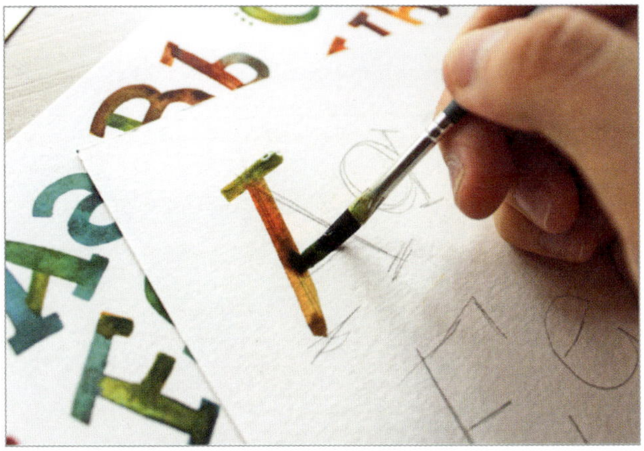

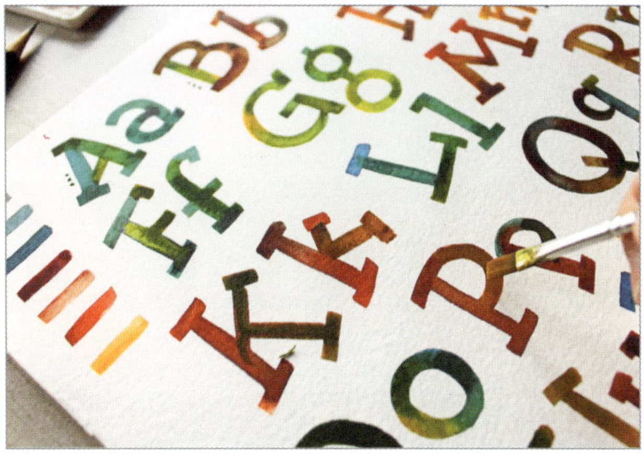

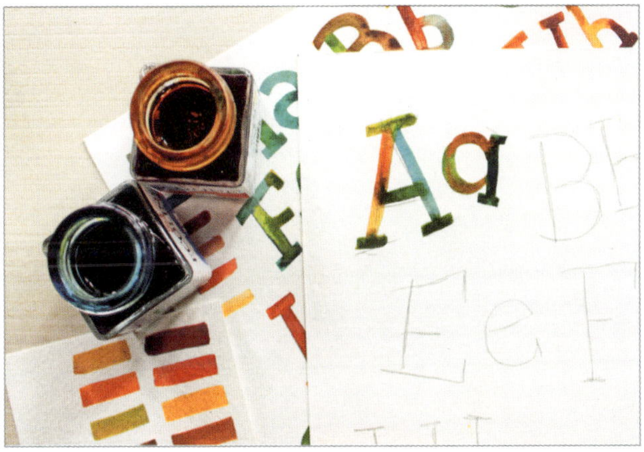

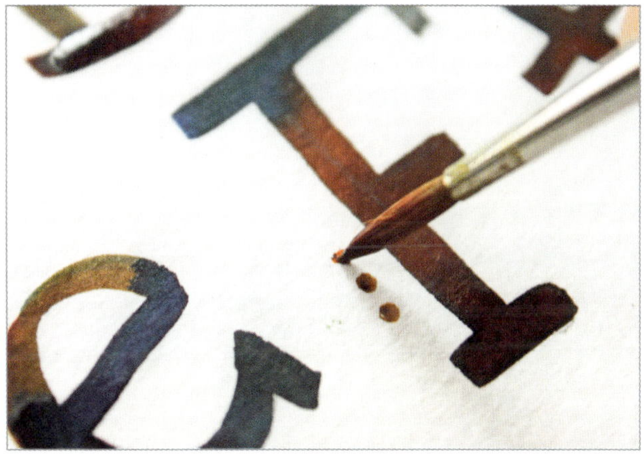

4 Malen Sie farbverlaufsartige Farbtöne, indem Sie eine Schicht konzentrierter Aquarellfarbe (in einer anderen Farbe) auf den nächsten Strich auftragen. So entsteht eine Verbindung zur nächsten Farbe, die Sie verwenden. Der Trick bei Farbverläufen ist, schnell zu arbeiten, solange die Striche noch nass sind. Fügen Sie eine neue Farbe hinzu, wenn Sie Ihren Pinsel durch den nächsten Strich ziehen.

5 Malen Sie mit dem runden Pinsel als Akzent ein paar Punkte neben die Buchstaben. Die Punkte schmücken ein Layout sehr gut, besonders, wenn Sie Zitate oder Sätze schreiben.

6 Die Farbe trocknen lassen. (Denken Sie daran, dass konzentrierte Wasserfarben länger dafür brauchen als andere Aquarellfarben.) Wenn sie ganz trocken sind, radieren Sie sanft den sichtbaren Bleistift weg.

Wir Sind, Was Wir DENKEN

BUDDHA

Be as you wish to seem

Socrates

Sei, was du scheinen willst.

CONQUISTA EL MUNDO

Erobere die Welt.

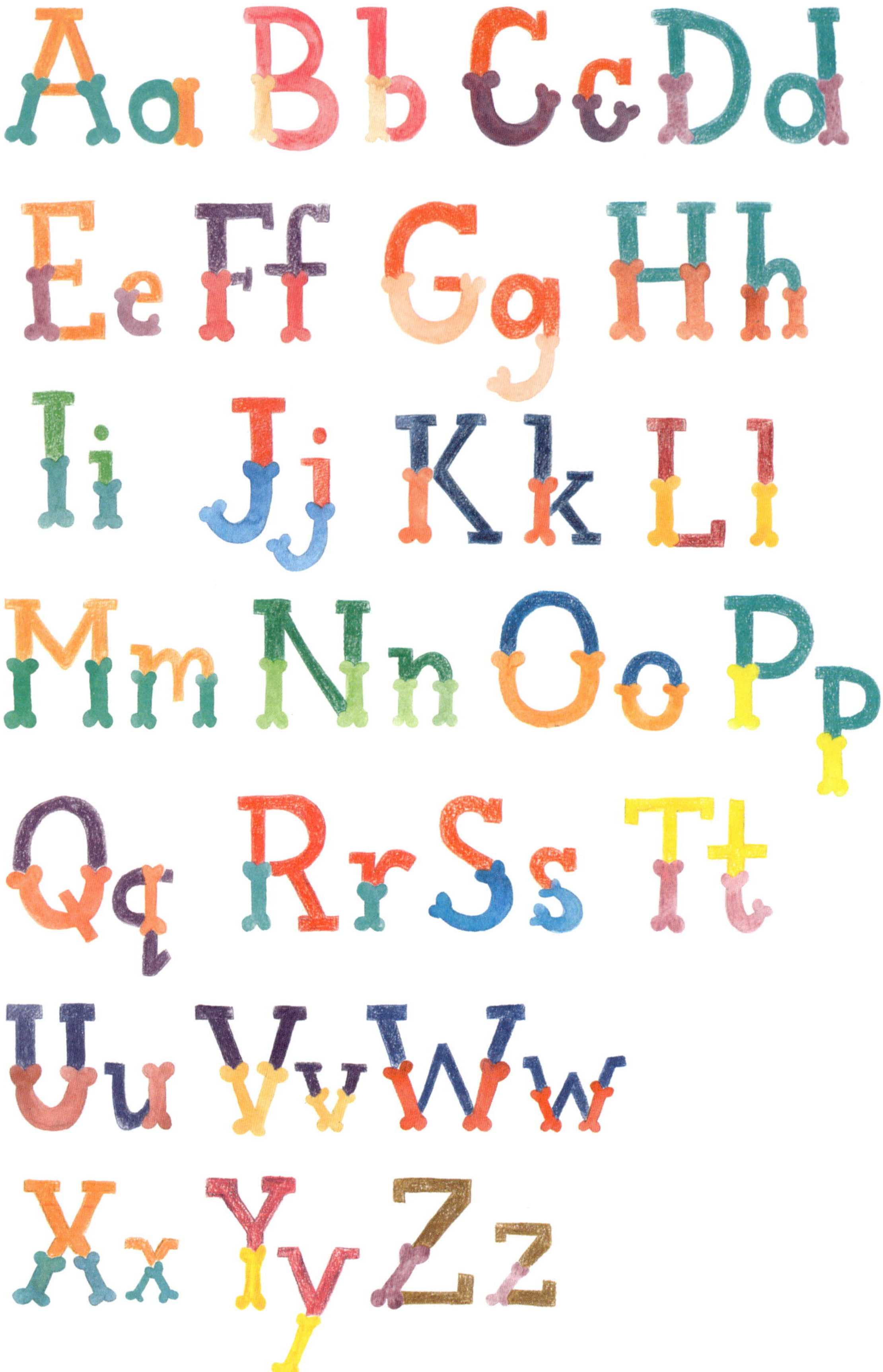
Aa Bb Cc Dd
Ee Ff Gg Hh
Ii Jj Kk Ll
Mm Nn Oo Pp
Qq Rr Ss Tt
Uu Vv Ww
Xx Yy Zz

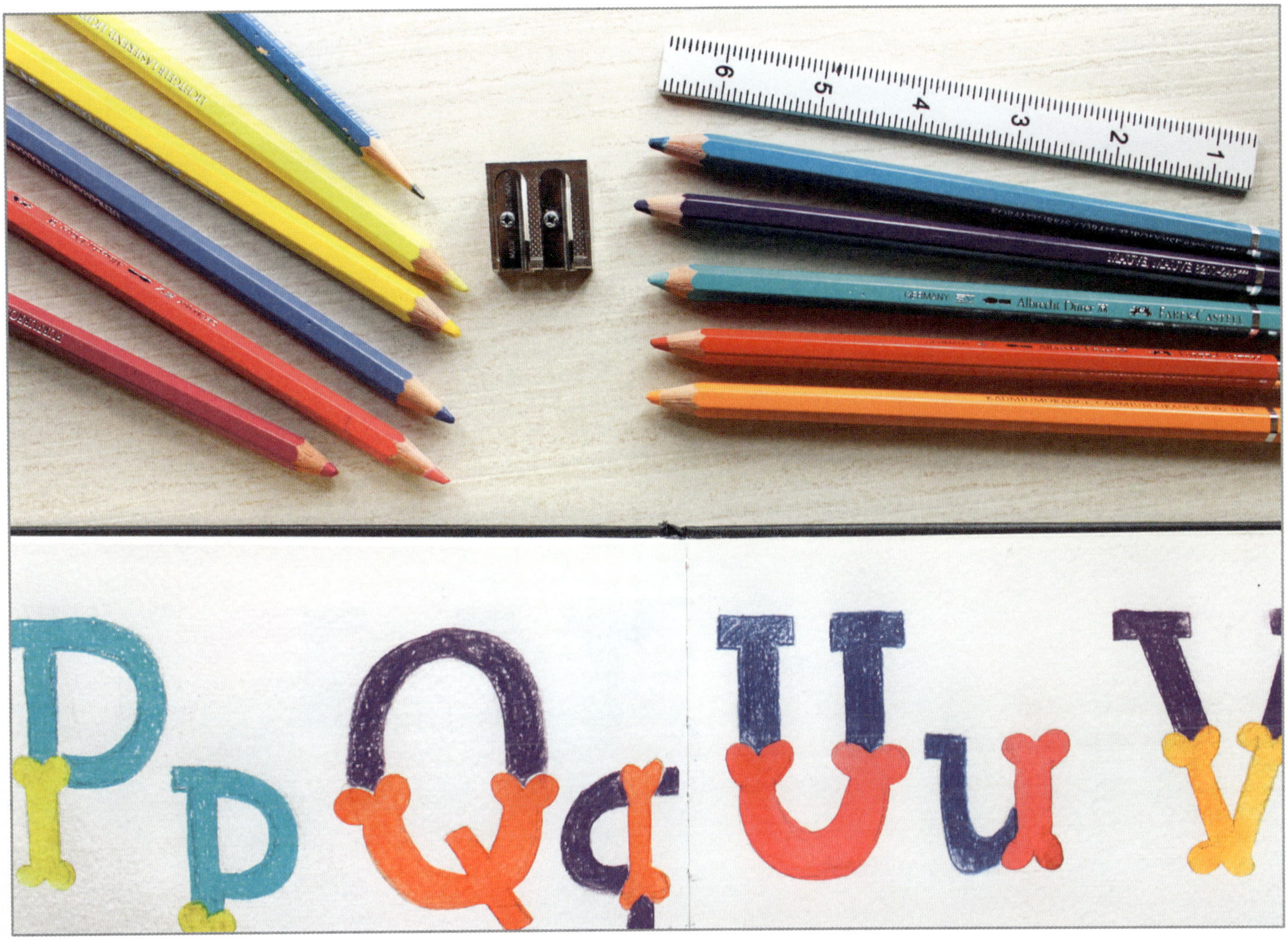

Bone Type

Spielerisch animiert und humorvoll zugleich variiert diese Schrift die üblichen Serifen durch ein Art »Knochen«. Ich habe für meinen Entwurf A4-Aquarellpapier in der Stärke 200 g/m² benutzt. Das ist nicht zu dick, aber robust genug, um die Farben gut anzunehmen. Wie Sie sehen, habe ich mich für kräftige Farbtöne in den unterschiedlichsten Kombinationen entschieden.

Material & Zubehör

- 200 g/m² Aquarellpapier satiniert
- Bleistift
- Radiergummi
- Lineal
- Buntstifte
- Aquarellstifte
- Spitzer

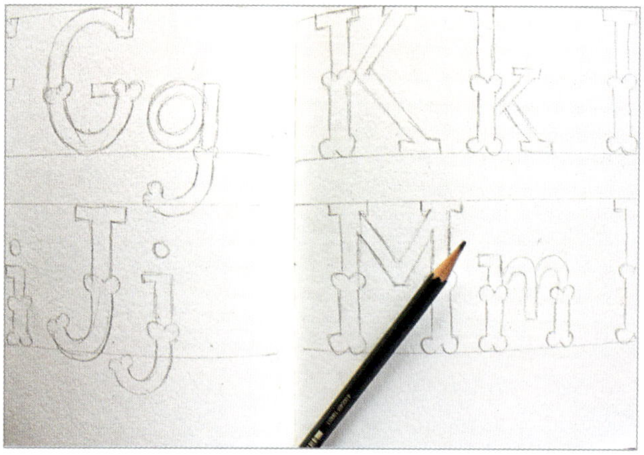

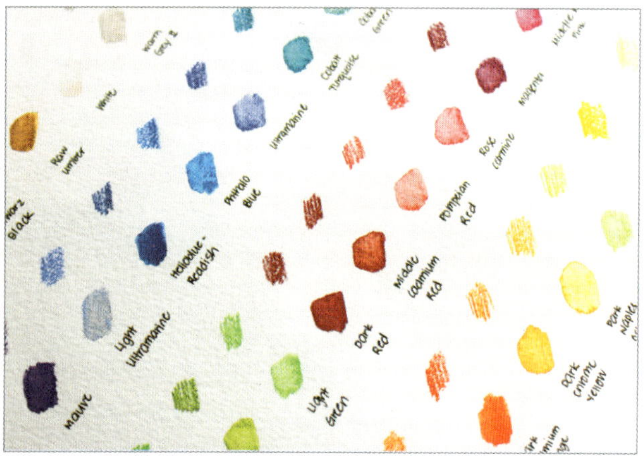

1 Mit einem weichen Bleistift die Buchstaben von A bis Z mit je vier oder fünf Klein- und Großbuchstaben 6,5 cm groß auf jeden Bogen zeichnen. Bei diesem Stil sind die Buchstaben eher blockartig und dick und das ist gut so. Diese Schrift ist halb Serife und halb Knochen, sodass manche Buchstaben mehr als einen Knochen haben

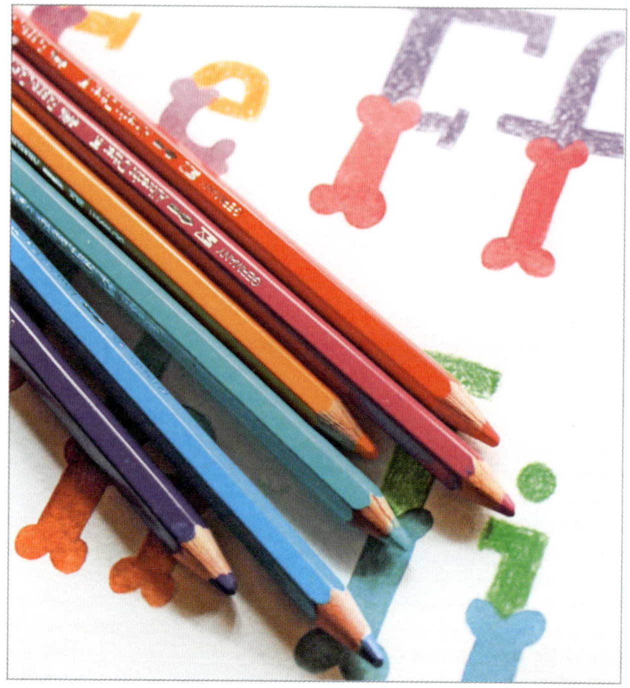

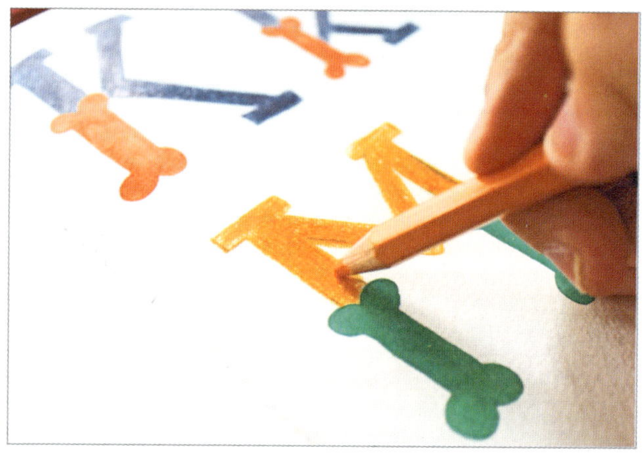

2 Wenn Sie die Buchstaben umrissen haben, ist es an der Zeit, die Farben auszuwählen. Probieren Sie die Buntstifte, die Sie benutzen wollen, erst aus. Wählen Sie zwei Kontrastfarben für jeden Buchstaben. Sie können leuchtend oder etwas gedämpft sein – ganz, wie Sie wollen. Ich habe strahlende Farben gewählt, passend zum verspielten Stil dieses Alphabets.

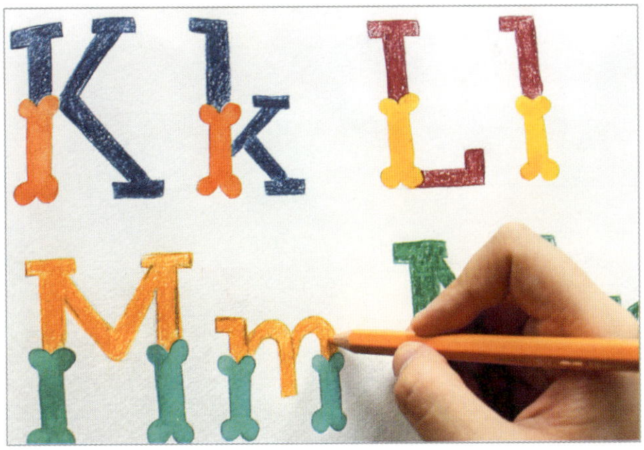

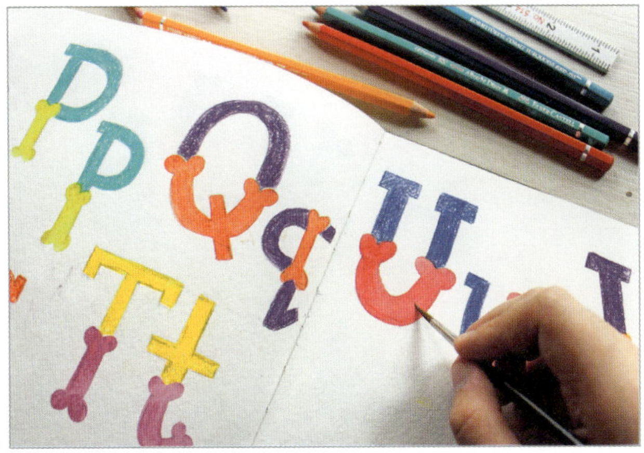

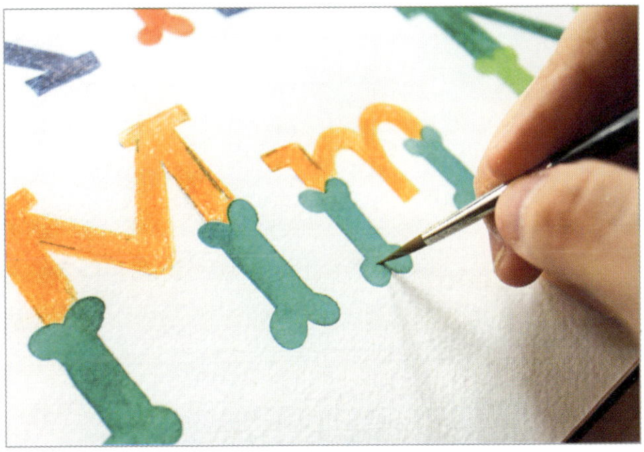

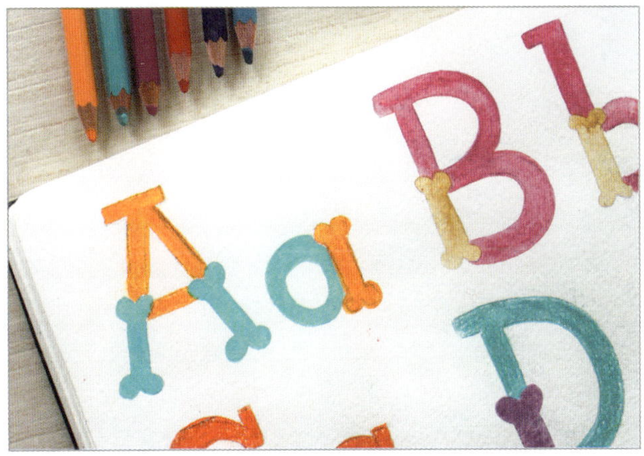

3 Ich habe die Serifen und den blockartigen Teil jedes Buchstabens mit Buntstiften geschrieben. Damit kann man leicht arbeiten, die Farben sind satt und leuchtend, perfekt für diese Schrift.

4 Den Knochen malte ich mit Aquarellstiften. Danach pinsele ich ein bisschen Wasser darüber, sodass sie zu Wasserfarben werden. Aber nehmen Sie nicht zu viel Wasser – nur gerade genug, um den Knochen zu bedecken. Spitzen Sie Ihre Buntstifte immer wieder, damit die Formen korrekt werden.

5 Lassen Sie die Buchstaben mindestens eine Stunde lang trocknen.

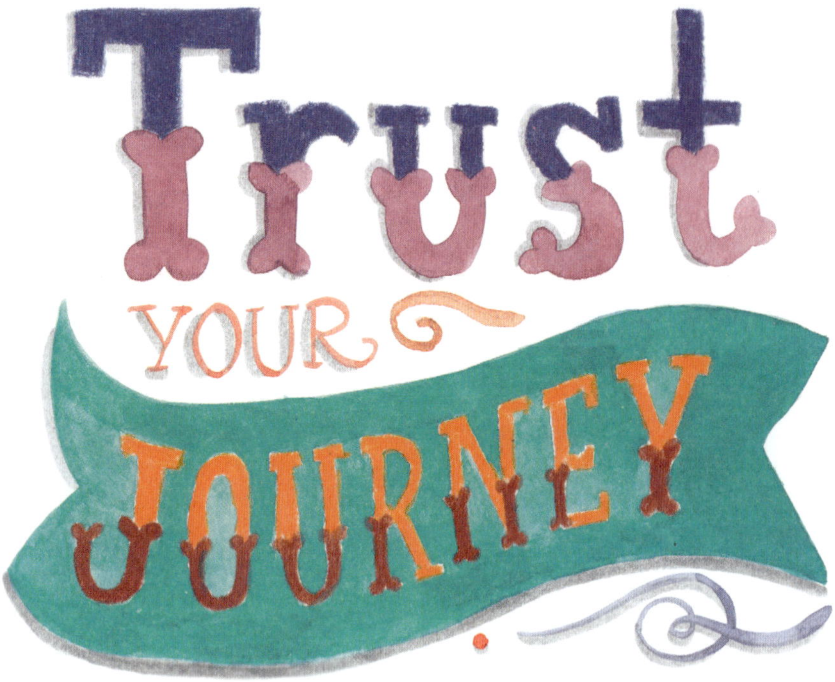

Vertraue deiner Reise.

TIPP: *Ergänzen Sie mit einem Bunt- oder Filzstift Schatten bei Zitaten. Dadurch wirken die Buchstaben erhaben und springen fast von der Seite.*

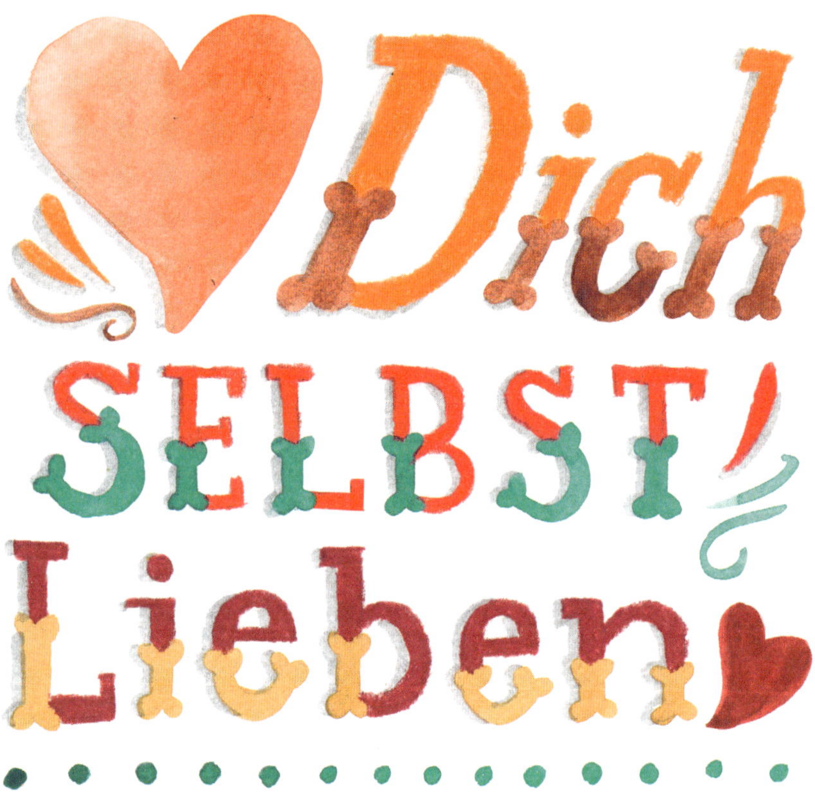

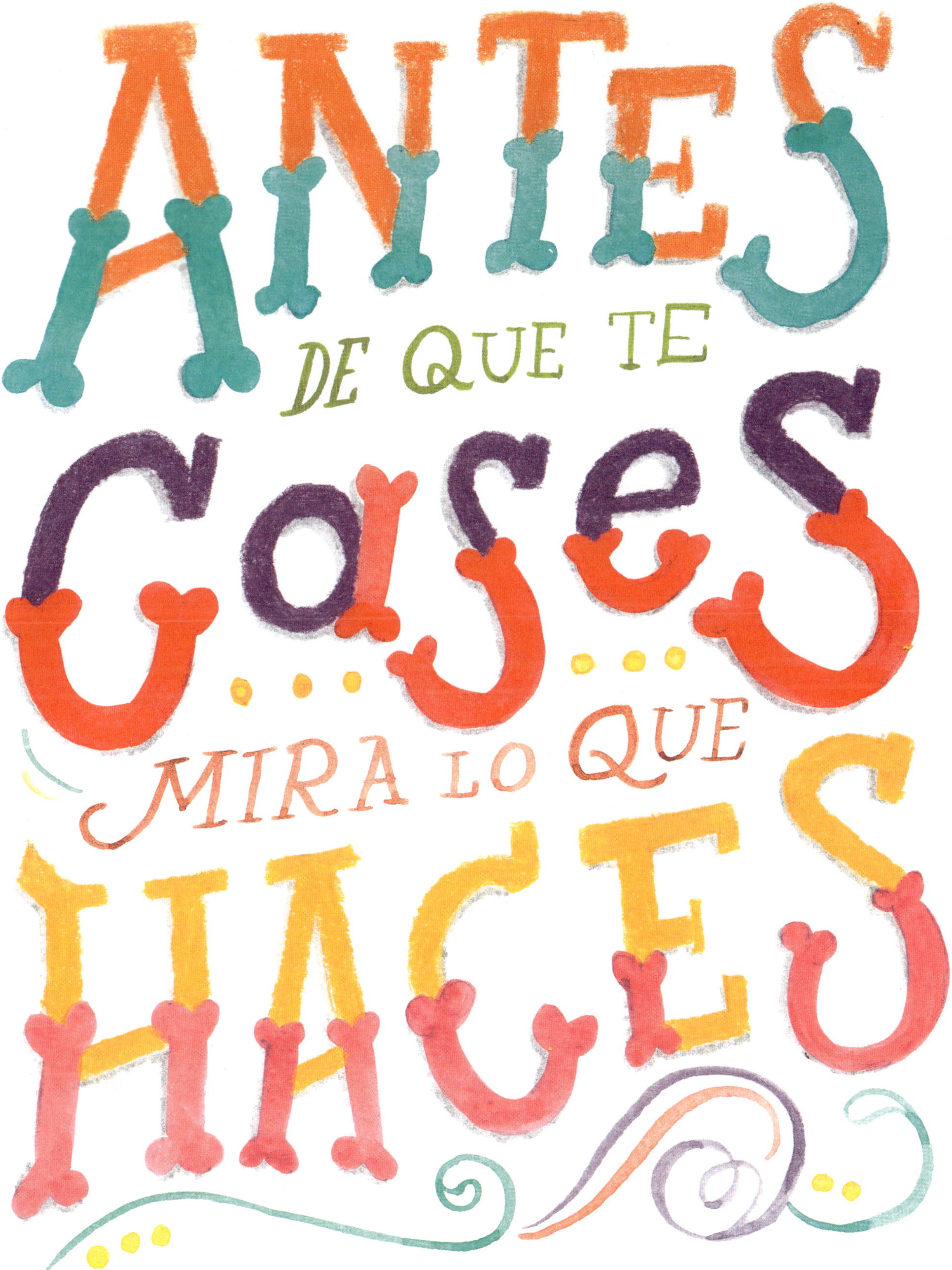

Erst wägen dann wagen. (Wörtlich: Denk nach, was du tust, bevor du heiratest.)

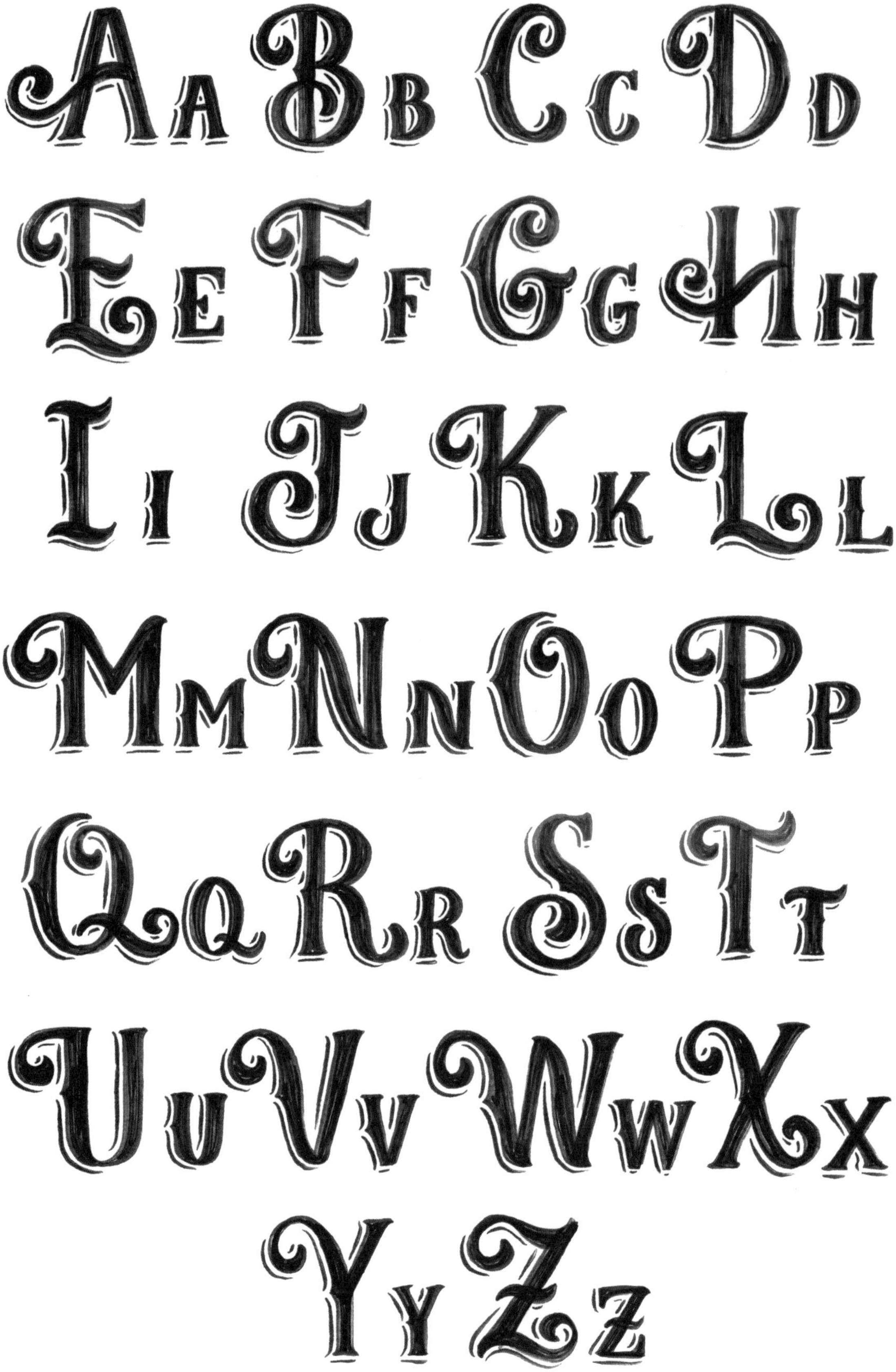
Aa Bb Cc Dd
Ee Ff Gg Hh
Ii Jj Kk Ll
Mm Nn Oo Pp
Qq Rr Ss Tt
Uu Vv Ww Xx
Yy Zz

GASTKÜNSTLER

Woodpecker
von João Neves

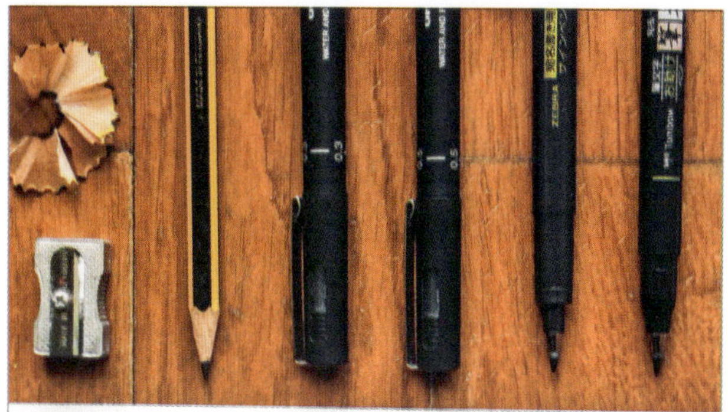

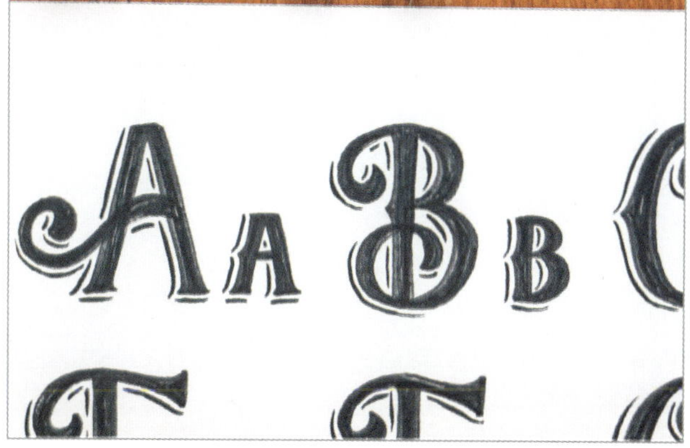

ÜBER DEN KÜNSTLER

João Neves ist ein freiberuflicher Grafikdesigner, Illustrator und Musikproduzent in der portugiesischen Hauptstadt Lissabon. Aber er ist vor allem für sein Lettering bekannt, ein Ergebnis seiner Begeisterung für vintage-Grafikdesign und Typografie. 2013 begann er mit dem Lettering zunächst als Freelancer, doch schon bald entwickelte sich daraus eine »Vollzeit-Leidenschaft«. Seitdem arbeitet er in die meisten seiner Projekte handgezeichnete Buchstaben ein, auf T-Shirts und Skateboards genauso wie bei Wandgemälden. Zu seinen größten Kunden gehören Disney, Vodafone und DC Shoes.

ÜBER DEN ENTWURF

»Alte, hölzerne Westernschilder inspirierten mich zu diesem Alphabet«, erklärt João. »Alte Schriften ziehen mich immer an, und ich mag es, sie mit einem modernen Extra neu zu erschaffen. Mein Ziel war eine einfachere Version der Westernschrift, indem ich sie mit klassischen Schriftelementen mische. Mit den Schlagschatten verleihe ich den Buchstaben Körper und zusätzliche Details. Je nachdem, mit welchem Material man arbeitet, erhält man unterschiedliche Ergebnisse. Ich habe schwarzen Fineliner und Pinselstifte für meine Buchstaben benutzt

Material & Zubehör

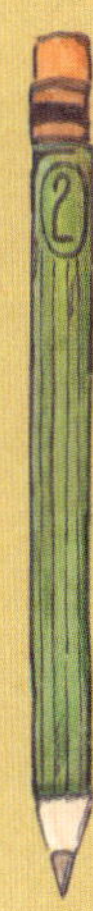

- 100–200 g/m² glattes Zeichenpapier
- Bleistift
- Lineal
- Radiergummi
- schwarzer Fineliner
- Pinselstift

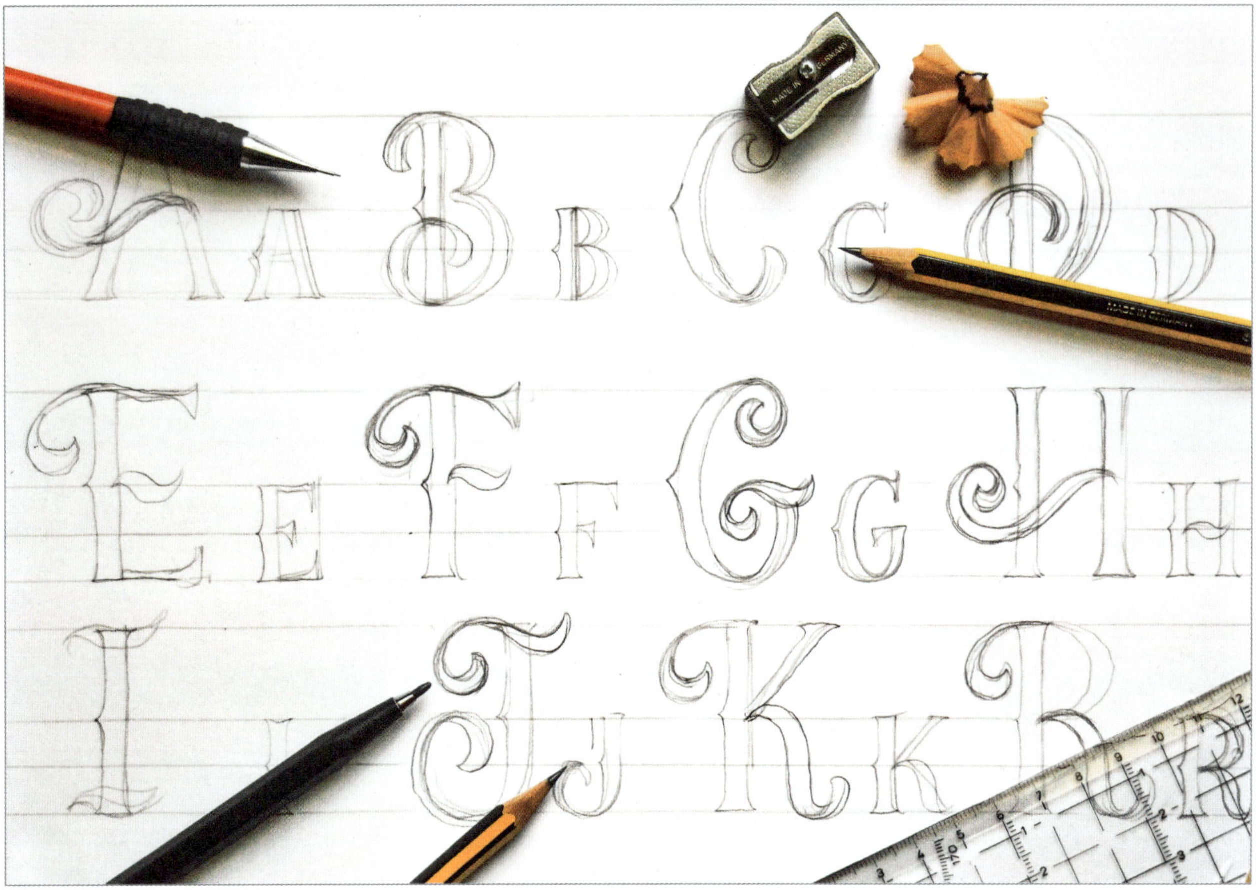

1 Zeichnen Sie das Raster. Handlettering macht Spaß, weil man viel Freiheit hat, mit den Buchstaben zu spielen, aber es ist auch wichtig, ein paar grundlegenden Regeln zu folgen. Ich beginne meine Buchstaben gern mit einem einfachen Raster, damit ihre Größe einheitlich ist. An diesem Punkt definiere ich auch die x-Höhe, also den Abstand von der Grundlinie zur Mittellinie eines Buchstabens. Die Mittellinie muss nicht unbedingt exakt in der Mitte liegen, aber hier habe ich mich entschieden, die x-Höhe halb so hoch wie die Oberlänge zu machen, weil ich in der Buchstabenmitte ein zusätzliches Element ergänzen wollte. Denken Sie auch daran, dass gebogene Buchstaben (wie O und G) kleiner aussehen, wenn man sie im Raster behält; zeichnen Sie sie also etwas größer.

2 Wenn das Raster steht, fange ich an, die Buchstaben zu skizzieren. Ich nehme dafür am liebsten einen Bleistift, weil es noch die Phase des Ausprobierens ist und ich mir keine Sorgen über Fehler machen möchte. Manches wird funktionieren, anderes nicht; wichtig ist es vor allem, beim Skizzieren allen Ideen freien Lauf zu lassen. Wenn ich alle Buchstaben gezeichnet habe, sehe ich mir das Alphabet insgesamt an, um sicher zu gehen, dass alles zusammenpasst. Denken Sie daran, dass einige Elemente bei mehreren Buchstaben benutzt werden können und sollten, beispielsweise das gleich aussehende Bein (so nennt man den Abstrich beim K, k und R).

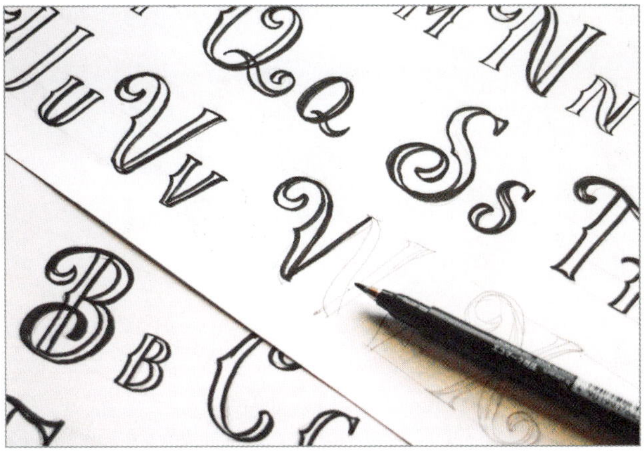

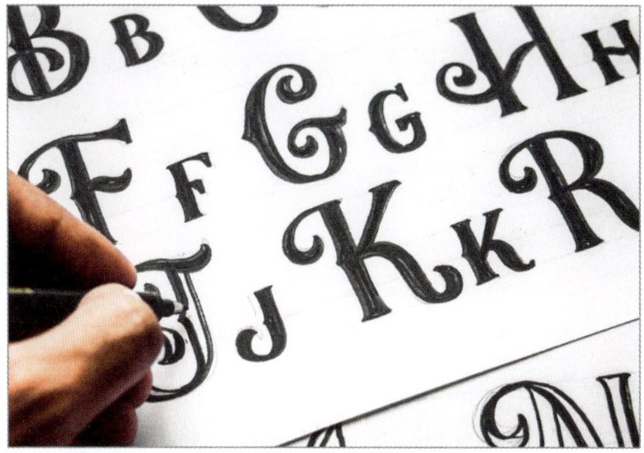

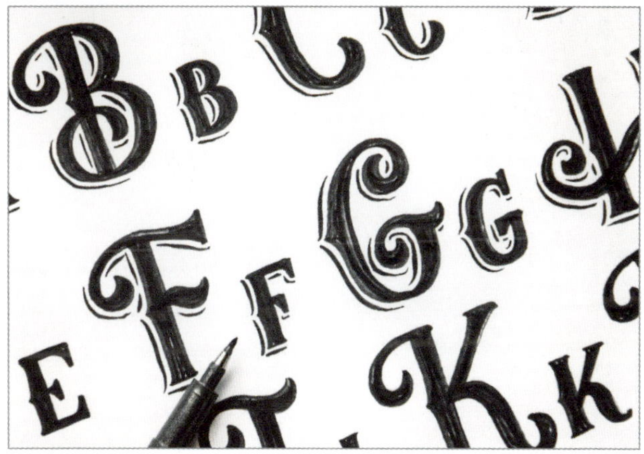

3 Jetzt sind alle Vorbereitungen und Skizzen erledigt, und ich bin bereit, meine Buchstaben mit Tinte zu schreiben. In der Regel beginne ich oben zu zeichnen, und zwar zunächst den Umriss. Sie können dafür entweder einen Fineliner oder einen Pinselstift benutzen. Machen Sie sich nicht zu viele Gedanken über mögliche Fehler – haben Sie einfach Spaß! Manchmal verleihen kleine Fehler Ihrem Alphabet mehr Charakter und Einzigartigkeit.

4 Wenn Sie alle Umrisse gezeichnet haben, können Sie die Bleistiftmarkierungen ausradieren und innen Farbe auftragen. Ich wollte einen rustikalen Look und habe gemerkt, dass man den gut erreicht, wenn man mit einem älteren Pinselstift malt. Damit die Buchstaben natürlich aussehen, achten Sie darauf, dass Ihre Striche wie die Auf- und Abstriche der Buchstaben verlaufen. Ich ziehe es vor, die Buchstaben nicht vollständig auszufüllen, weil ein paar leere Flecken das Alphabet noch rustikaler wirken lassen.

5 Wenn alle Buchstaben ausgemalt sind, fehlt nur noch der Schatten. Mein Lieblingswerkzeug dafür ist der Pinselstift, weil er es einem erlaubt, mit einem einzigen Strich unterschiedliche Breiten zu zeichnen. Ich habe beschlossen, dass das Licht von rechts oben kommt, sodass die Schatten nach links unten fallen. Ein Tipp, der mir dabei hilft, einheitliche Schatten zu erhalten, ist, sich beim Zeichnen auf den Raum zwischen den Linien und den Buchstaben zu konzentrieren. So stelle ich sicher, dass der Raum über den gesamten Strich einheitlich ist.

6 Denken Sie daran: Wenn Sie mit Ihren handgezeichneten Buchstaben einen Satz schreiben, müssen Sie sich nicht darauf beschränken, sie jeweils exakt so zu kopieren, wie Sie sie fürs Alphabet entwickelt haben. Das Beste beim Handlettering ist, dass sie leicht mit der Form der Buchstaben spielen können. Manche Buchstaben passen wirklich gut zusammen, und man kann sie verbinden.

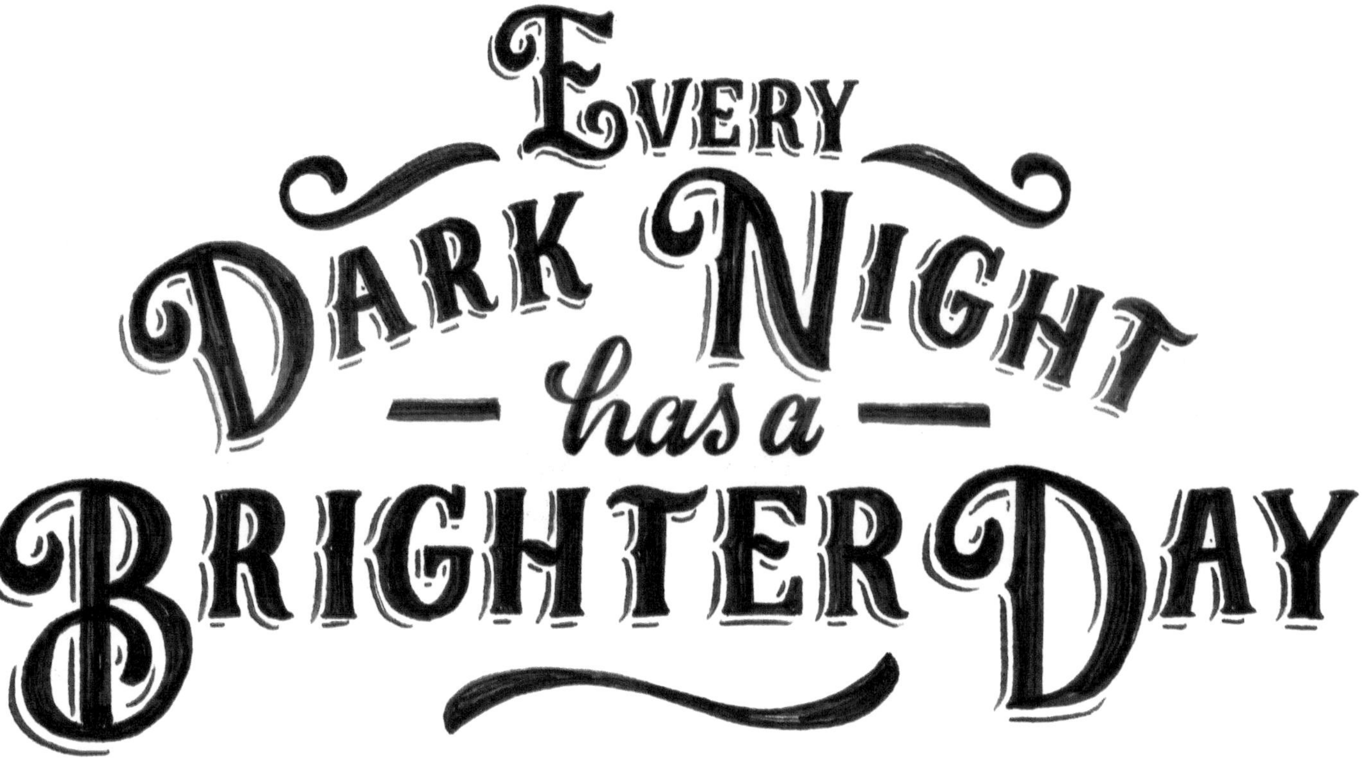

Auf jede dunkle Nacht folgt ein heller Tag.

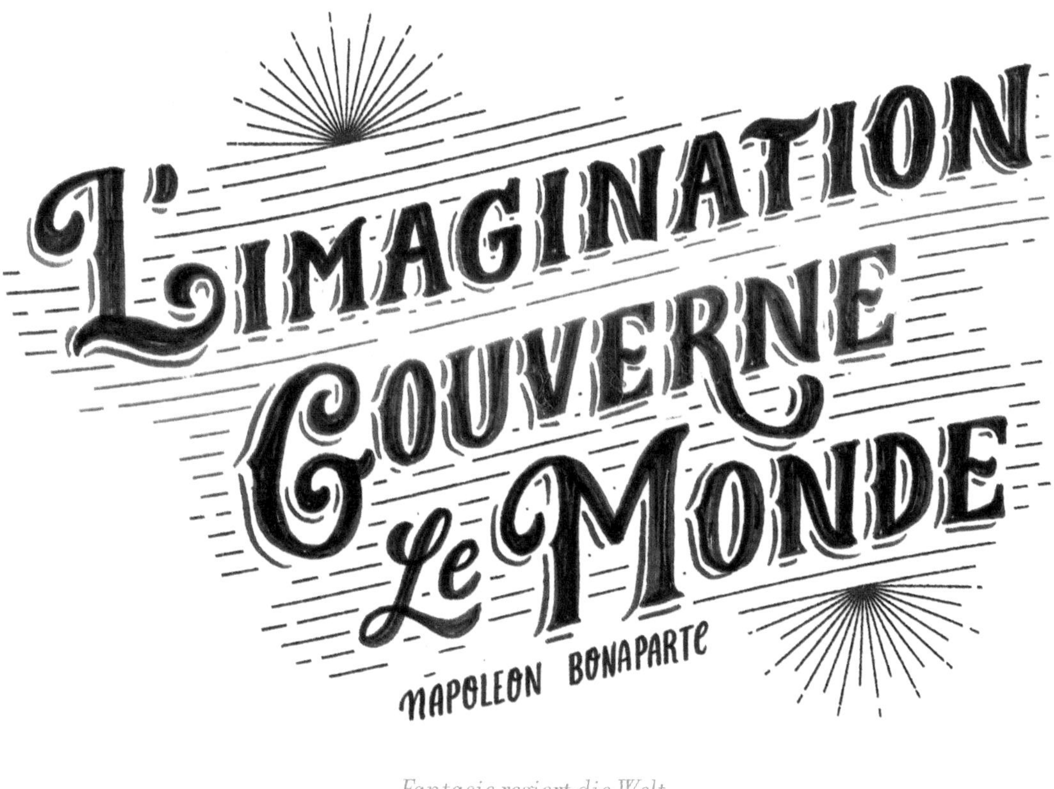

Fantasie regiert die Welt.

PARA
VIAJAR
BASTA
EXISTIR

FERNANDO PESSOA

Um zu reisen, muss man einfach nur leben.

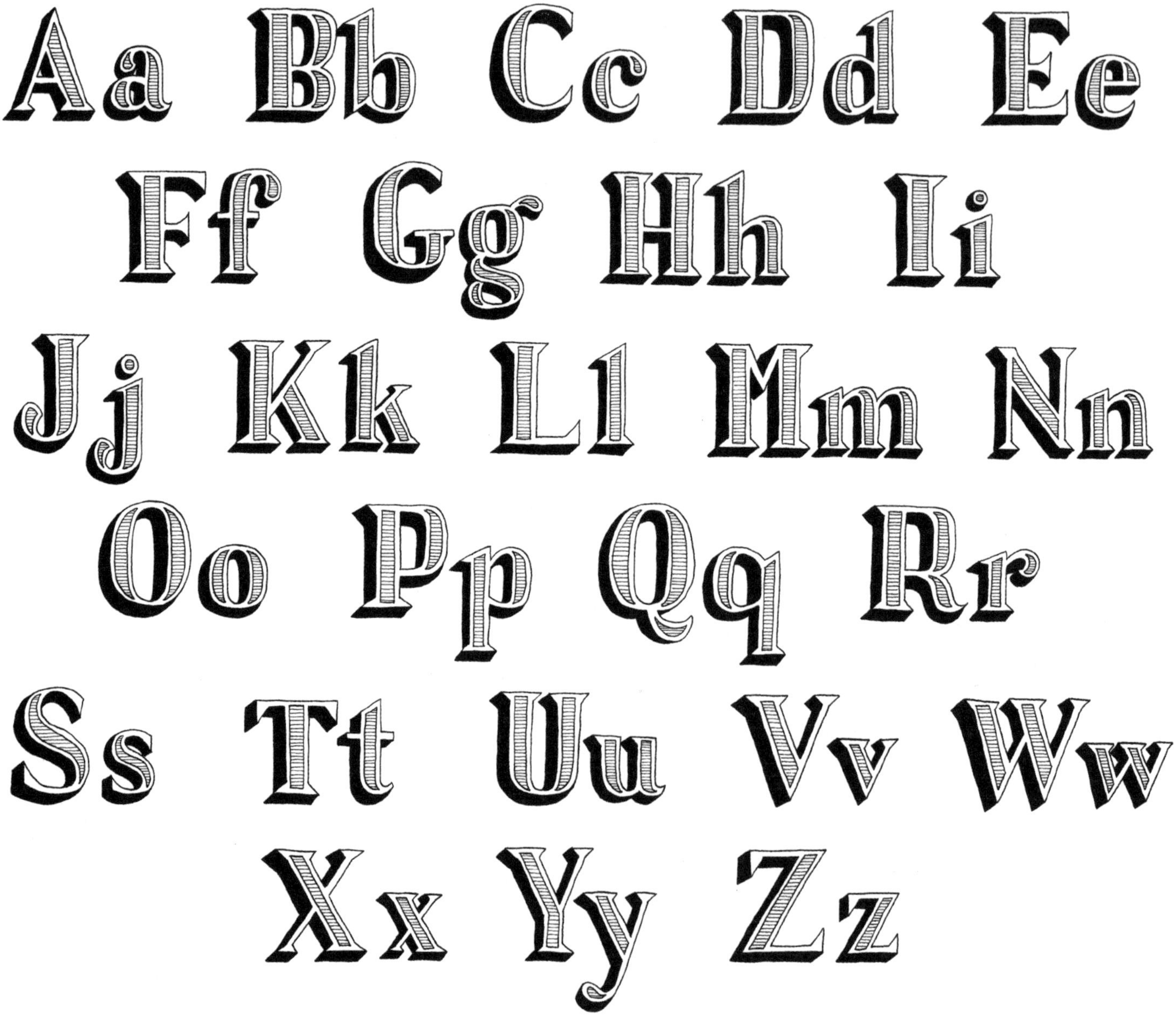
Aa Bb Cc Dd Ee
Ff Gg Hh Ii
Jj Kk Ll Mm Nn
Oo Pp Qq Rr
Ss Tt Uu Vv Ww
Xx Yy Zz

GASTKÜNSTLER

Midwestr

von Lisa Lorek

ÜBER DEN KÜNSTLER

Lisa Lorek ist eine Letteringkünstlerin aus Cleveland, Ohio. Nach ihrem Abschluss an der University of Dayton tauchte sie in die verrückte Werbewelt ein. Derzeit arbeitet sie als Artdirector bei der Werbe- und Marketingfirma Global Prairie sowie freiberuflich an unterschiedlichen Letteringprojekten, darunter Malbücher, Wandgemälde, Zeitschriftentitelbilder und Galerieausstellungen. 2016 war sie eine von »Cleveland.coms Top 40 Clevelanders«, denen man auf Instagram folgen sollte. Im selben Jahr belegte sie bei den »Ink Wars at Weapons of Mass Creation« den dritten Platz. In ihrer Freizeit wandert Lisa gern, versucht vergeblich zu kochen und verbringt Zeit mit ihrer großen slowenischstämmigen Familie.

ÜBER DEN ENTWURF

Diese Schrift heißt »Midwestr« als Gruß an die US-amerikanische Region, die Heimat der Künstlerin. Die Leute aus dem Mittleren Western sind für ihren Arbeitsethos und ihr höfliches Auftreten bekannt, was sich in dieser Schrift in den in den starken Schatten und sauberen Details spiegeln soll. Midwestr basiert auf mehreren historischen Serifenschriften, deren dekorative Details hier ganz von Hand gezeichnet wurden, was der Schrift einen weichen, freundlichen Touch gibt. Sie erinnert auch an die hübschen handgemalten Schilder kleiner Läden im Mittleren Western. Die Schrift selbst wurde mit schwarzen Tintenstiften geschrieben, um zum klassischen Stil einer Serifenschrift zu passen.

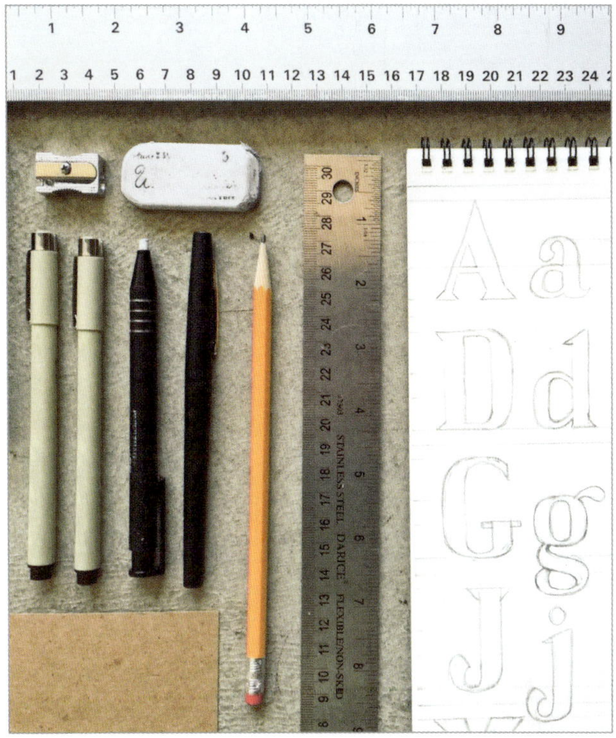

Material & Zubehör

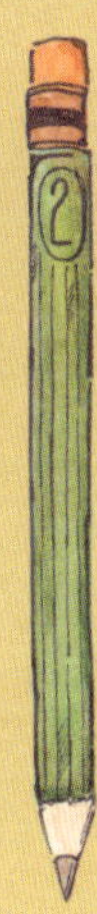

- 100–200 g/m² glattes Zeichenpapier
- 61 cm Lineal
- 30 cm Lineal
- Bleistift
- großes, weißes Radiergummi
- Radierer für folgende Stifte
- .02 Micronstift
- .05 Micronstift
- Papermate Filzstift
- 28 x 61 cm Zeichenpapierblock

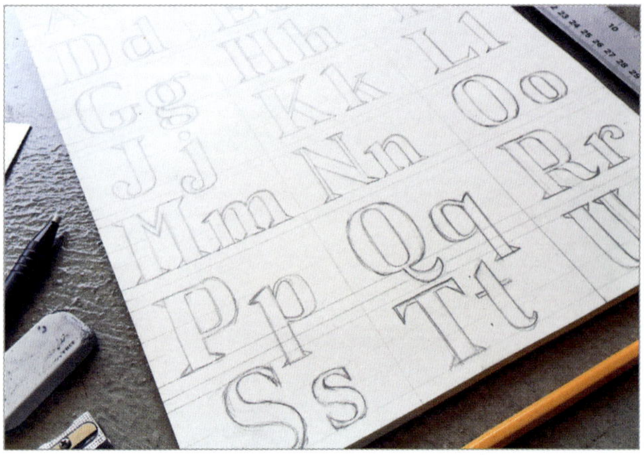

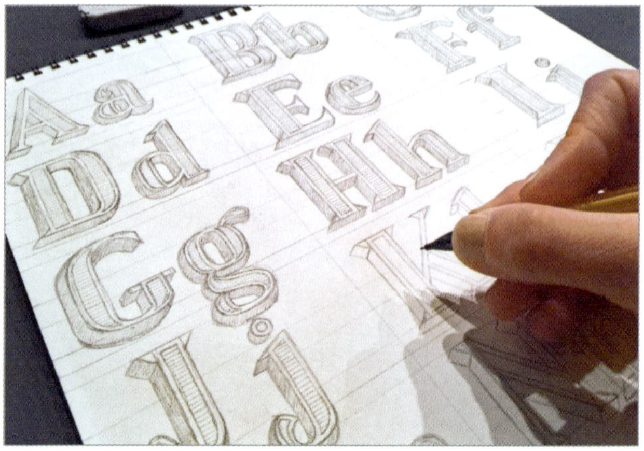

1 Ich beginne mit dem Zeichnen eines dreispaltigen Rasters auf meinem Zeichenblock, einem bequemen Kasten von 9 x 5 cm für jeden Buchstaben.

2 Nachdem ich eine Reihe traditioneller Serifenschriften für übliche Buchstabenformen untersucht habe, fange ich an, mein Alphabet zu zeichnen. Um meines von allen anderen zu unterscheiden, habe ich die Serifen mit scharfen Kanten gezeichnet. Wenn ich anfange, die ersten drei Buchstaben zu zeichnen, ziehe ich weitere Hilfslinien für die Kleinbuchstaben: eine für die x-Höhe, die die obere Höhe der meisten Kleinbuchstaben markiert, und eine weitere für die Besonderheiten mancher Buchstaben. So reichen das kleine s und der Querstrich des kleinen t bis zur x-Linie. Aber der Querstrich beim e und die Endung beim r richten sich an der Grundlinie aus.

3 Zuerst zeichne ich die Umrisse jedes Buchstabens mit Bleistift. Wenn ich ein komplettes Alphabet gestalte, leihe ich mir Formen von ähnlichen Buchstaben, damit die Schrift einheitlich wird. Das kleine h, m und n haben zum Beispiel sehr ähnliche Formen. Ich lasse genug Platz, um die linearen Details in jedem angepassten Bereich des Buchstabens zu ergänzen.

4 Wenn ich mit den Umrissen fertig bin, benutze ich weiter den Bleistift, um jedem Buchstaben Schatten und lineare Details zu verleihen. Bei den Schatten ist ein einheitlicher Winkel zwingend! Ich finde, es hilft, zuerst den kürzeren angewinkelten Rand des Schattens zu zeichnen und dann die kurzen angewinkelten Linien mit den längeren geraden Linien zu verbinden. Für die gestreiften Details zeichne ich die Form, in der die Streifen aufscheinen sollen, zuerst und halte mich von engeren Bereichen jedes Buchstabens fern. Dann kehre ich noch einmal zurück und zeichne rasch die waagerechten Streifen ein, nur um ein Gefühl für das fertige Projekt zu bekommen.

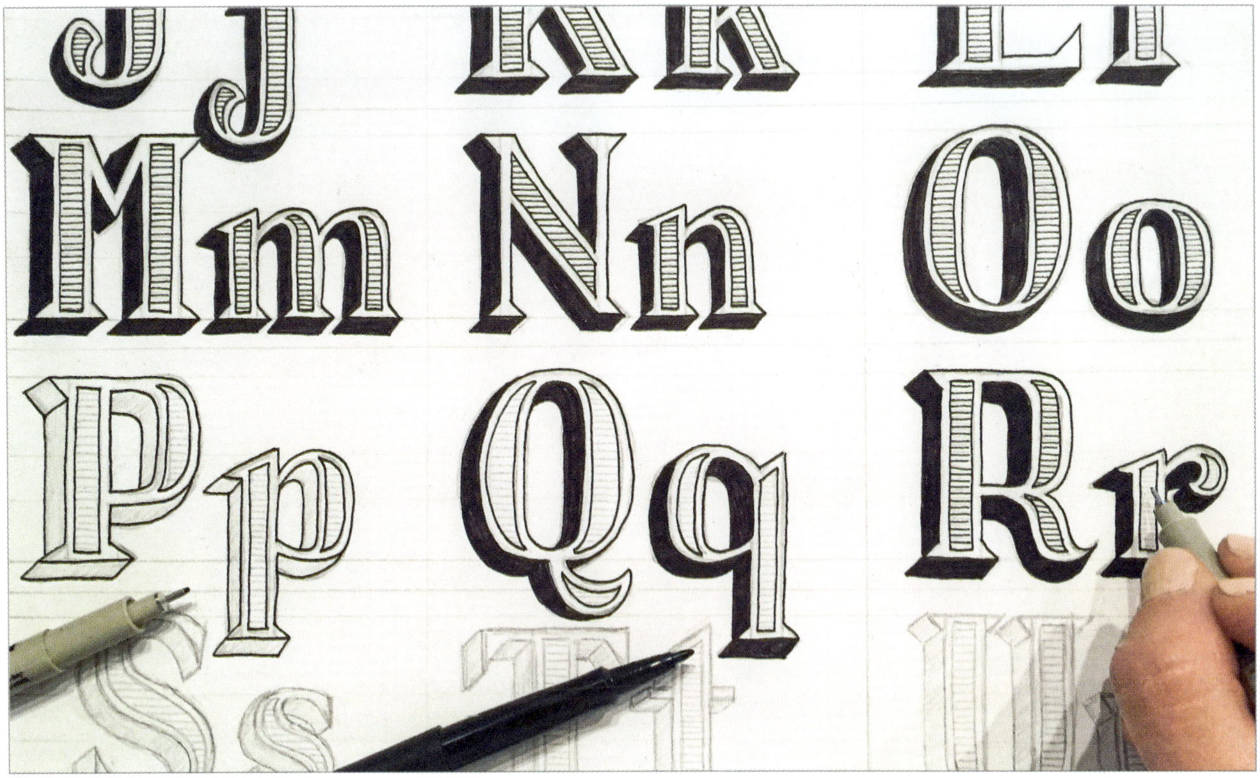

5 Die Bleistiftskizze ist der anspruchsvolle Schritt. Danach muss man die Skizze nur noch mit einem Stift nachfahren. Ich ziehe zunächst die Umrisse der Buchstaben, des Schattens und der Teile, in dem sich Streifen befinden, mit einem .05 Micron nach.

6 Wenn die Umrisse jedes Buchstabens nachgezogen sind, benutze ich meinen Papermate-Filzstift, um die Schatten auszufüllen. Ich folge dem Schatten und ergänze mit dem .02 Micron kleinere waagerechte Streifen in den Teilen jedes Buchstabens. Ich ziehe die Streifen lieber freihändig, aber man kann sich natürlich auch mit etwas Geraden wie einer Kreditkarte behelfen, um die Hand sauber zu führen.

7 Midwestr ist eine tolle Schrift für Überschriften und um Wörter zu betonen, aber nicht für ganze Sätze oder Abschnitte. Wie Sie an den Beispielen auf der nächsten Doppelseite sehen, werden bei dieser Schrift die wichtigsten Wörter betont, während andere Teile eines Satzes vereinfacht und verkleinert werden.

The secret of GETTING AHEAD IS GETTING STARTED.

Das Geheimnis des Überholens ist es, loszulaufen.

LE BEAU
EST TOUJOURS
BIZARRE

CHARLES BAUDELAIRE

Schönheit ist immer sonderbar.

NO HABLES
a menos que puedas mejorar
EL SILENCIO

Sprich nicht, außer du kannst die Stille verbessern.

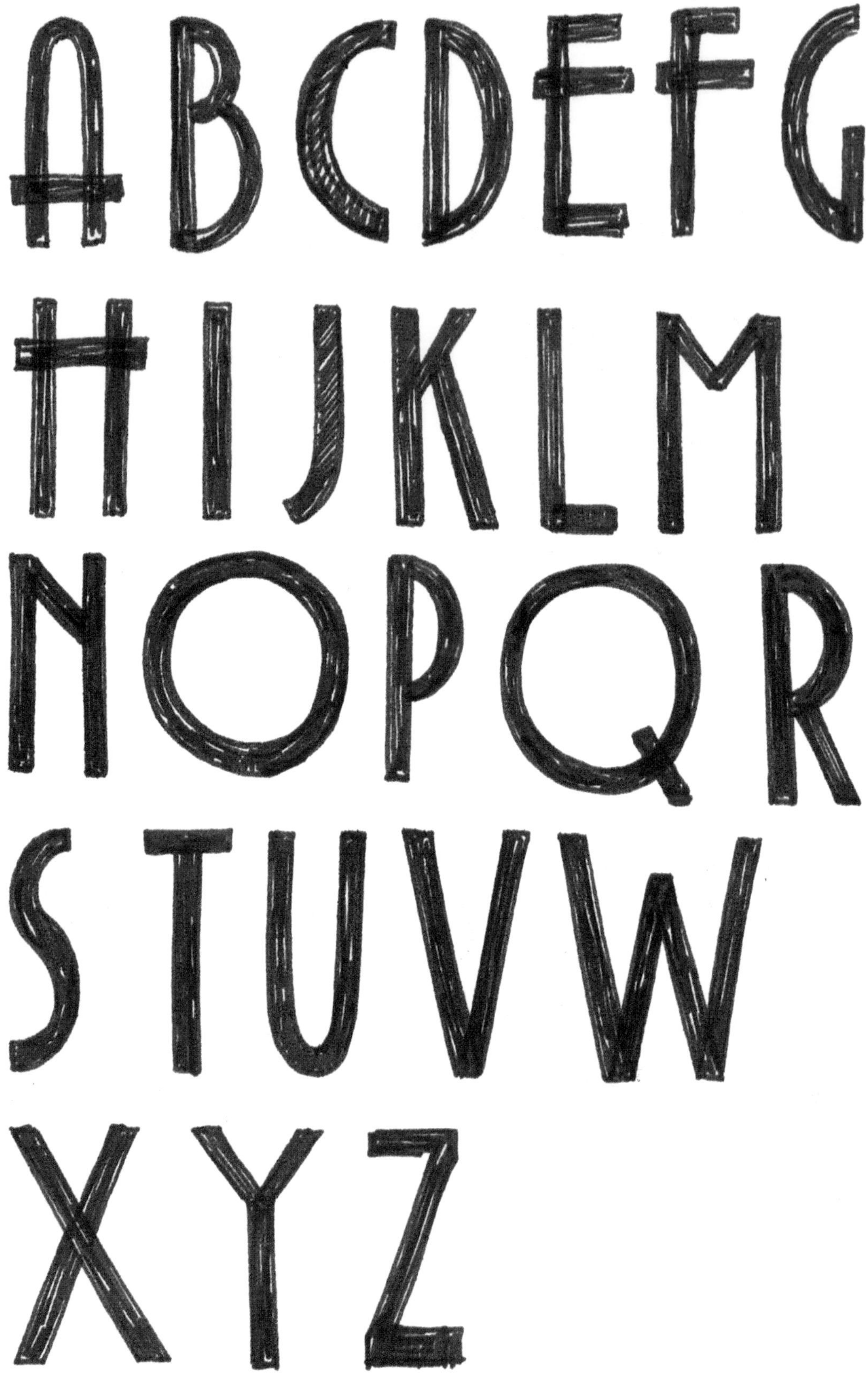
ABCDEFG
HIJKLM
NOPQR
STUVW
XYZ

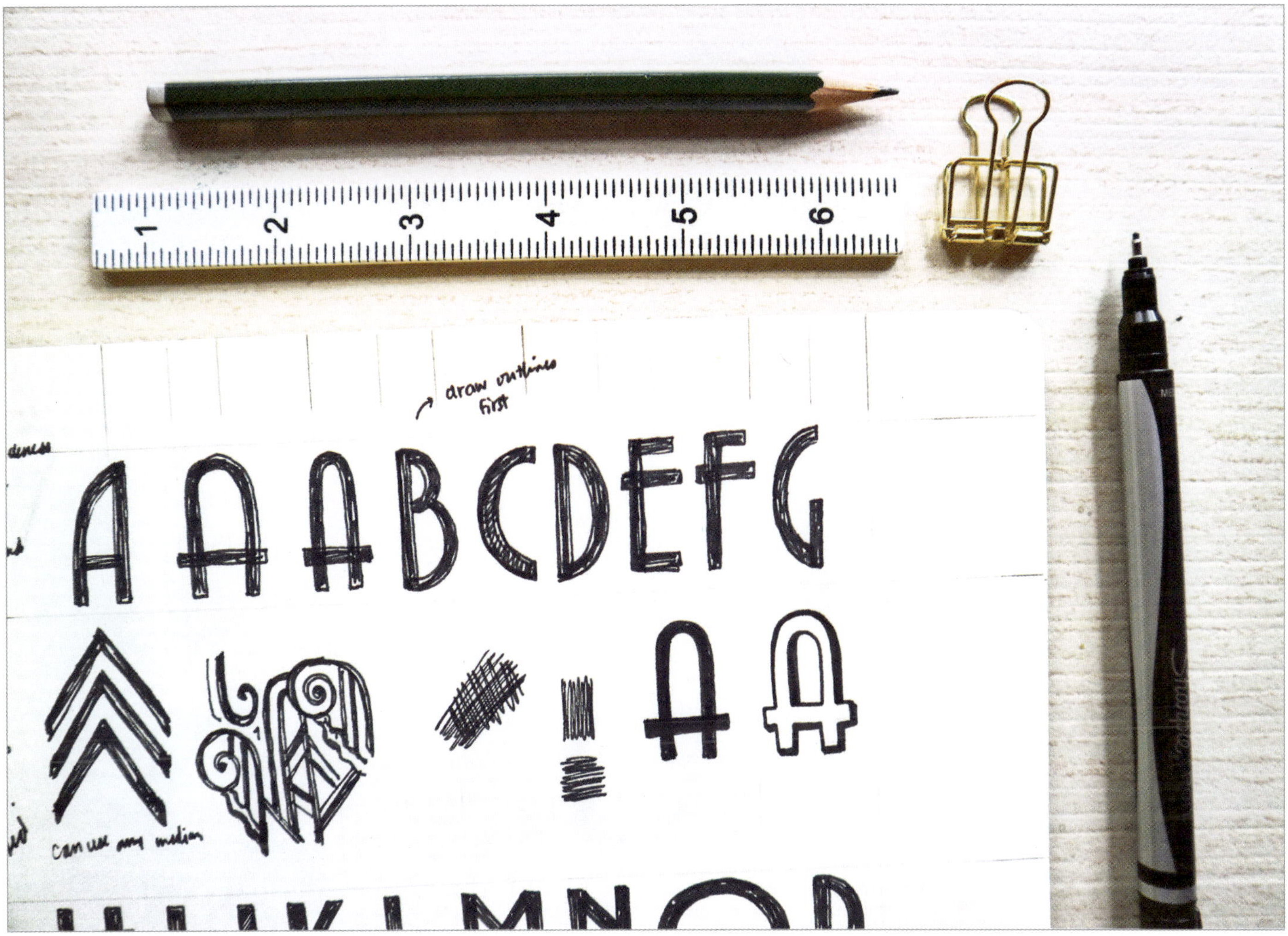

SANS SERIF

Condensed Capitals

Inspiriert von der Art-déco-Bewegung, ist Condensed Capitals eine Hommage an die raffinierten Kunststile, die sich in den frühen 1920er-Jahren entwickelten. Mit ihren auffallend hohen/tiefen Querstrichen, den geometrischen Formen und stilisierten Kurven, fängt diese Schrift die Schönheit und Eleganz dieser aufregenden Zeit ein.

Material & Zubehör

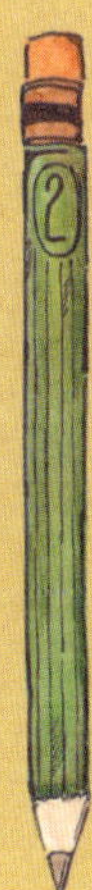

- 80 g/m² Papier
- Bleistift
- Radiergummi
- Lineal
- Fineliner

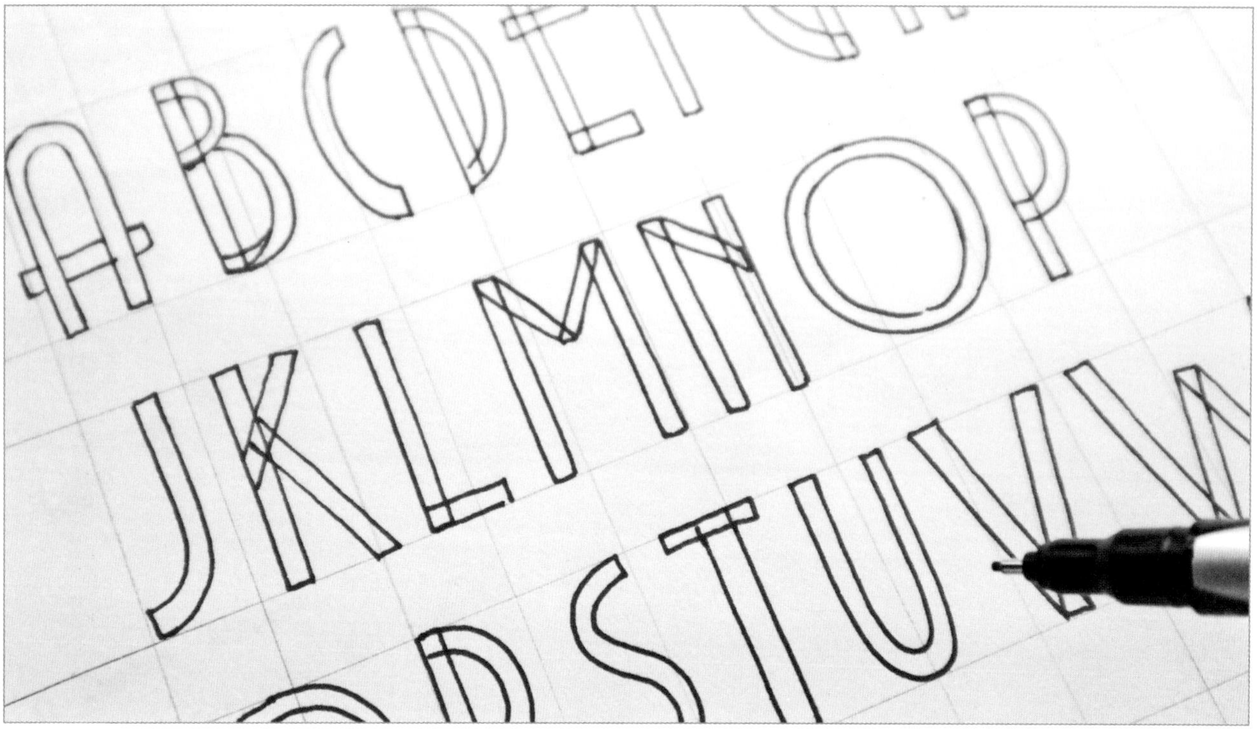

1 Ich fange mit dem Raster für dieses Alphabet an. Da die Buchstaben deutlich verdichtet sind, zeichne ich es von A bis Z auf ein DIN A4-Blatt. Die Höhe beträgt ungefähr 2,5 cm, die Breite 1 cm.

2 Wenn ich die Hilfslinien gezeichnet habe, ist es an der Zeit, sich mit einem Fineliner und den Buchstabenstrichen locker zu machen. Zum Aufwärmen können Sie auch verschiedene geometrische Formen zeichnen, das passt gut zum Art-deco-Stil.

3 Mit dem Fineliner fange ich jetzt an, die Umrisse der Buchstaben zu zeichnen. Alle Striche sind gleich breit. Es ist also ideal, die Umrisse als Bezug zu verwenden, um die Buchstaben zu malen. Sie müssen nicht alle sofort verbunden werden; sie in einzelne Striche aufzuteilen, macht es leichter, die Buchstabenformen für diese Schrift zu erstellen.

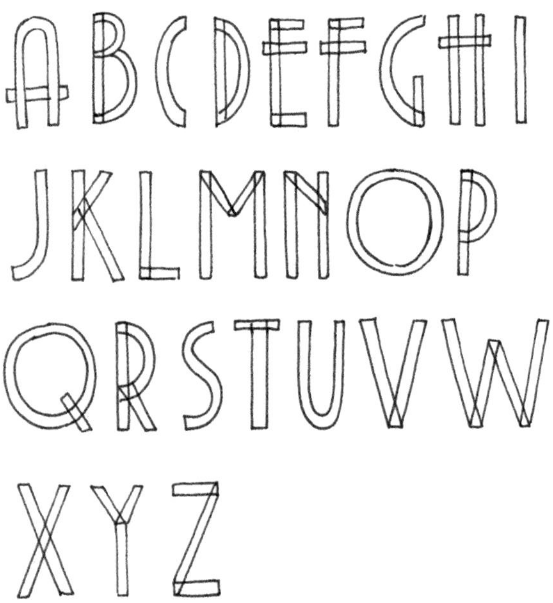

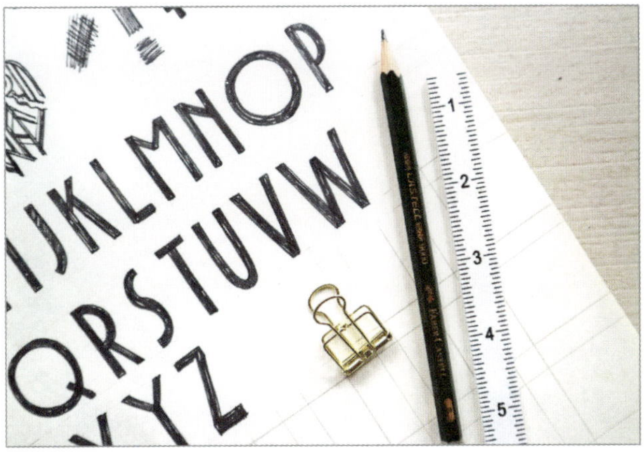

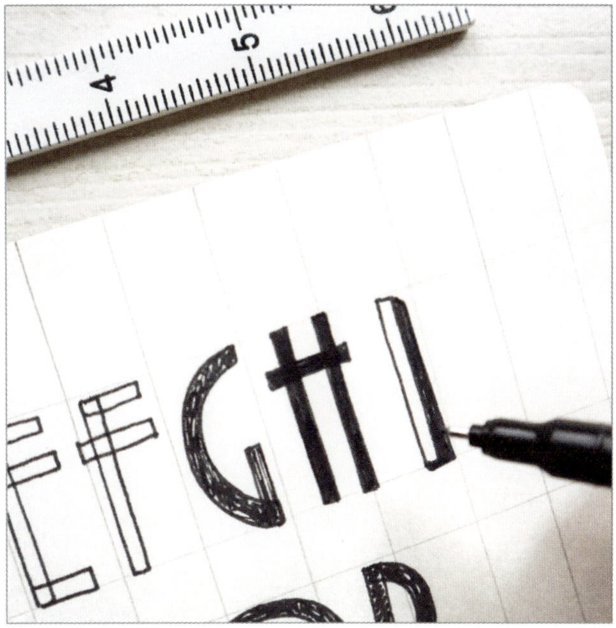

4 Mit meinem Fineliner fülle ich die Buchstaben in einer Schraffurtechnik aus. (Sie können dafür auch Aquarell, Marker oder Buntstifte verwenden, aber zeichnen Sie zuerst die Umrisse Ihres Alphabets mit Bleistift.) Für den skizzenhaften Effekt muss man die Striche locker und leicht halten. Es bleiben vielleicht noch ein paar weiße Stellen; das ist gut so.

5 Alternativ können Sie auch versuchen, den Buchstaben komplett einzufärben (ohne skizzenhaften Effekt) oder ihn mit einer Schattierung hohl und erhaben wirken lassen

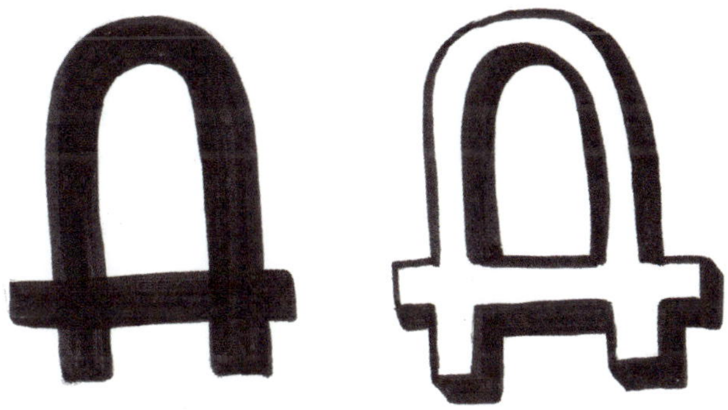

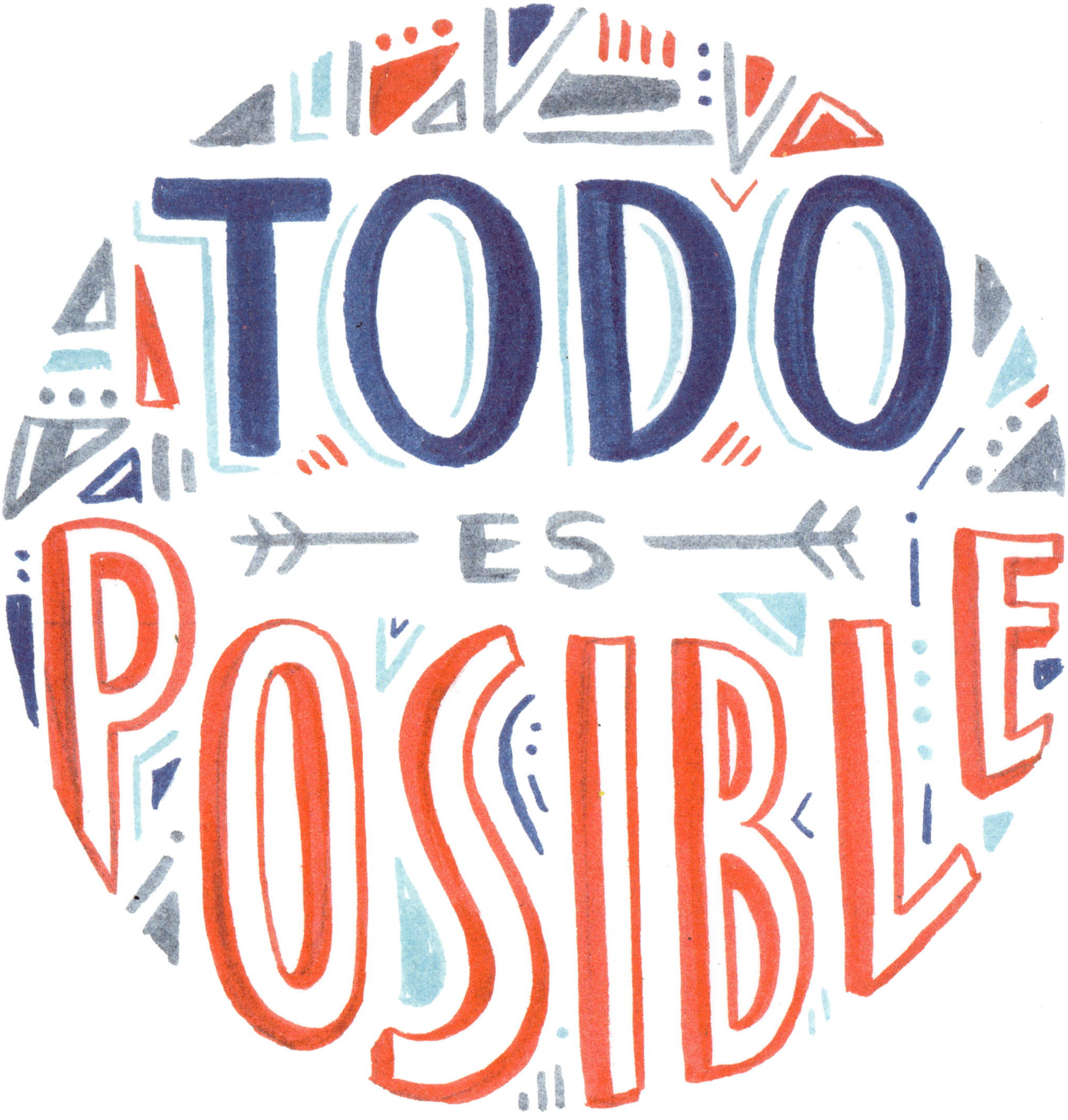

Alles ist möglich.

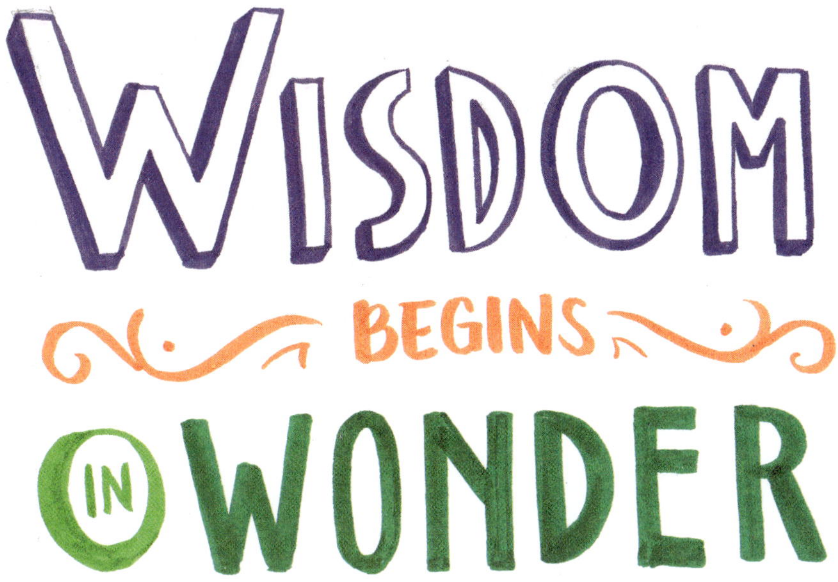

Weisheit beginnt mit Staunen. (Sokrates)

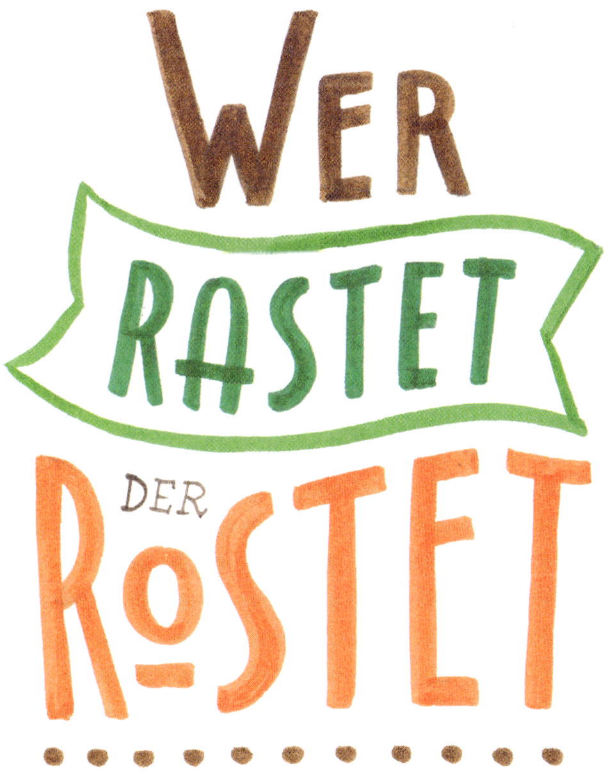

Aa Bb Cc Dd

Ee Ff Gg Hh

Ii Jj Kk Ll

Mm Nn Oo Pp

Qq Rr Ss Tt

Uu Vv Ww Xx

Yy Zz

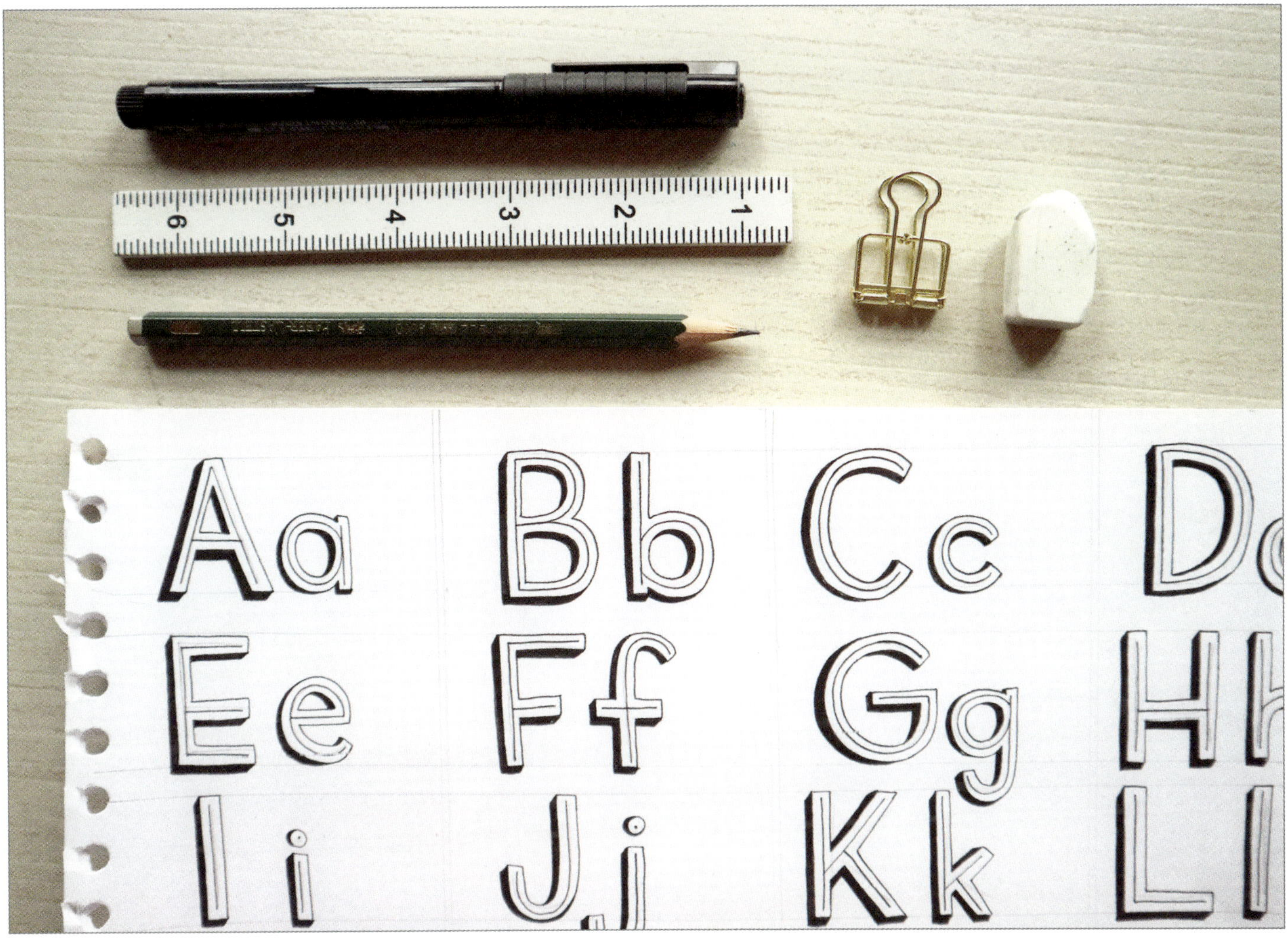

Inline and Outline

Diese auffallende serifenlose Schrift basiert vor allem auf Blockbuchstaben. Die zusätzliche Linie innen, der Umriss außen und die Schatten lassen sie frisch und modern wirken. Mit ihrer dicken Form fällt diese Schrift auf jeden Fall ins Auge und ist perfekt für Überschriften, Schilder oder große Banner.

Material & Zubehör

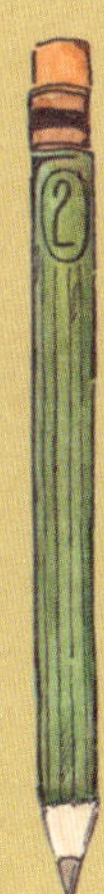

- Bleistift
- Radiergummi
- Lineal
- 120 g/m² Papier
- dünner Fineliner
- dicker Fineliner

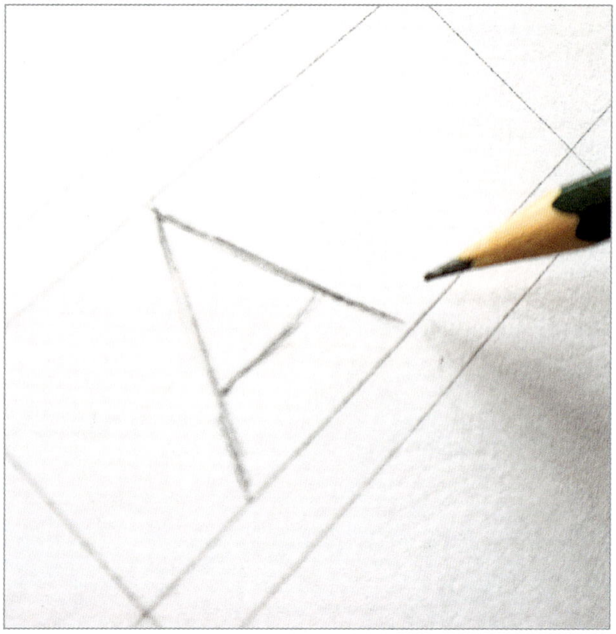

1 Zuerst zeichne ich ein Raster mit gleichmäßigen Kästchen von mindestens 5 x 5 cm pro Buchstabe auf mein A4-Blatt. Denken Sie daran, dass diese Schrift breiter ist als übliche serifenlose Schriften und dass die Buchstaben möglicherweise die Kästchen überragen.

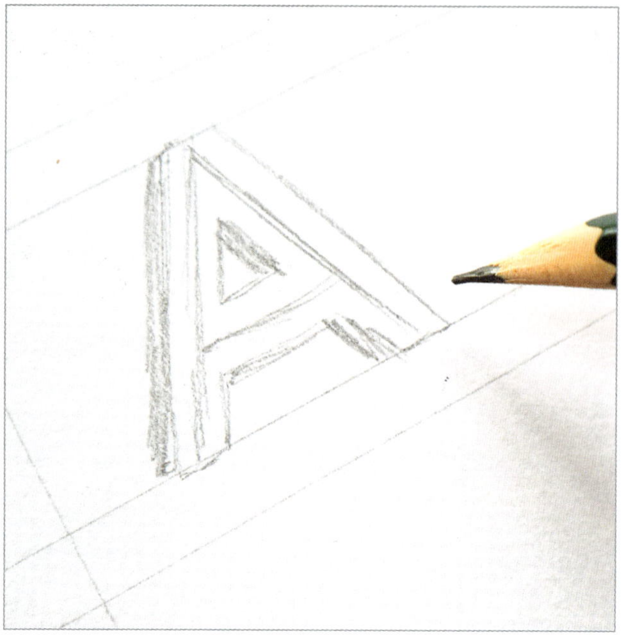

2 Mit einem Bleistift zeichne ich typische serifenlose Buchstaben. Damit steht die innere Linie des Buchstabens. Ich schreibe alle Klein- und Großbuchstaben eines gesamten Alphabets.

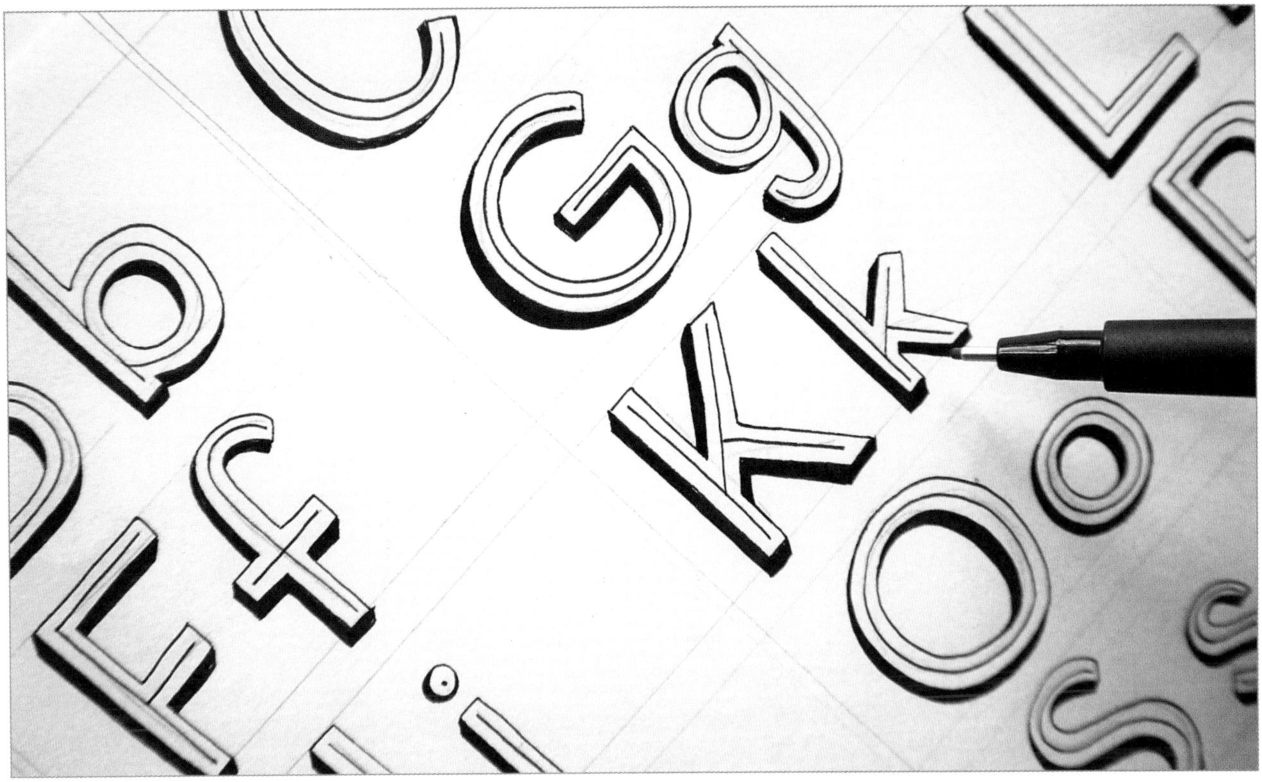

3 Wenn die inneren Linien des Alphabets gezeichnet sind, mache ich mit der blockartigen Buchstabenform außerhalb weiter; das ist die Basis des Buchstabens. Die Maße müssen nicht ganz exakt sein, aber achten Sie darauf, zwischen jedem Blockbuchstaben gleichmäßig genug Platz zu lassen, damit sie nicht aneinandergeraten. Wenn die Blockbuchstaben gezeichnet sind, male ich den Schatten, indem ich die linke Seite jedes Buchstabens dicker zeichne. Wenn diese Linie fertig gezeichnet ist, wird der Schatten mit einem Fineliner ausgemalt.

4 Mit einem dünnen Fineliner ziehe ich die inneren Linien nach, die ich mit einem Bleistift vorgezeichnet habe. Dann benutze ich einen dicken Fineliner, um damit die Umrisse der Blockbuchstaben nachzuziehen. Das ist ein bisschen knifflig: Behalten Sie eine ruhige Hand, während Sie die Striche ziehen. In eine Richtung zu zeichnen, hilft dabei, die Striche schnell und flüssig zu machen.

5 Wenn alle Blockbuchstaben und inneren Linien gezeichnet wurden, fülle ich die Schatten mit einem dicken Fineliner aus, um meinen Buchstaben einen 3-D-Effekt zu verleihen. Lassen Sie anschließend die Alphabete trocknen.

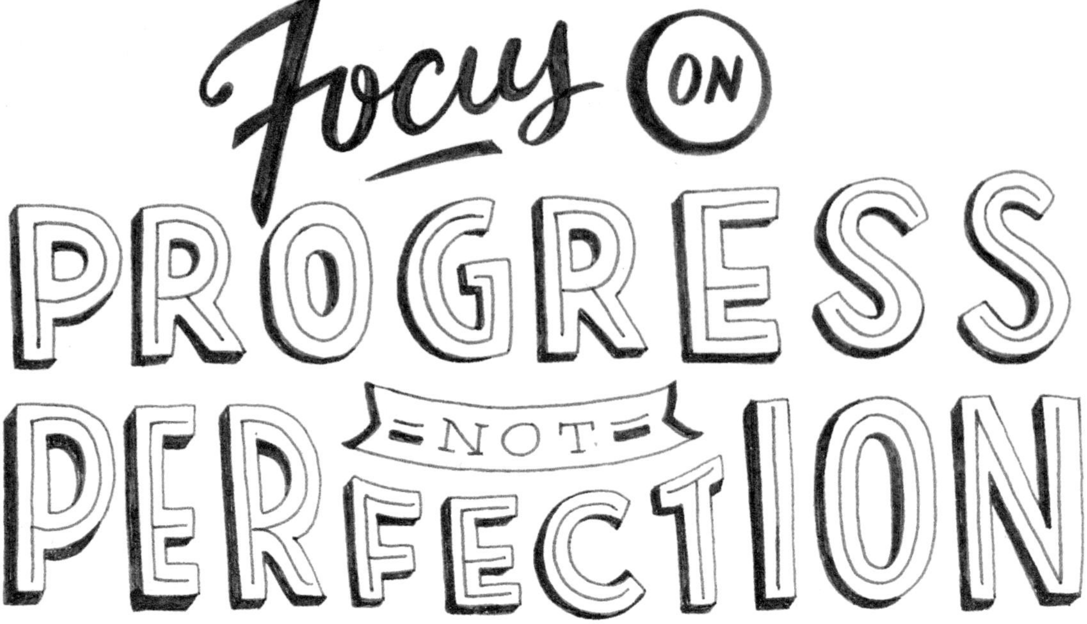

Konzentriere dich auf den Fortschritt, nicht auf die Perfektion.

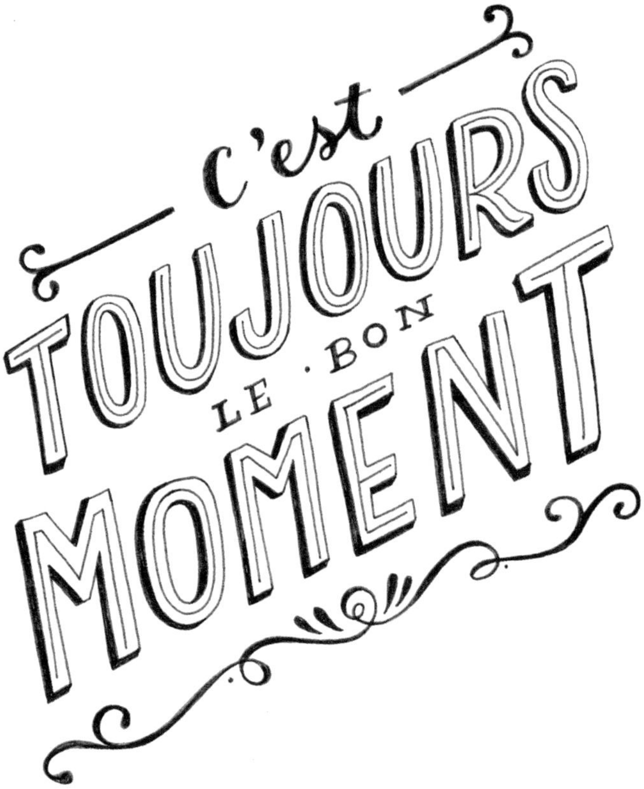

Es ist immer die richtige Zeit.

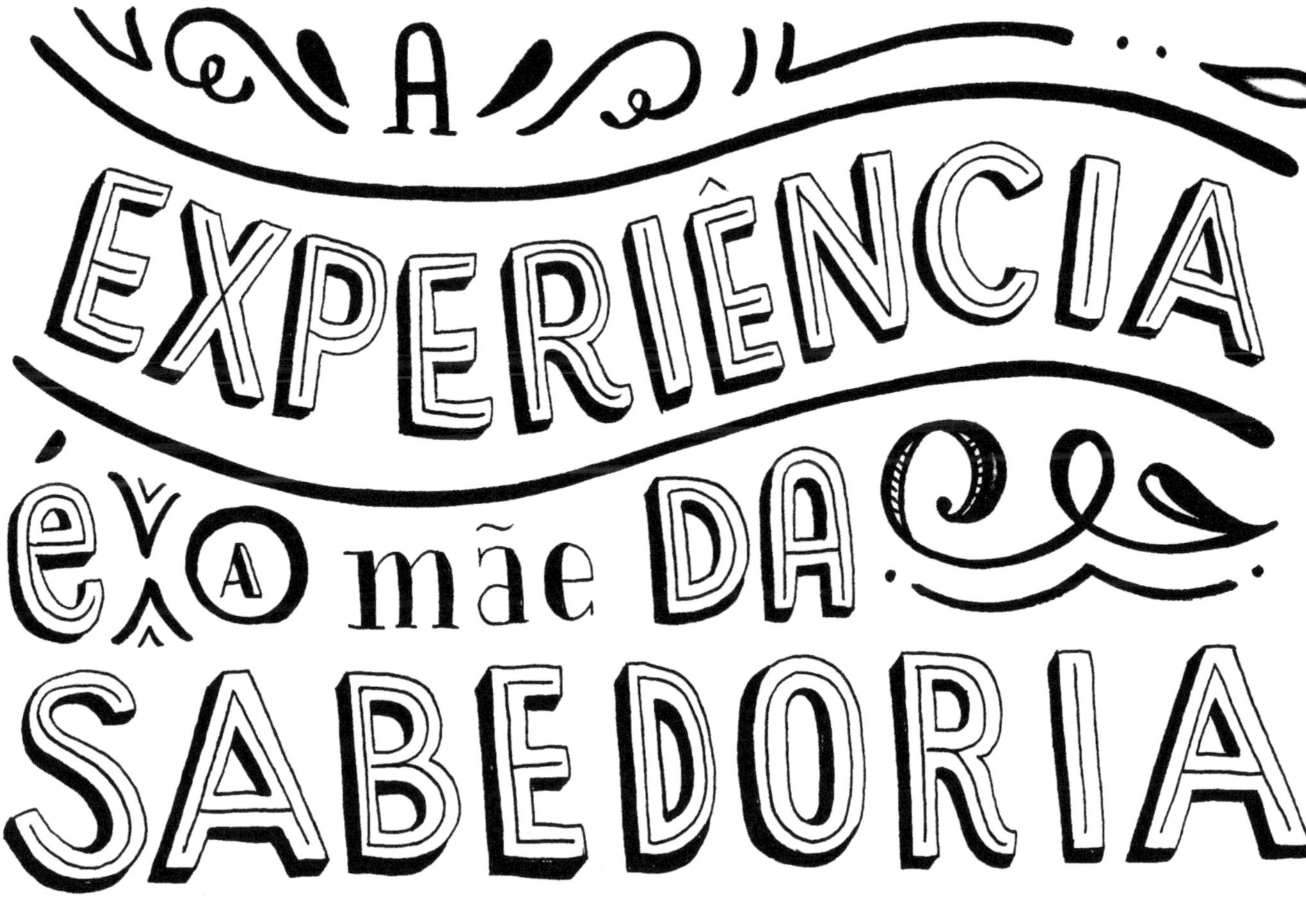

Erfahrung ist die Mutter der Weisheit.

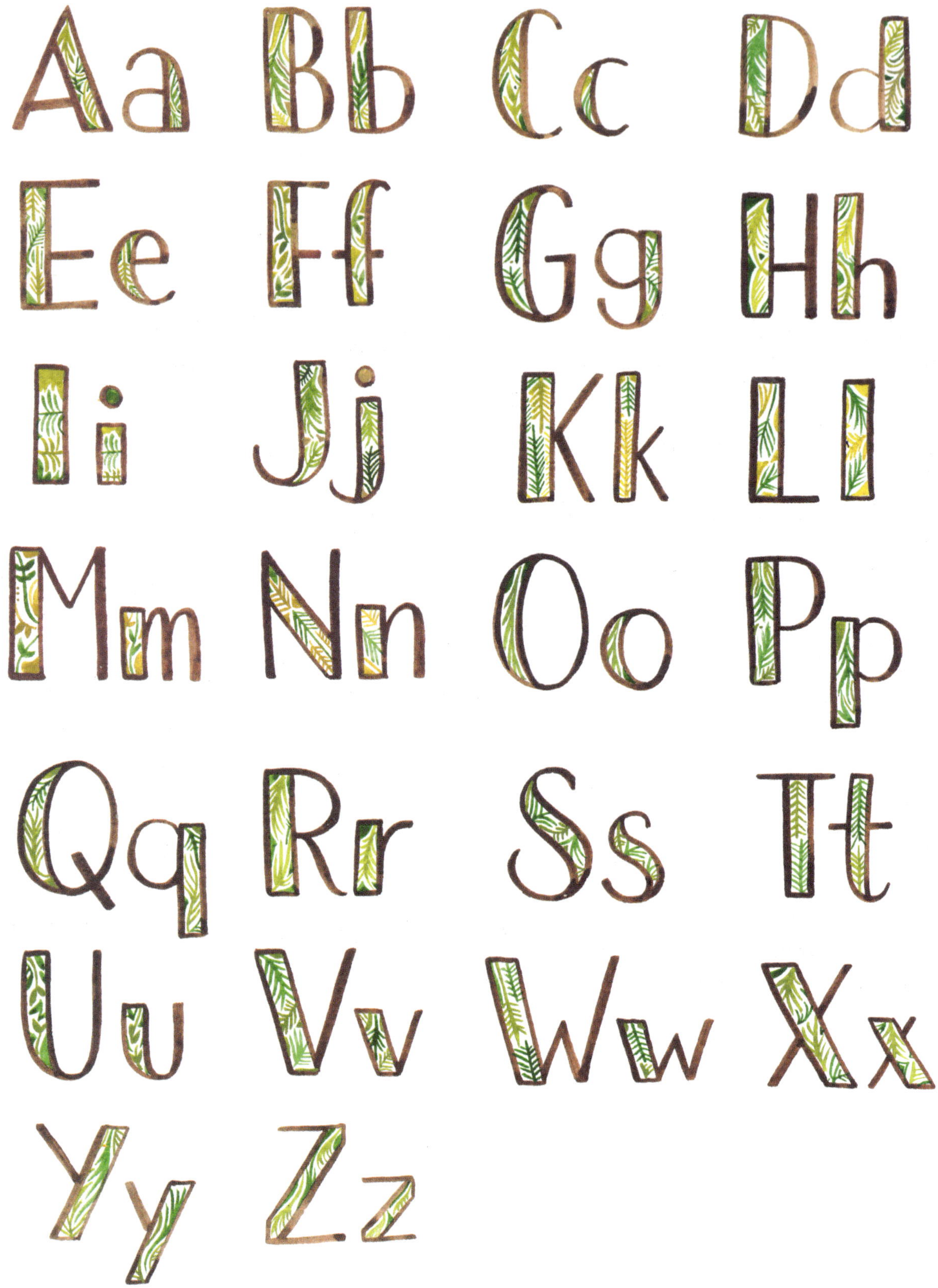
Aa Bb Cc Dd
Ee Ff Gg Hh
Ii Jj Kk Ll
Mm Nn Oo Pp
Qq Rr Ss Tt
Uu Vv Ww Xx
Yy Zz

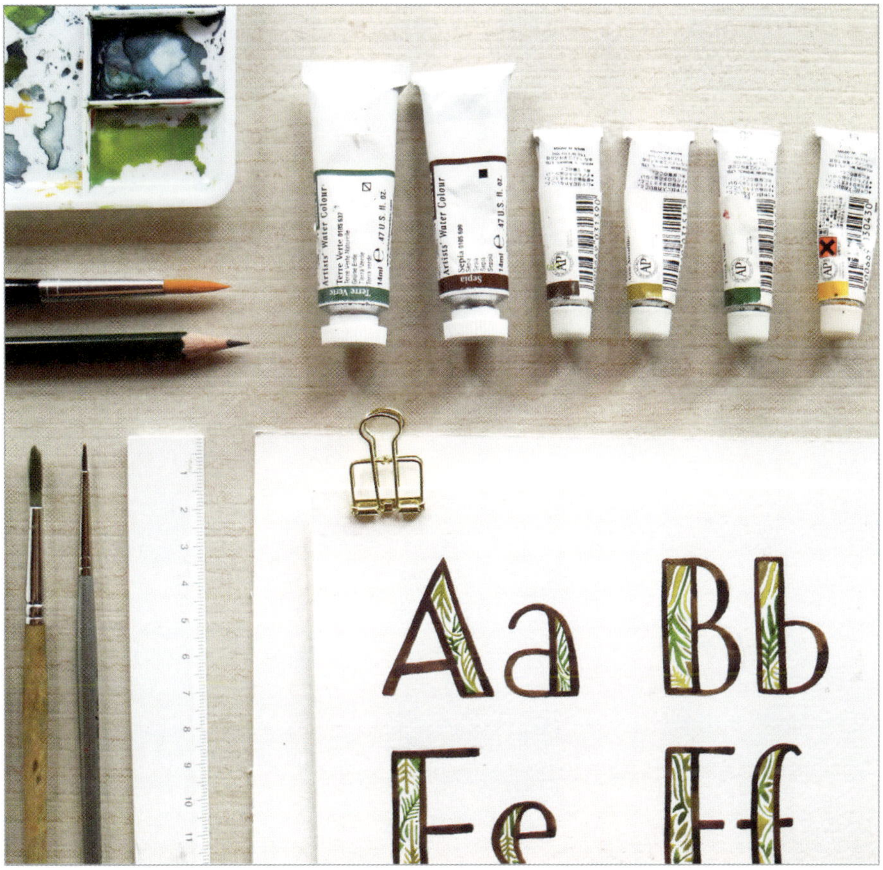

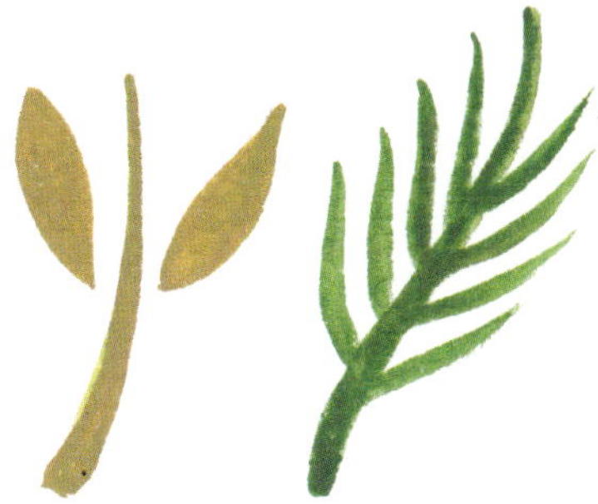

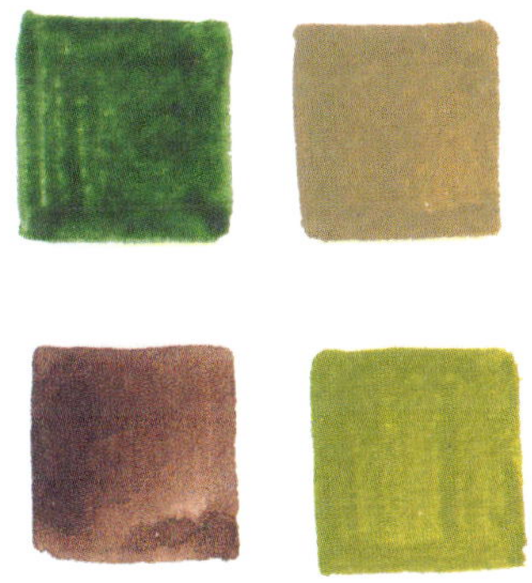

Nature Story

Ich habe diese Schrift Nature Story genannt, weil sie stark inspiriert ist von allem, was Blätter hat, grün ist und wächst. Als serifenlose Schrift, ist sie leicht zu zeichnen, und es macht Spaß, sie mit all den Naturelementen zu verzieren. Ich habe bei jedem Buchstaben einen Teil hohl gezeichnet, um Platz für die Verzierungen zu haben. Dafür verwendete ich Wasserfarben, weil man mit dem Pinsel sehr gut Blätter, Ranken und Zweige malen kann.

Material & Zubehör

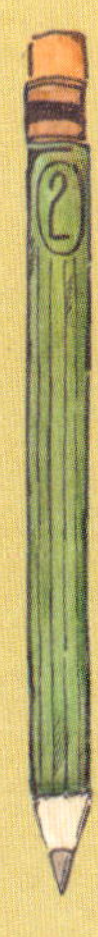

- 300 g/m^2 Aquarellpapier satiniert
- Bleistift
- Lineal
- dünner, runder Pinsel
- dicker runder Pinsel
- Wasserfarben in Erdtönen

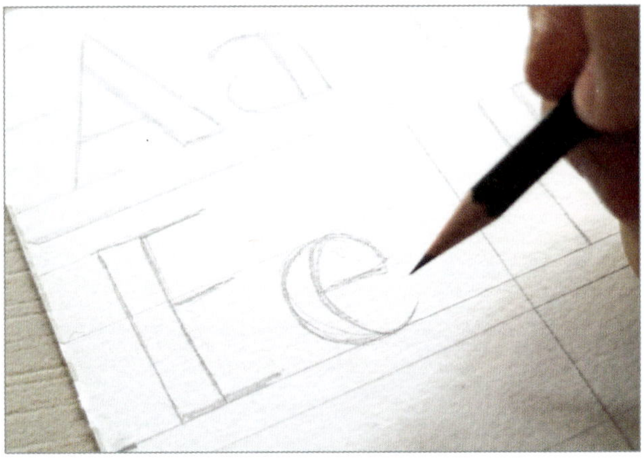

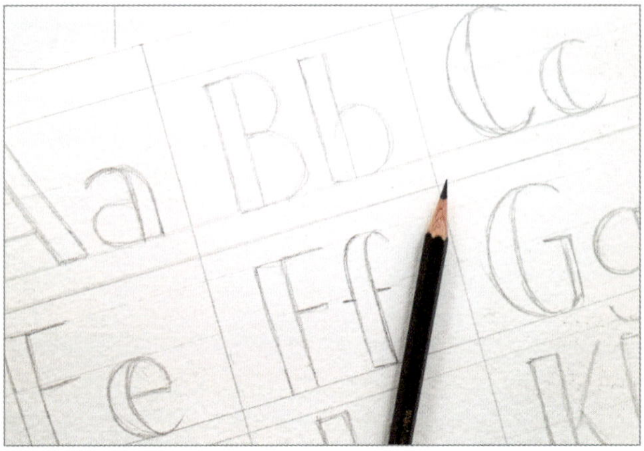

1 Bei meinen ersten Skizzen für diese Schrift kam ich auf die Idee, mit Klein- und Großbuchstaben zu arbeiten, wobei die kleinen Buchstaben ungefähr halb so groß wie die großen sein sollten. Als Basis nutzte ich konventionelle serifenlose Buchstaben.

2 Ich arbeite gern auf einem 21,5 x 28 cm großen Block, wenn ich eine neue Schrift entwickle. Da ich mit Aquarellfarben arbeiten werde, benutze ich Lineal und Bleistift, um Linien auf Aquarellpapier zu ziehen. Für diese Schrift gebe ich jedem Buchstaben ungefähr 5 cm in der Höhe und Breite. Ich mache diese Buchstaben breiter als üblich, weil ich in jeden ein Muster einzeichnen möchte.

3 Zunächst zeichne ich mein Alphabet mit Bleistift. Dabei lasse ich beidseitig genug Platz für die Muster, die ich später ergänzen werde. Ich möchte, dass das Alphabet handgezeichnet aussieht, aber trotzdem alle Buchstaben perfekt lotrecht und gleich breit sind. Eine uneinheitlich gestaltete Schrift macht schnell einen amateurhaften Eindruck.

4 Wenn ich mit dem Aussehen meines Bleistiftalphabets zufrieden bin, kann ich mit dem Malen beginnen. Ich fange außen an den Buchstaben an, mit einem dicken runden Pinsel und dunkelbrauner Farbe. Probieren Sie es vorher auf einem Schmierpapier aus, um herauszufinden, wie viel Wasser Ihr Pinsel aufnimmt und wie man die Pinselspitze bei den Strichen spitz hält. Versuchen Sie, beim Malen eine ruhige Hand zu behalten.

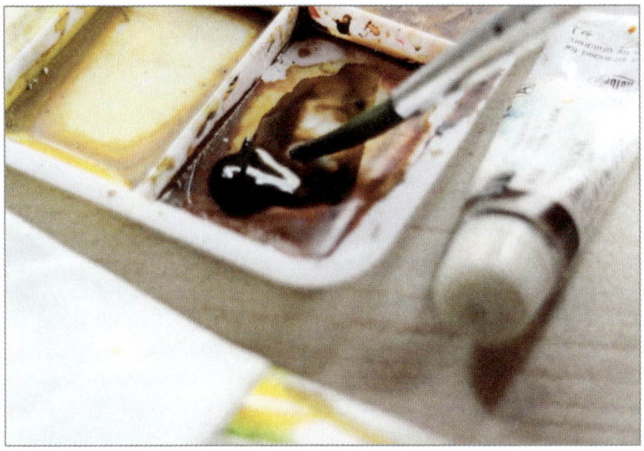

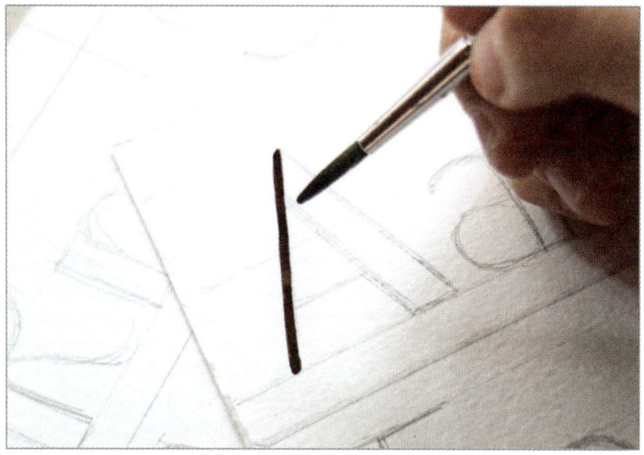

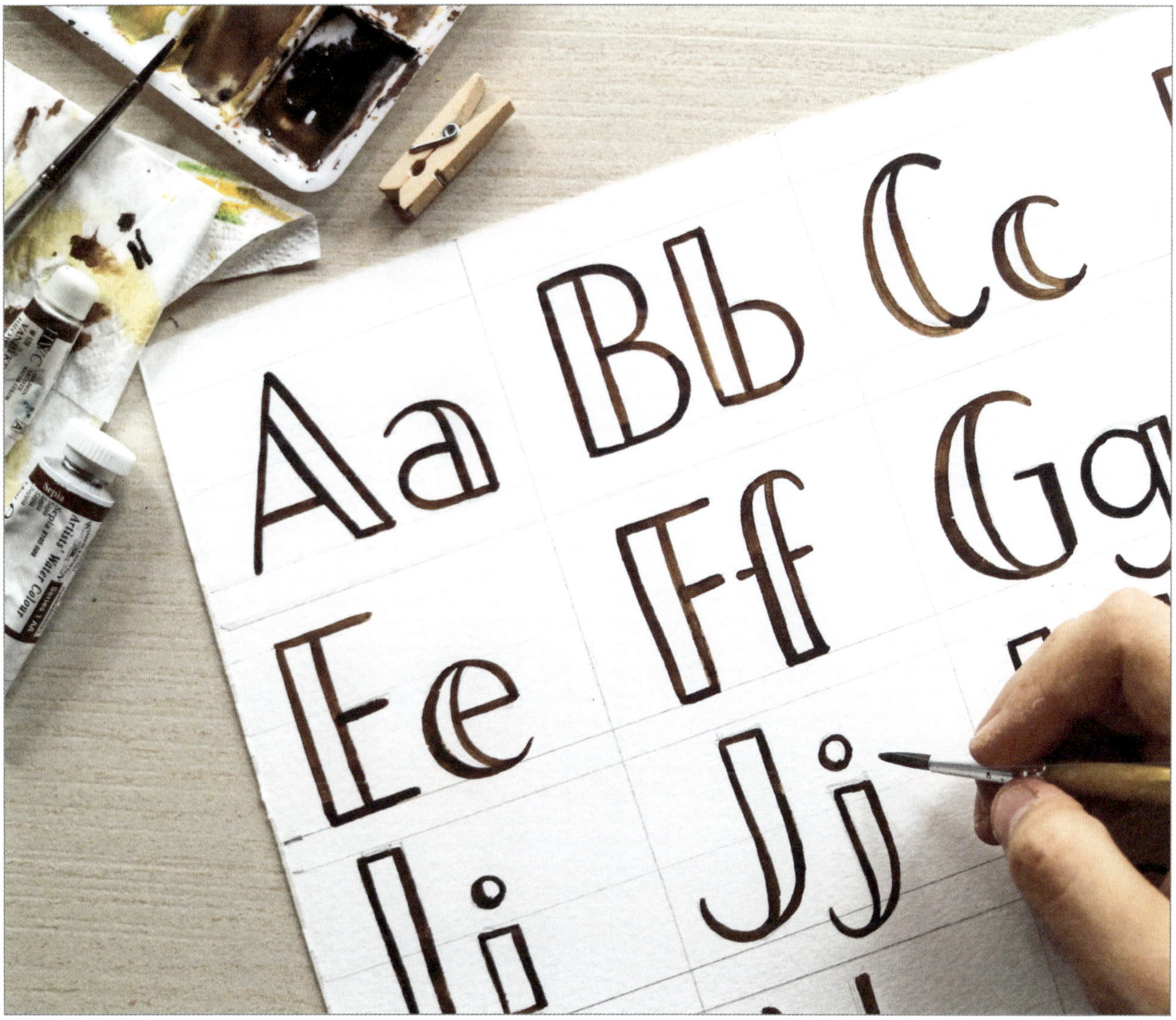
Aa Bb Cc
Ee Ff Gg
Ii Jj

5 Wenn die Umrisse komplett trocken sind, kann ich mit den Blättern beginnen. Dafür benutze ich einen dünnen runden Pinsel und arbeite mit zwei Grüntönen pro Buchstabe. Um unterschiedliche Grüntöne zu erhalten, mische ich Gelb, Braun und ein bisschen Blau darunter.

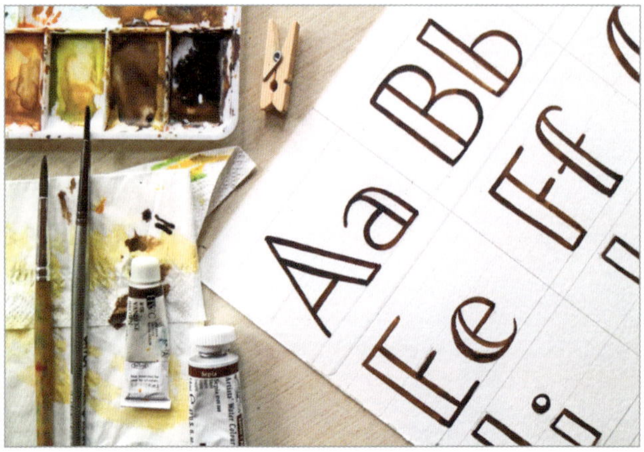

6 Experimentieren Sie mit Blattmustern, die Sie in Ihre Arbeit einbauen können. Beginnen Sie mit kleinen Proben unterschiedlicher Muster, die Sie gern verwenden möchten, probieren Sie sie dann in den Buchstabenumrissen aus. Achten Sie darauf, dass die Muster die Umrisslinie nicht überschreiten. Benutzen Sie bei den Blattmustern nur sehr wenig Wasser mit der Farbe, damit Sie die Umrisse oder andere Teile des Buchstabens nicht verschmieren. Mit weniger Wasser trocknen Ihre Buchstaben auch schneller.

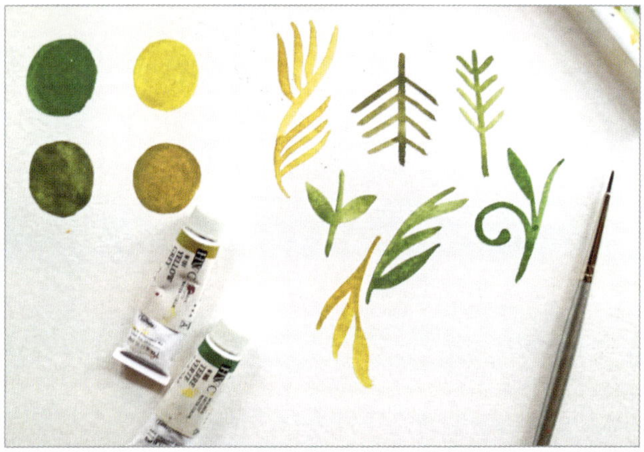

7 Wenn Sie das Alphabet ausgearbeitet haben, benutzen Sie es, um Ihr Lieblingszitat oder Ihre Lieblingsbotschaft aufzuschreiben. Schmücken Sie das Layout mit blattartigen Mustern – ähnlich jenen, die Sie für die Buchstaben entworfen haben.

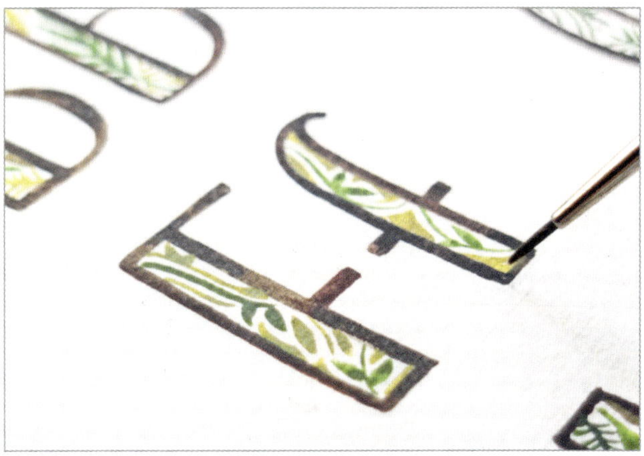

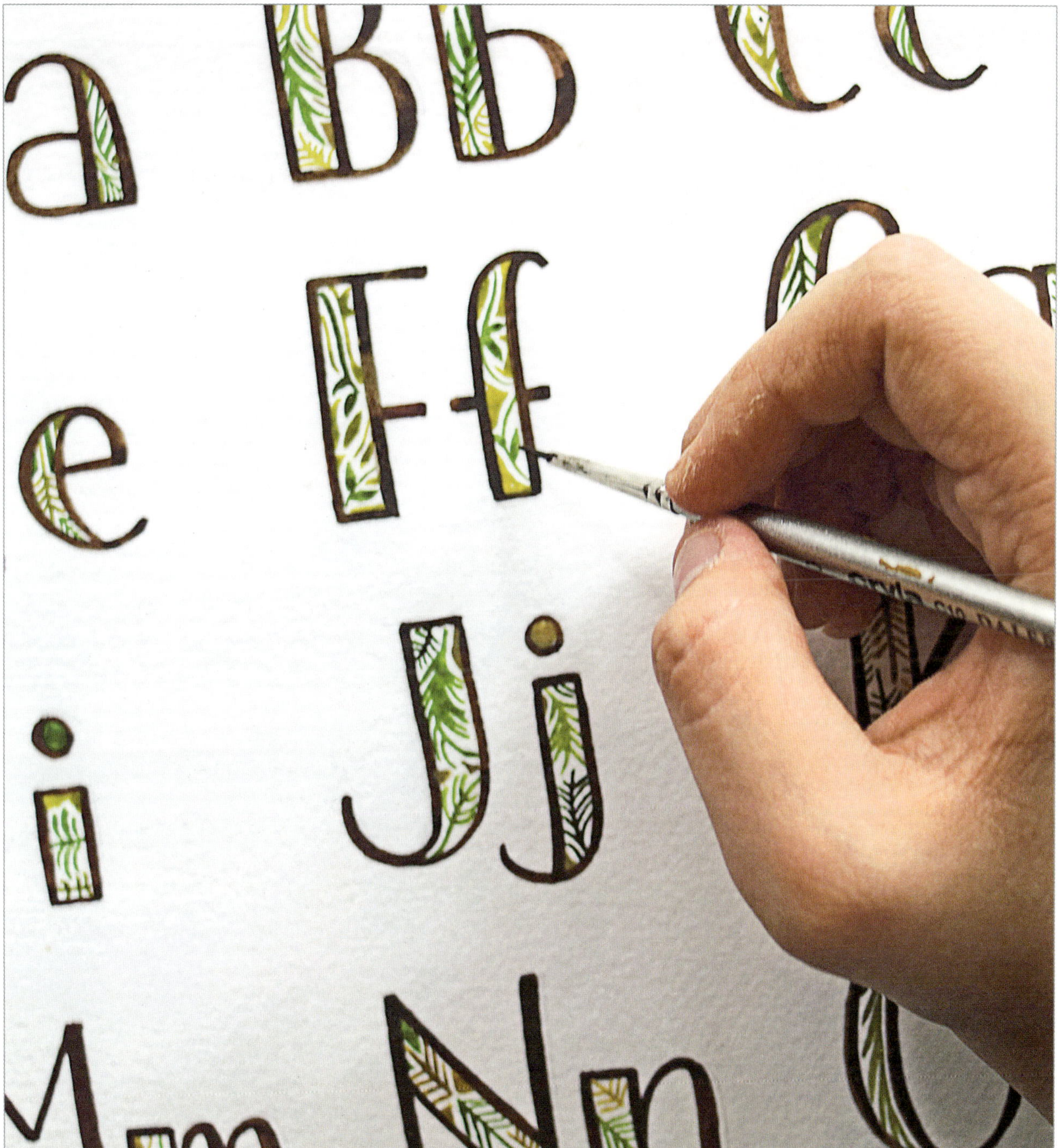

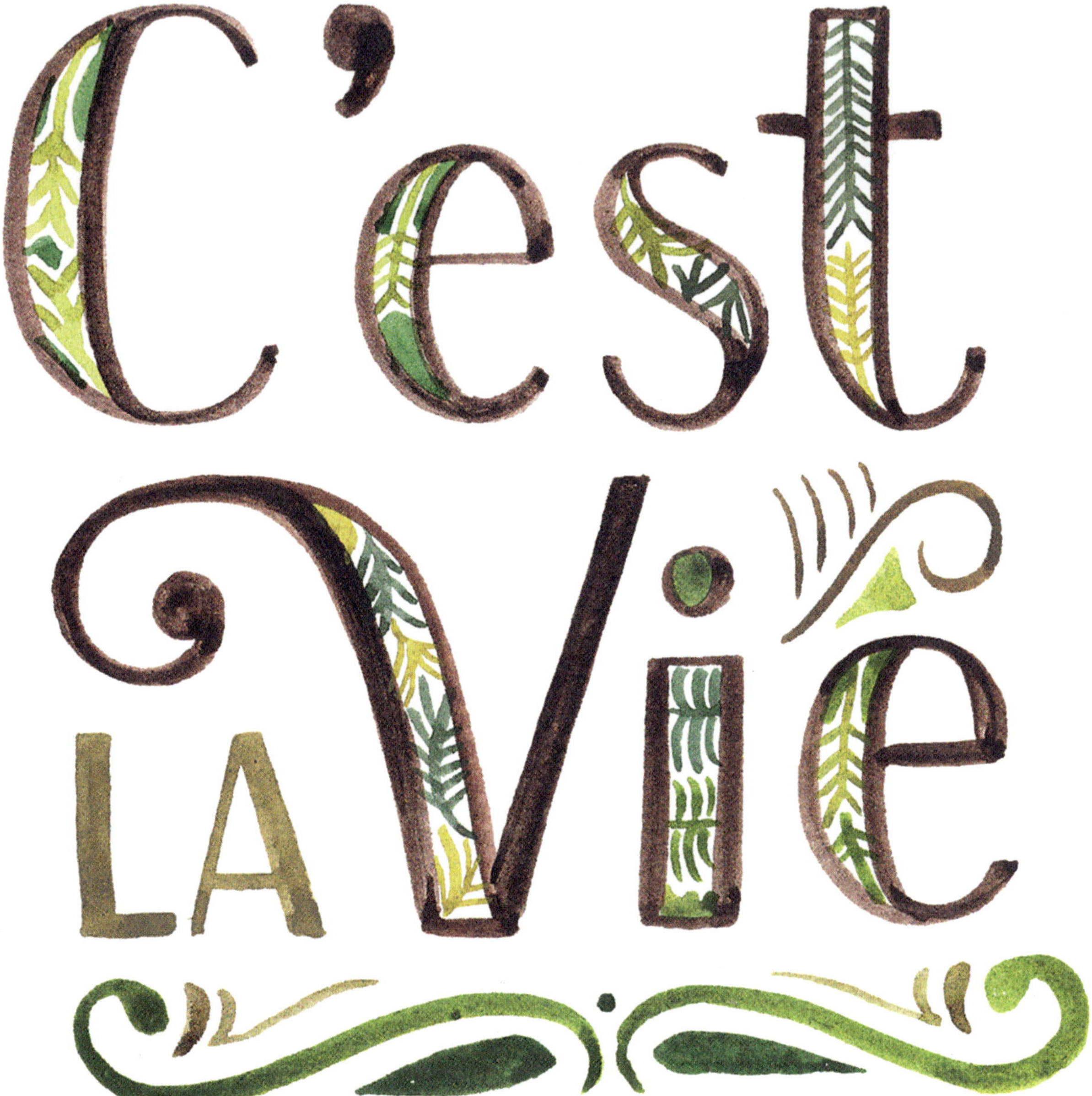

So ist das Leben.

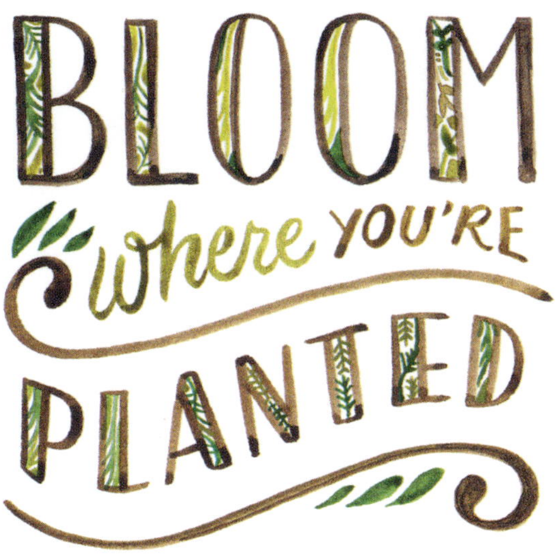

Gedeihe, wo man dich gepflanzt hat.

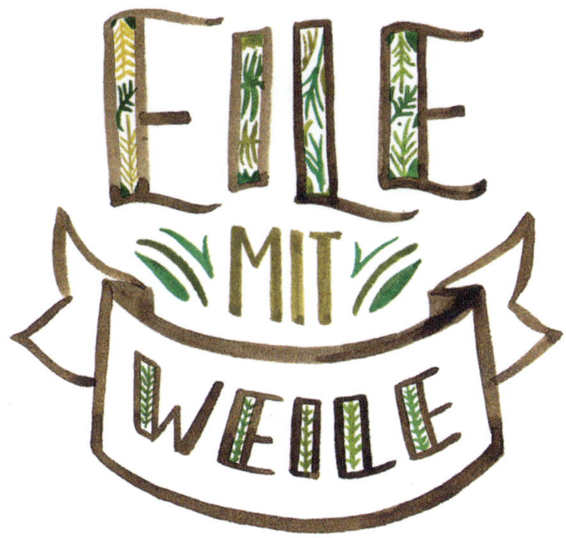

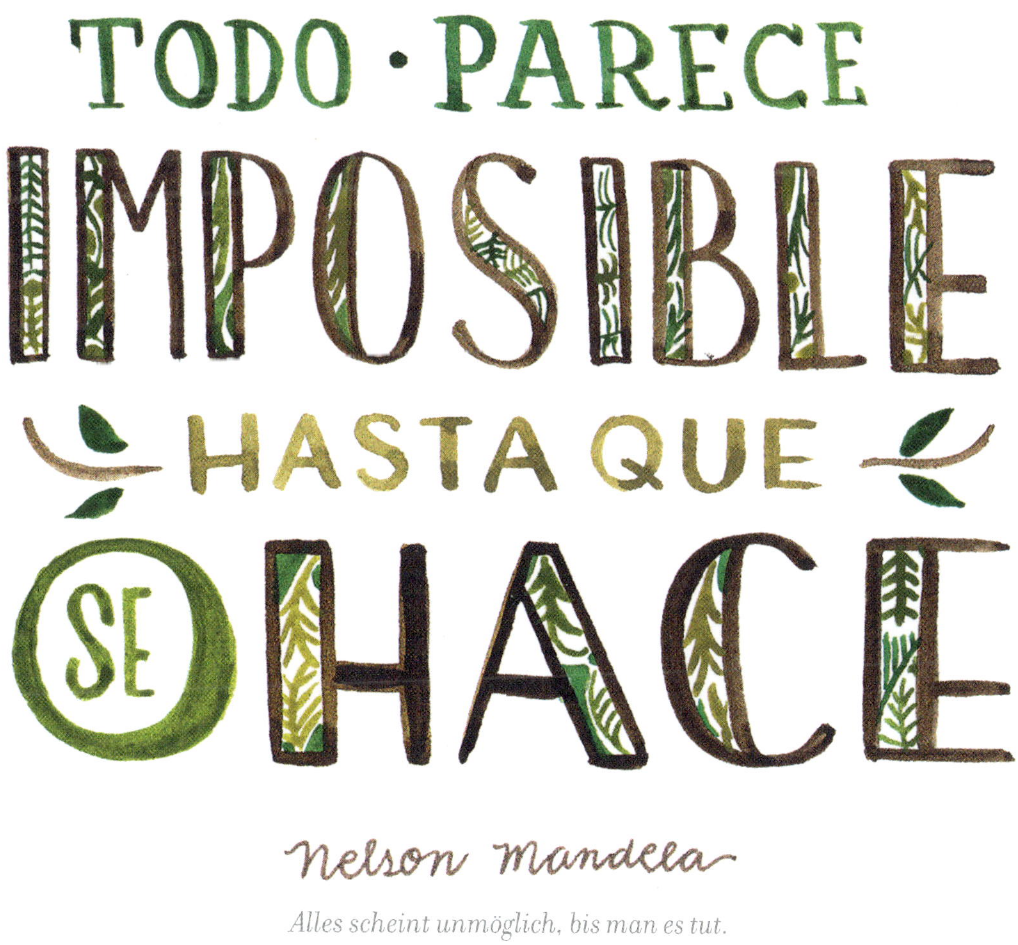

Alles scheint unmöglich, bis man es tut.

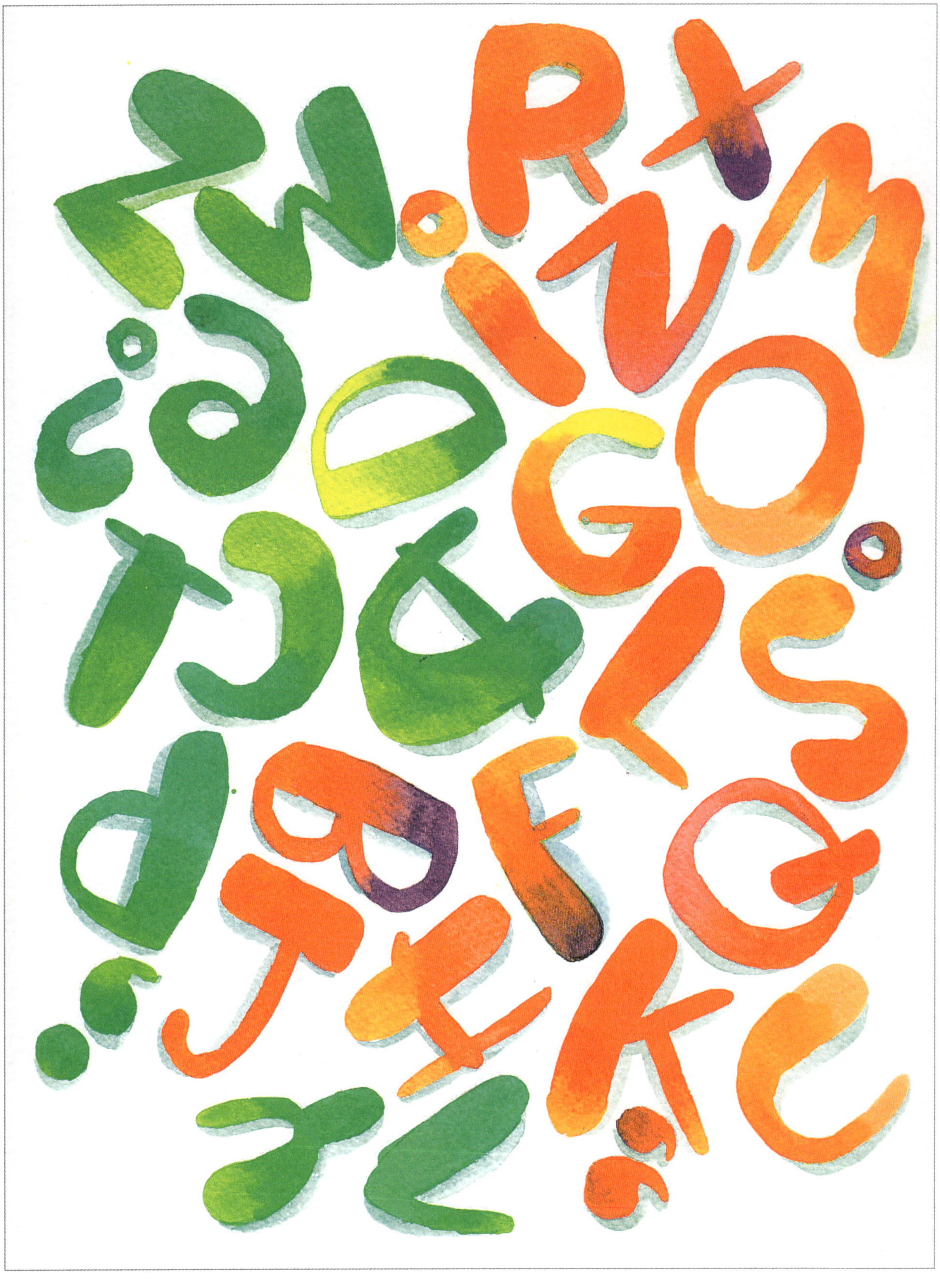

GASTKÜNSTLER

Bubble Letters mit Farbverlauf

von Googly Gooeys

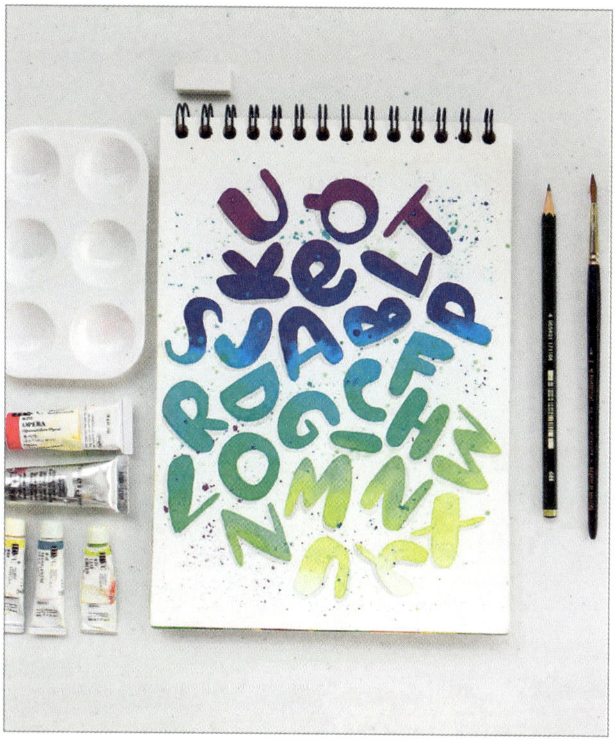

ÜBER DEN KÜNSTLER

Tippy, eine freiberufliche Künstlerin, Illustratorin und Fotografin von den Philippinen, ist die eine Hälfte von Googly Gooeys – so der Name eines von ihr und ihrem Partner Pong betriebenen Design- und Humorblogs. Sie liebt es, mit den verschiedensten Materialien zu spielen, und ihre Arbeiten sind stets voller leuchtend-fröhlicher Farben. Mehr über ihre Projekte erfahren Sie auf www.GooglyGooeys.com.

ÜBER DEN ENTWURF

»Seien Sie kreativ«, lautet auch hier das Motto: Zeichnen Sie sprechblasenartige Formen, bringen Sie mit Wasserfarben Farbverläufe ein und geben Sie dem Ganzen mit konfettiartigen Spritzern den finalen Touch. Für den Verlauf tauchen Sie Ihren Pinsel in eine Farbe ein und ziehen eine Linie. Bevor diese trocken ist, tauchen Sie Ihren Pinsel in die nächste Farbe und malen die Linie weiter. Dieser fröhlich bunte Stil erinnert an lustige Comics.

Material & Zubehör

- Skizzenblock oder Papier zum Üben
- Bleistift (am besten weich)
- Radiergummi
- runder Aquarellpinsel
- 300 g/m² Aquarellpapier
- Aquarellfarbe (egal welches Format: Tube oder Näpfchen)
- Wasser

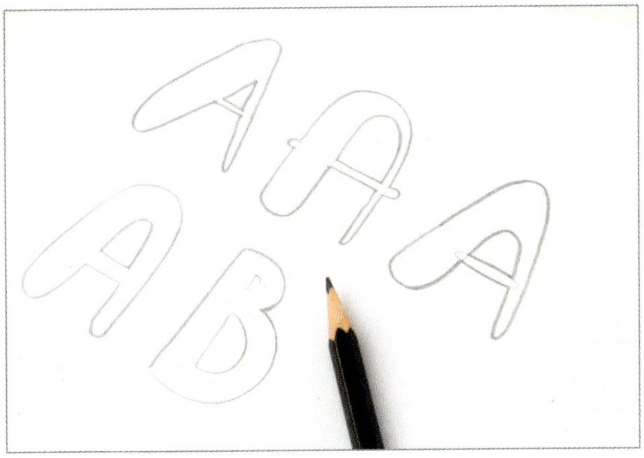

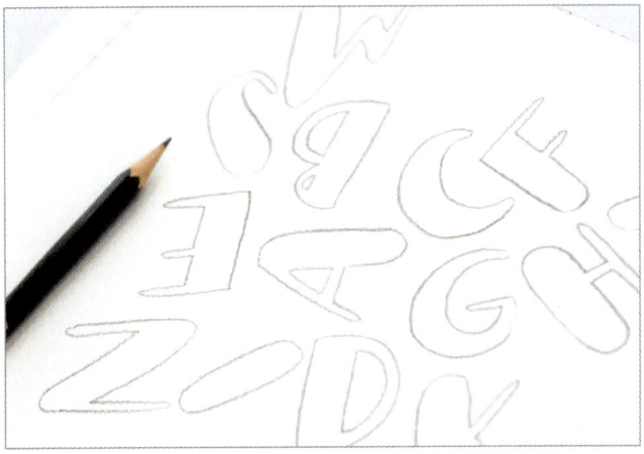

1 Beginnen Sie mit Ihren Blasenbuchstaben auf dem Skizzenblock. Es gibt dafür zwei Möglichkeiten:

- Zeichnen Sie den typischen Großbuchstaben und dann die Blase drumherum. Radieren Sie die Linien der ursprünglichen Zeichnung weg.
- Zeichnen Sie Ihr Alphabet mit länglichen, dicken und dünnen Formen mit Bleistift. Passen Sie den Winkel und die Platzierungen der Formen an, bis Ihnen das Ergebnis gefällt. Radieren Sie die Linien weg, wo sie sich überschneiden. Legen Sie fest, welche Linie die dickste sein soll.

TIPP: *Machen Sie Ihre ersten Experimente und Skizzen zunächst auf Zeichenpapier. Die Fasern des Aquarellpapiers werden bei zu häufigem Radieren beschädigt. Ohnehin ist es immer am besten, das Design vorher genau zu planen.*

2 Wenn Sie die Details Ihres Alphabets herausgearbeitet haben, können Sie es noch einmal auf Aquarellpapier zeichnen. Wenn Sie die Umrisse nicht bewusst sichtbar lassen wollen, ziehen Sie sie nur zart. Denken Sie daran, dass sich Bleistiftmarkierungen nicht mehr ausradieren lassen, wenn sie übermalt wurden.

3 Beginnen Sie in der Mitte des Papiers. Zeichnen Sie zunächst den Buchstaben A und dann das restliche Alphabet um ihn herum. Versuchen Sie, die leeren Flächen mit Strichen und Bögen der nächsten Buchstaben zu füllen, um den Platz am besten auszunutzen. Drehen Sie das Papier, bis Sie bereit sind, die Seite mit dem Alphabet zu füllen.

4 Wenn Sie mit dem Layout zufrieden sind, sind Sie bereit zu malen. Planen Sie zuerst die Farbpalette. Wählen Sie für diese Übung sechs Farben, die auf dem Farbkreis nebeneinander liegen (siehe die rechte Seite). Dadurch ergibt sich beim Malen ein weicher Übergang von einer Farbe zur nächsten.

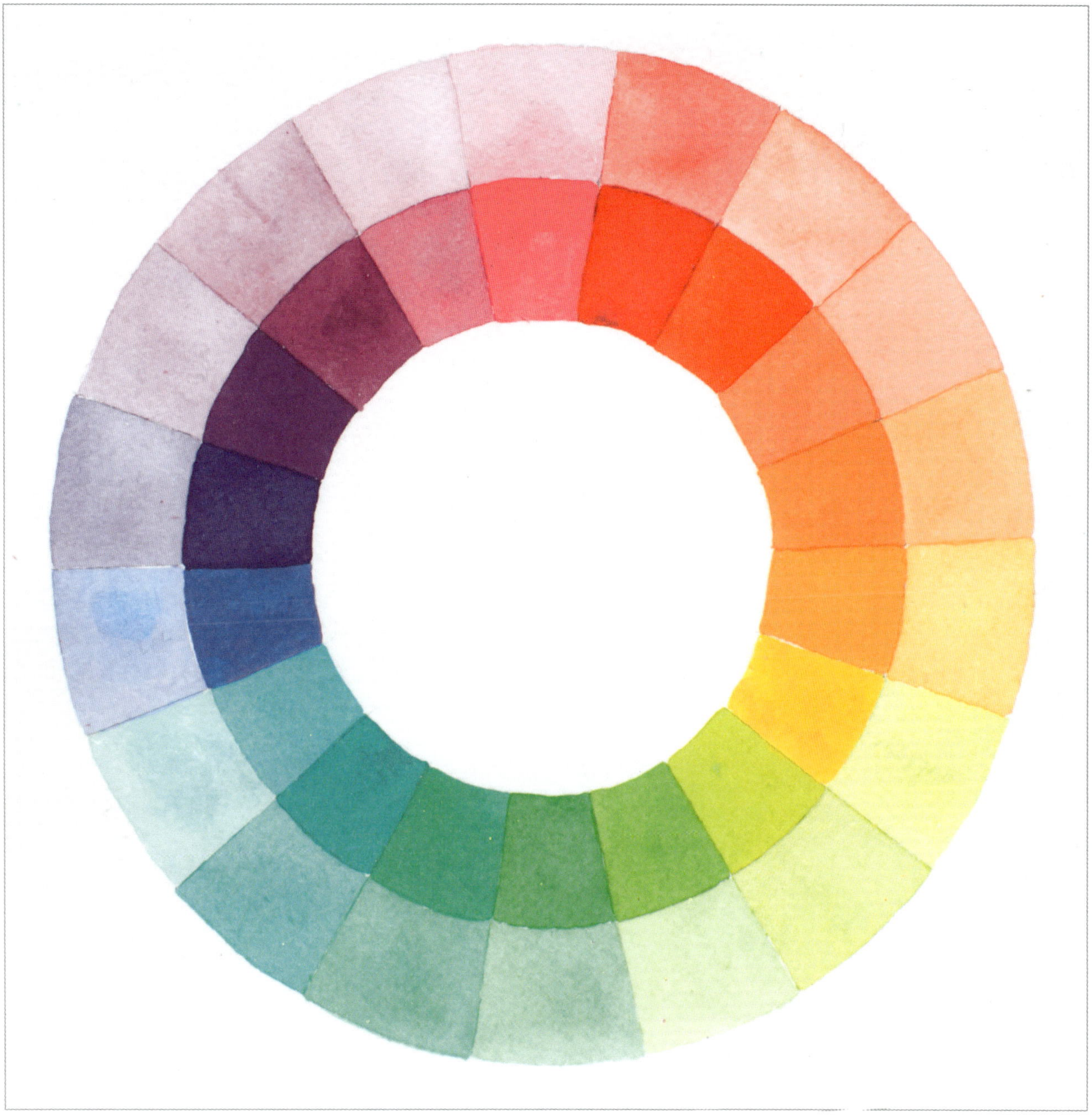

Farbkreis

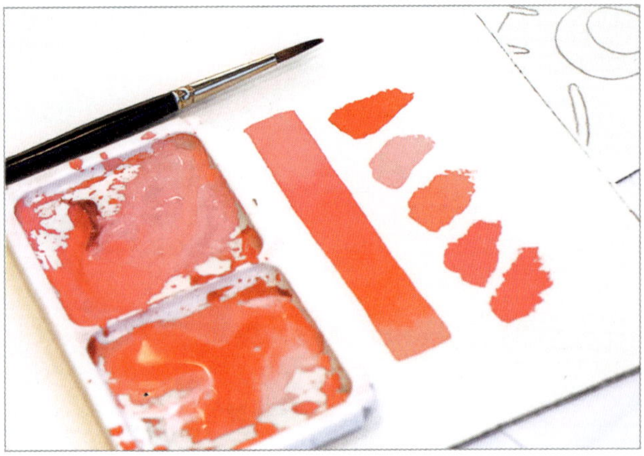

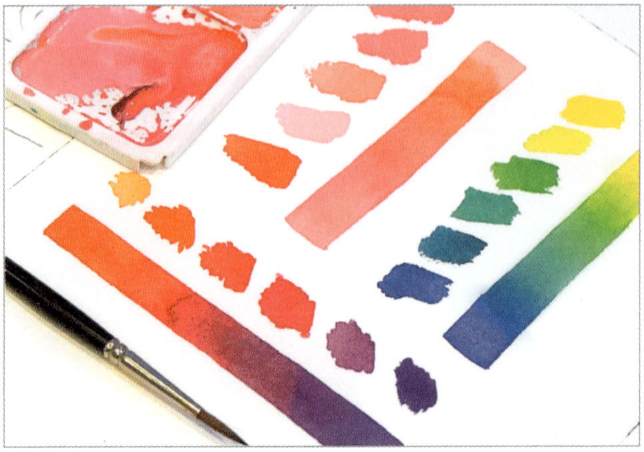

5 Bevor Sie die Buchstaben malen, probieren Sie Ihre Farbpalette auf einem extra Blatt Aquarellpapier aus, um sicherzugehen, dass sie einheitlich ist. Mischen Sie die Farben so, wie Sie sie möchten. Achten Sie darauf, genug Farbe zu haben, um Ihr Alphabet zu Ende zu malen. So werden die Übergänge nahtlos. Wenn Sie dagegen eine Pause machen müssen, um die Farben neu anzumischen, während Sie Farbverläufe malen, führt das zu Wasserflecken auf Ihrem Papier.

6 Für den Farbverlauf die erste Farbe auswählen und den Pinsel nass machen. Fügen Sie die nächste Farbe am Ende der ersten hinzu, solange diese noch nass ist. Denken Sie daran, dass die Farbe nur dorthin fließt, wo Wasser ist. Die zweite Farbe soll sich von allein in die erste mischen und ausbreiten. Sie können das auch mit ihrem Pinsel unterstützen. Machen Sie mit den nächsten Farben weiter. Wenn Sie fertig sind, wählen Sie die Farbkombination, die Ihnen am besten gefällt. Auf diese Weise erfahren Sie, wie viel Wasser Ihr Pinsel aufnimmt, wie schnell die Farbe trocknet (was bestimmt, wie schnell Sie arbeiten müssen), und wie viel Wasser das Papier aufnehmen kann.

TIPP: *Die Farben sehen auf Ihrer Palette anders aus als auf dem Papier, weil trockene Farbe anders aussieht als nasse. Sie ersparen sich viel Kummer, wenn Sie stets daran denken, die Farben, die Sie gemischt haben, zuerst auf einem extra Blatt Papier auszuprobieren.*

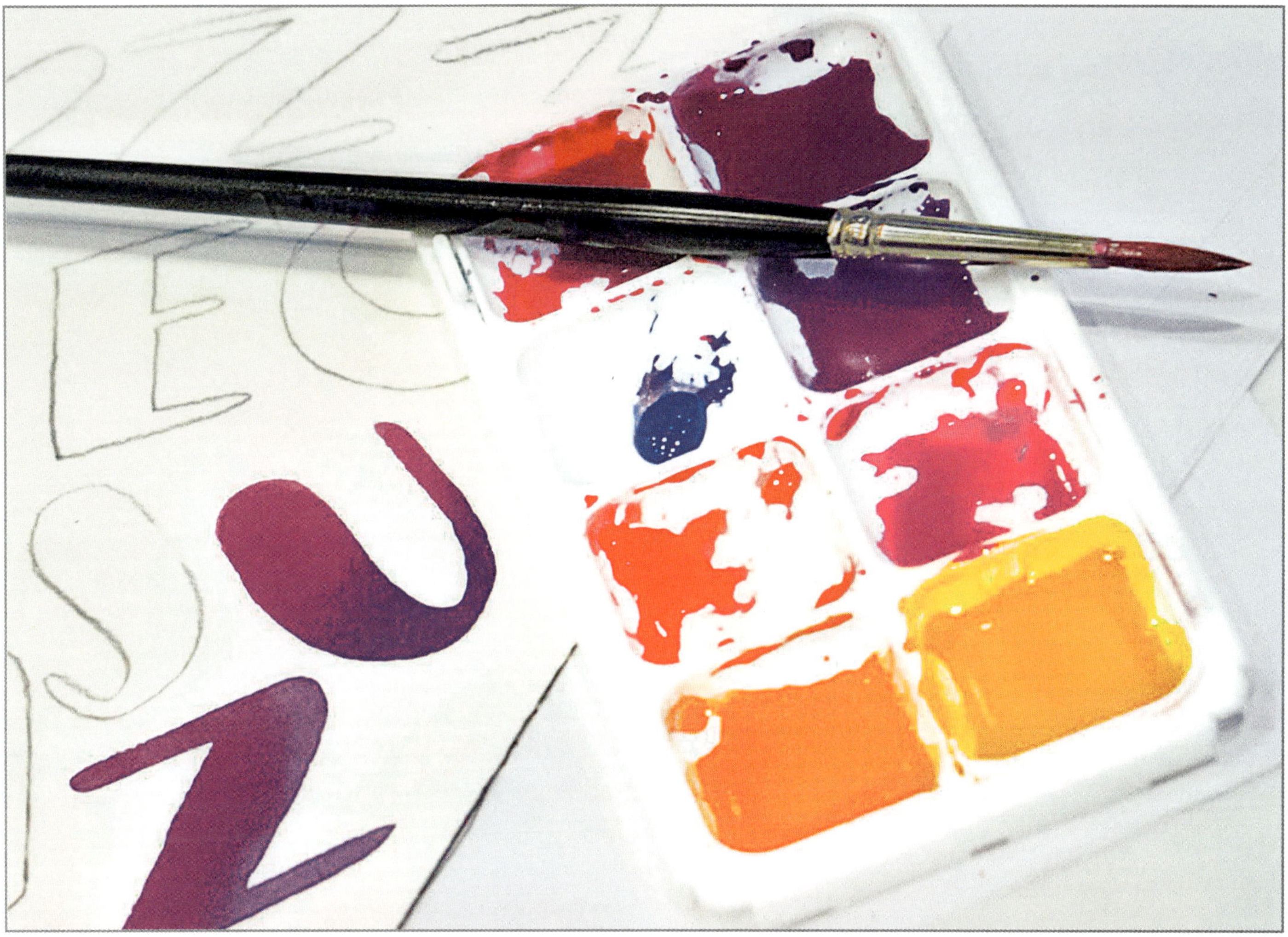

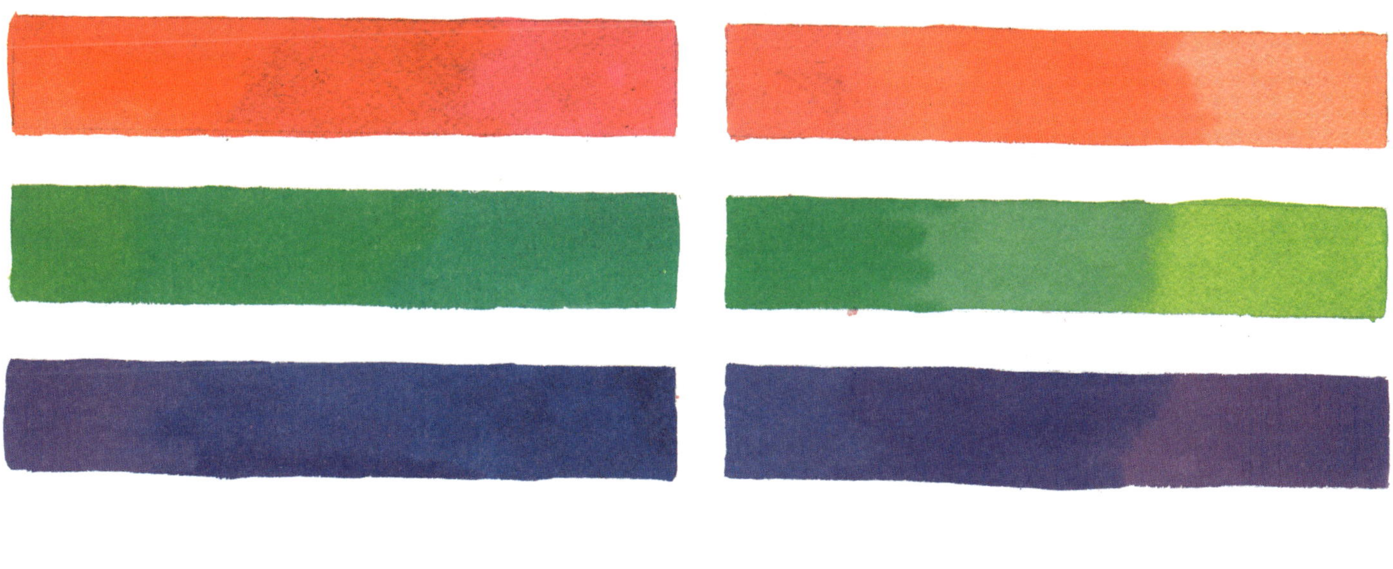

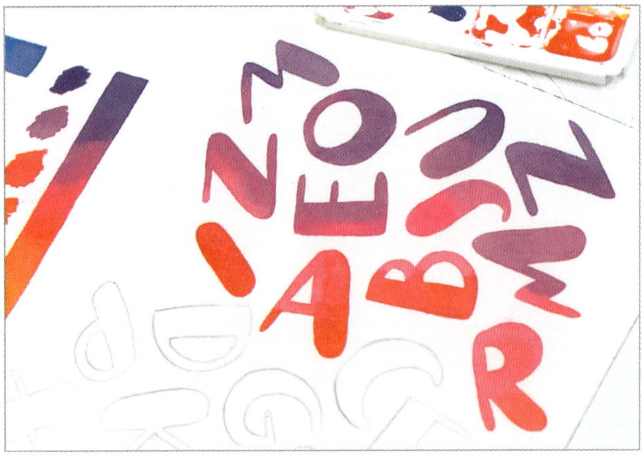

7 Malen Sie die gleiche Farbkombination in Ihre fertigen Buchstaben. Sie können von oben nach unten, von links nach rechts oder von innen nach außen arbeiten. Wählen Sie zwei Farben pro Buchstaben. Malen Sie zuerst den äußeren Rand und füllen dann den Buchstaben. Farbverläufe entstehen am besten, wenn man schnell arbeitet. Achten Sie darauf, dass die Farbe noch nass ist, wenn Sie die zweite auftragen. Lassen Sie Ihre Buchstaben ein paar Minuten trocknen.

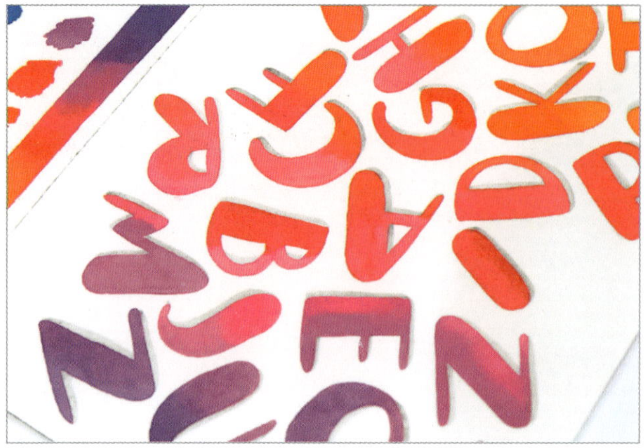

8 Die Googly Gooeys haben bei diesem Alphabet graue Schatten links und unten an die Buchstaben gemalt. Wo auch immer Sie die Schatten an Ihr Alphabet malen, achten Sie darauf, dass sie bei allen Buchstaben einheitlich sind. Probieren Sie unterschiedliche Grautöne für die Schatten aus. Schwarz mit viel Wasser gemischt ergibt ein transparentes Grau, Schwarz mit Weiß gemischt ein deckendes Grau. Rot, Gelb und Blau zu gleichen Teilen zu mischen ergibt ein getöntes Grau.

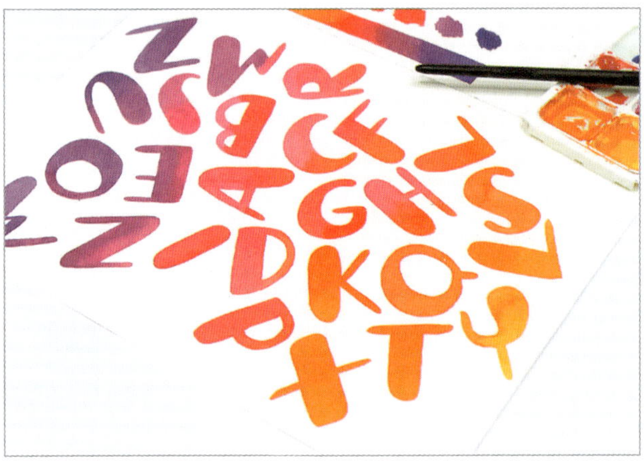

9 Wenn die Farbe trocken ist, wartet noch ein letzter Schritt: die Spritzer. Machen Sie den Pinsel nass und wählen Sie irgendeine Farbe Ihrer Palette. Tippen Sie für den Spritzeffekt mit einem anderen Pinsel oder einem Stift auf den Pinselgriff.

TIPP: *Benutzen Sie für die Schatten einen dünneren Pinsel, falls das für Sie einfacher ist.*

TIPP: *Für einen schönen Kontrast verspritzen Sie helle Farben über dunkle Bereiche und umgekehrt. Experimentieren Sie mit der Kraft, die Sie auf den Pinselgriff ausüben. Ein heller Farbton kann von dunkleren »erdrückt« werden, aber Sie können eine helle Farbe strahlen lassen, wenn Sie diese vor dem Spritzen mit Weiß mischen. Farbspritzer sind unvorhersehbar – haben Sie einfach Spaß daran!*

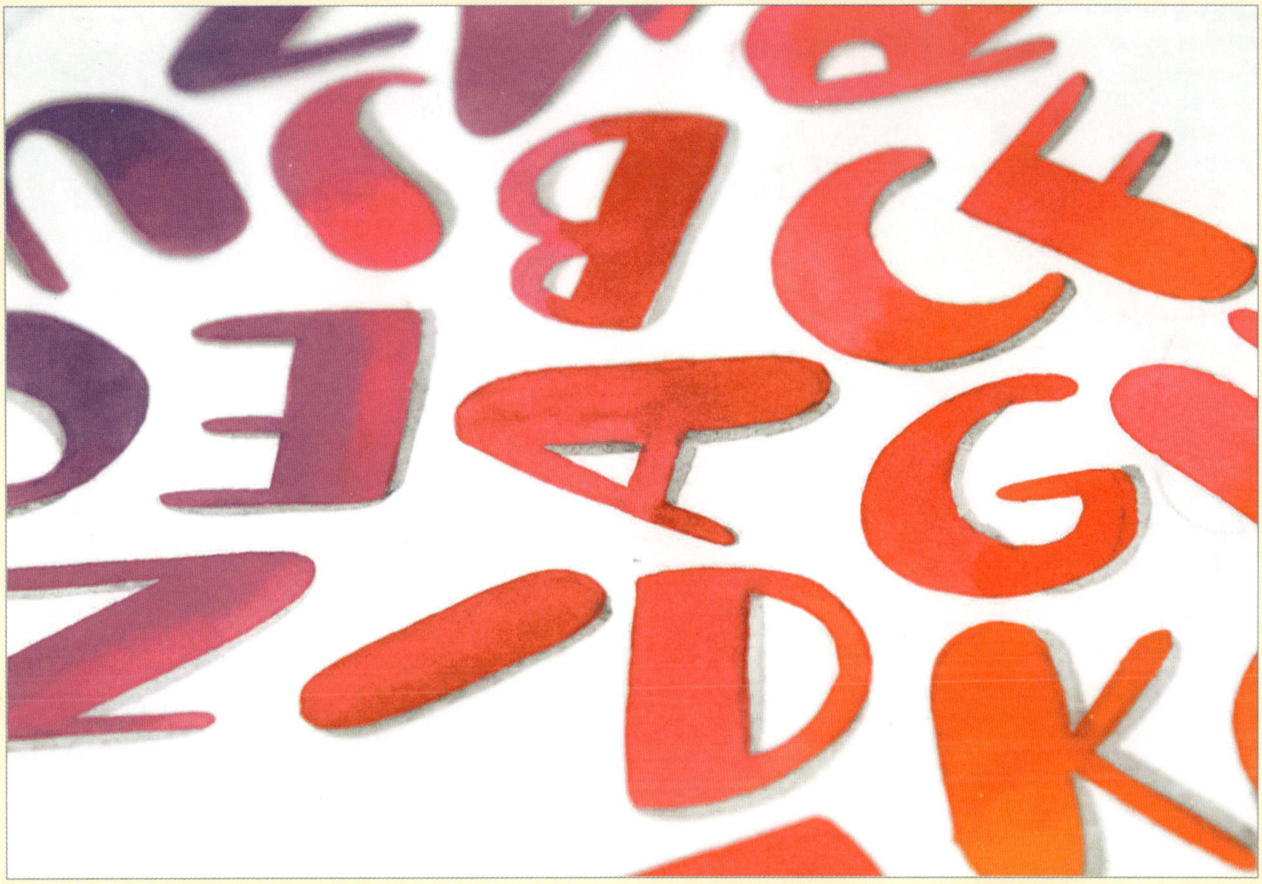

DAS ABC DES FARBVERLAUFS

A. Wenn Sie Rechtshänder sind, beginnen Sie oben links auf dem Papier und arbeiten sich quer zur unteren rechten Ecke vor. Wenn Sie Linkshänder sind, beginnen Sie rechts oben und arbeiten sich zur linken unteren Ecke vor. So verringern Sie das Risiko, dass Ihre Hand aus Versehen die feuchte Farbe berührt.

B. Um so schnell wie möglich so viel Papier wie möglich zu bedecken, halten den Pinsel in einem 45-Grad Winkel und drücken die Haare nach unten. Wenn Sie enge Stellen ausmalen, halten Sie den Pinsel jedoch gerade, sodass die Haare das Papier kaum berühren.

C. Stellen Sie jeden Buchstaben fertig, bevor Sie mit dem nächsten beginnen. Dadurch trocknet die Farbe nicht zwischen den einzelnen Aufträgen.

D. Geben Sie Ihren Buchstaben eine 3-D-Anmutung, indem Sie Schatten ergänzen. Die Farbe muss ganz trocken sein, bevor Sie damit anfangen, sonst beeinträchtigt der Schatten die ursprüngliche Farbe. Betrachten Sie das Papier aus unterschiedlichen Blickwinkeln, um festzustellen, ob es trocken ist. Wenn es ein bisschen glänzt, ist die Farbe noch nass. Oder berühren Sie die Farbe vorsichtig mit einer Fingerspitze. Wenn sie feucht wird, warten Sie noch etwas.

Aa Bb Cc Dd Ee

Ff Gg Hh Ii Jj

Kk Ll Mm Nn Oo

Pp Qq Rr Ss Tt

Uu Vv Ww Xx

Yy Zz

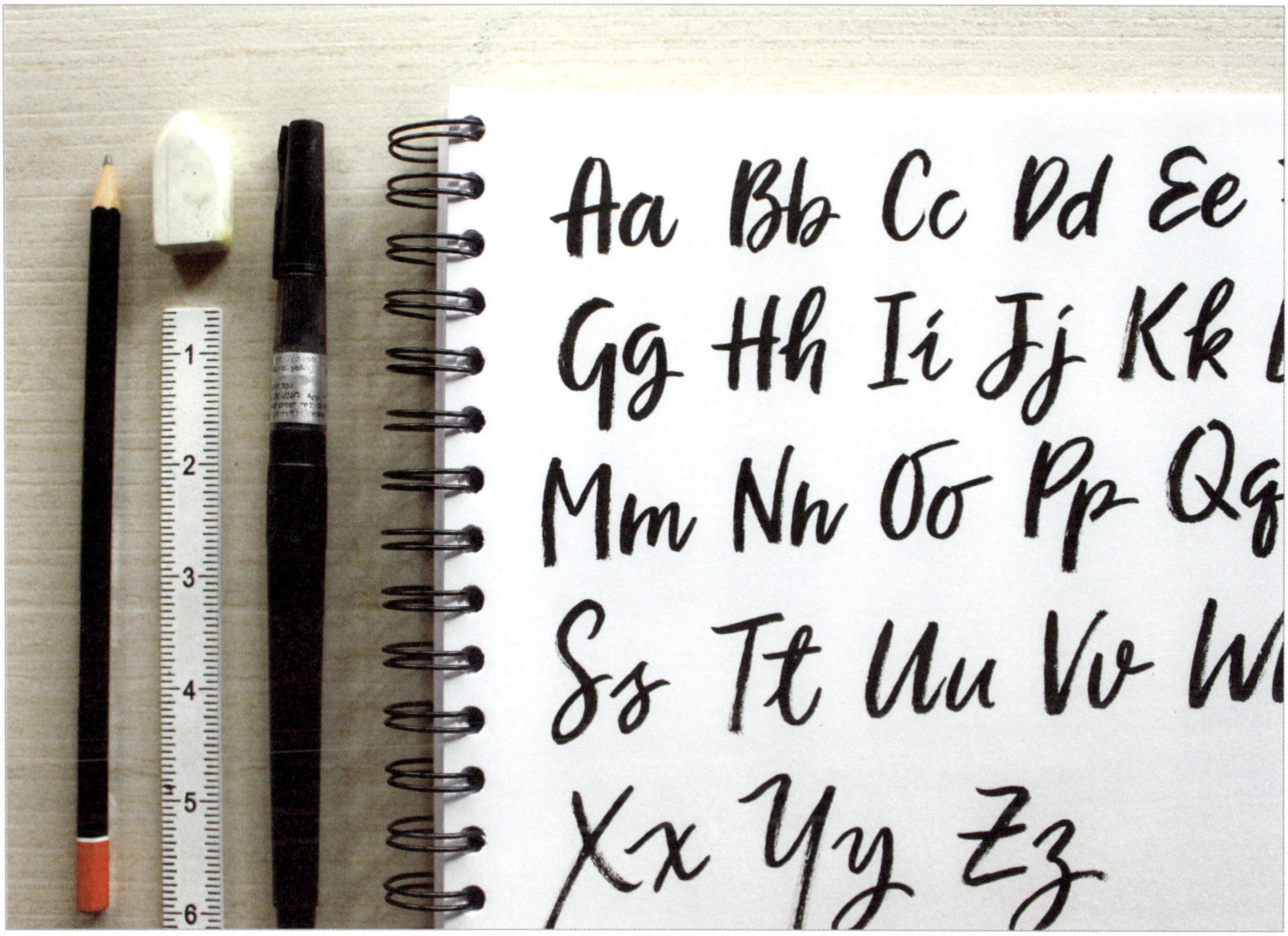

SCRIPT

Freehand Brush Script

Bei der Freehand Brush Script gibt es keine besonderen dicken oder dünnen Auf- oder Abstriche, aber an manchen Buchstaben betonte Querstriche und Endungen. Ein Pinselstift hilft, den rustikal-organischen Look der Striche zu erzielen, der wie ein Trockenbürsteneffekt wirkt.

Material & Zubehör

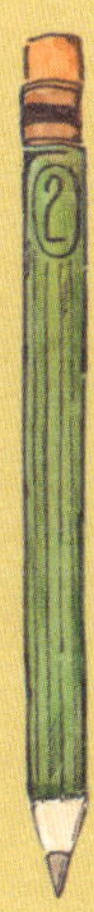

- 120 g/m² Papier
- Bleistift
- Radiergummi
- Lineal
- Pinselstift

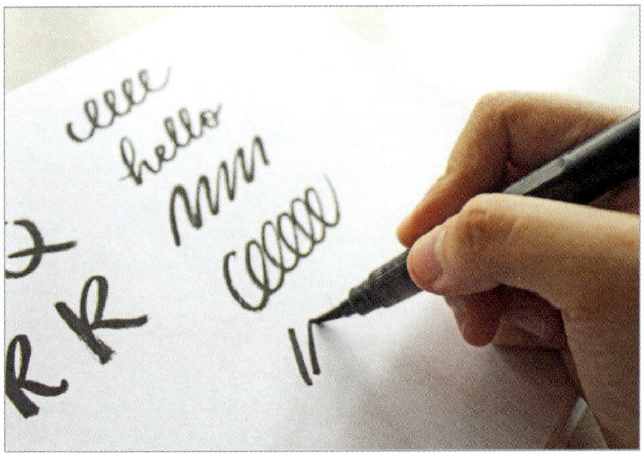

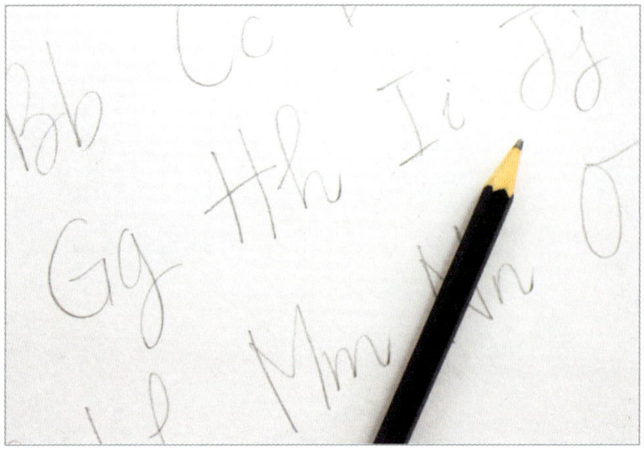

1 Wärmen Sie sich erst mal mit ein paar unwillkürlichen Pinselstiftstrichen auf, bevor Sie sich ans Zeichnen der Schrift machen. Das hilft dabei, herauszufinden, wie Sie den Stift beim Arbeiten am besten halten. Es gibt Pinselstifte in unterschiedlichen Größen und Arten. Der Stift, den ich hier benutzt habe, basiert auf Tinte.

2 Skizzieren Sie freihändig mit einem Bleistift die Klein- und Großbuchstaben. Sie dienen als Grundlage für Ihre Striche mit dem Pinselstift.

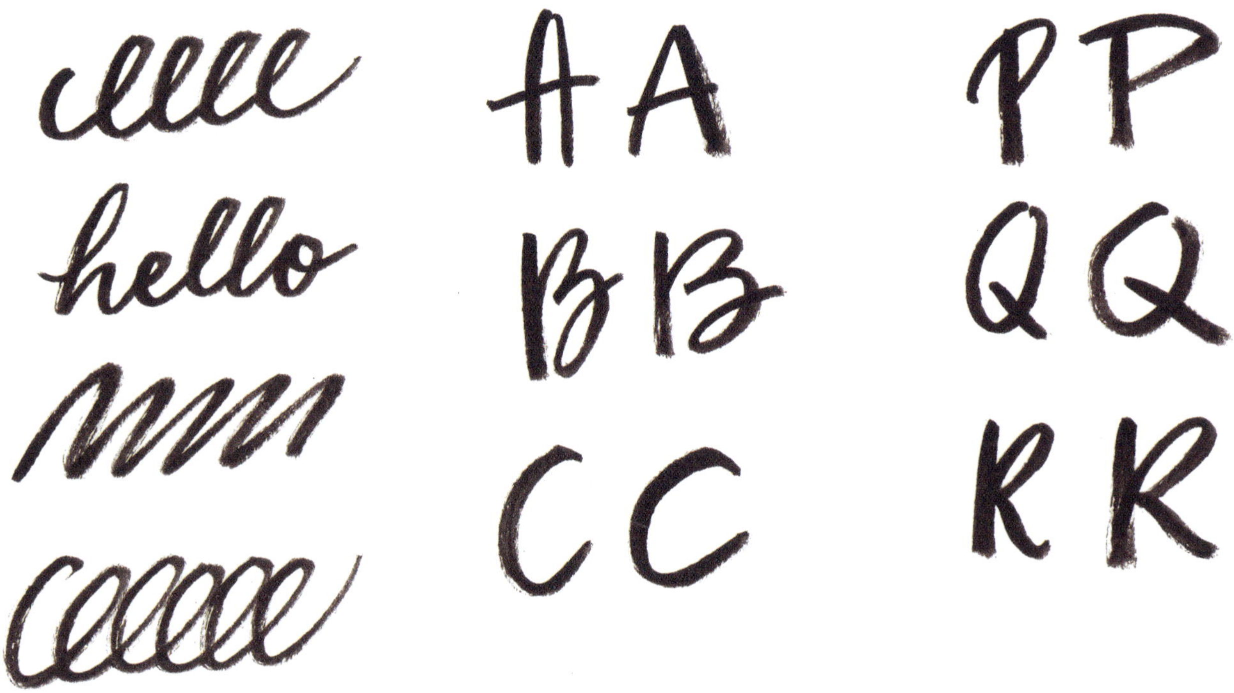

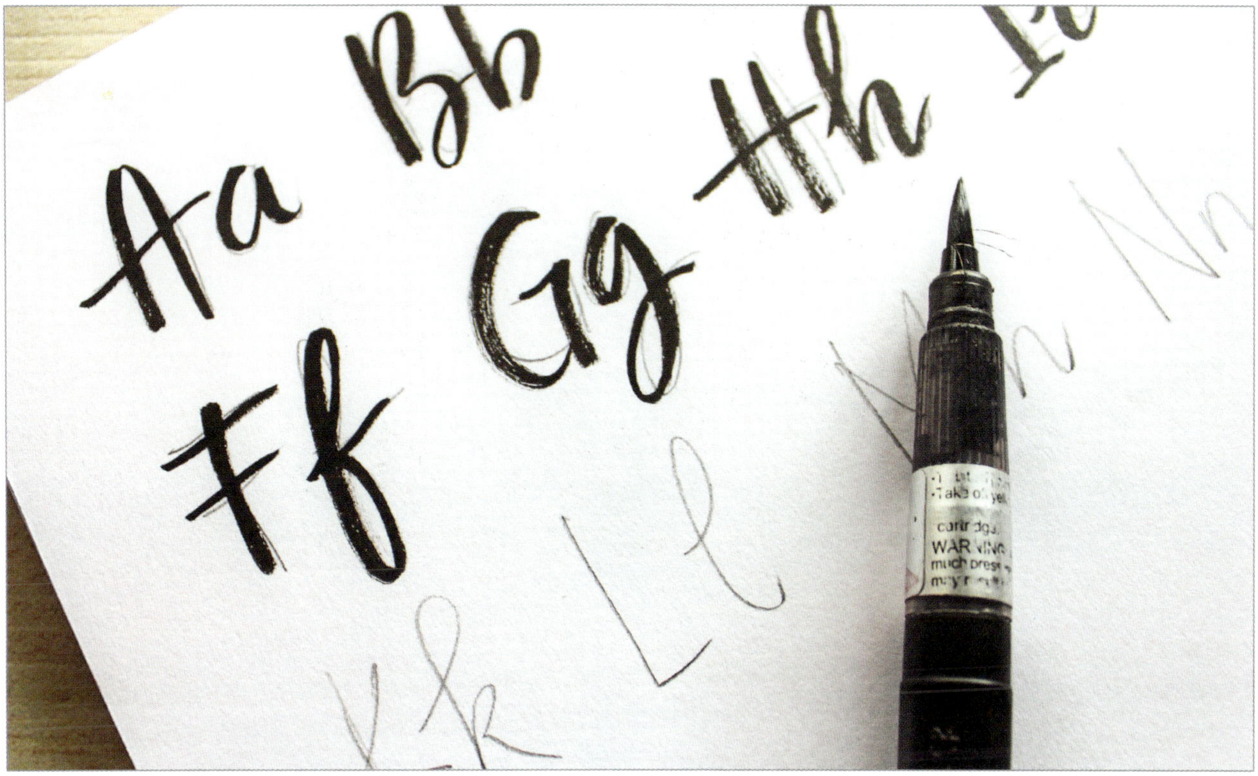

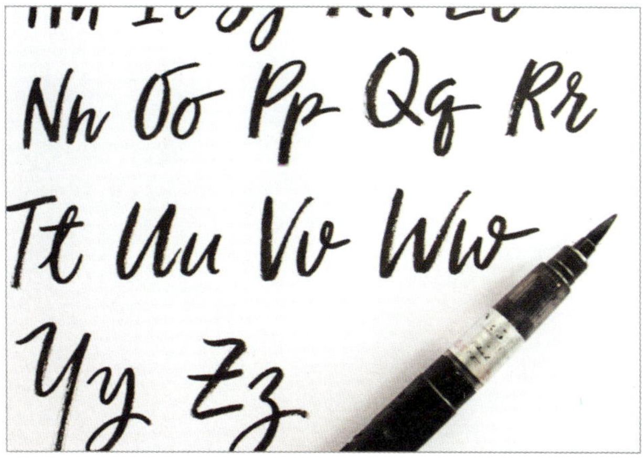

3 Ziehen Sie die Bleistiftmarkierungen mit dem Pinselstift nach. Die Pinselstiftlinien müssen dem Bleistift nicht exakt folgen. Je nachdem, wie viel Druck Sie auf den Pinselstift beim Schreiben ausüben, werden die Buchstaben dick oder dünn. Ziel ist es, die Buchstaben locker, aber doch einheitlich zu schreiben. Es gibt keine speziellen Maße, da diese Schrift frei Hand gearbeitet wird.

4 Radieren Sie die Bleistiftmarkierungen weg, wenn die Buchstaben getrocknet sind. Wenn Sie mit dieser Schrift Zitate schreiben, können Sie wählen, ob Sie die Buchstaben wie bei der Handschrift miteinander verbinden möchten.

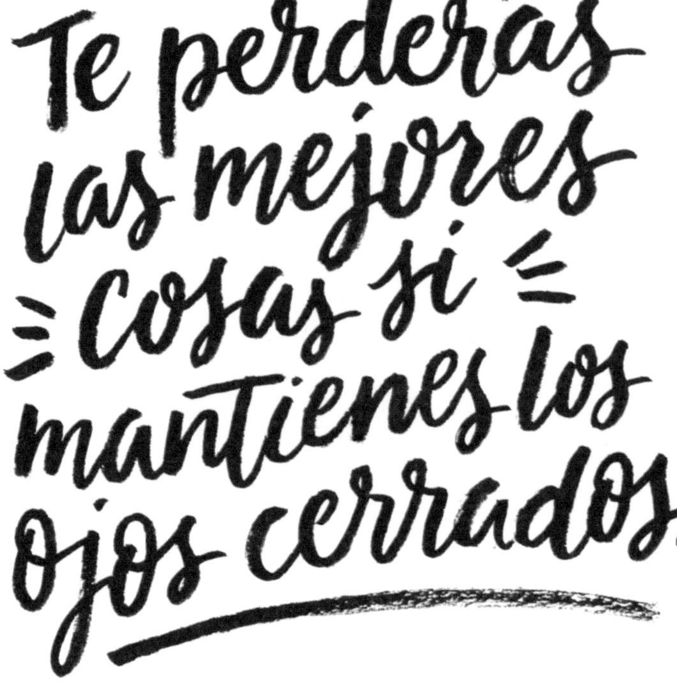

Du verpasst das Beste, wenn du deine Augen schließt.

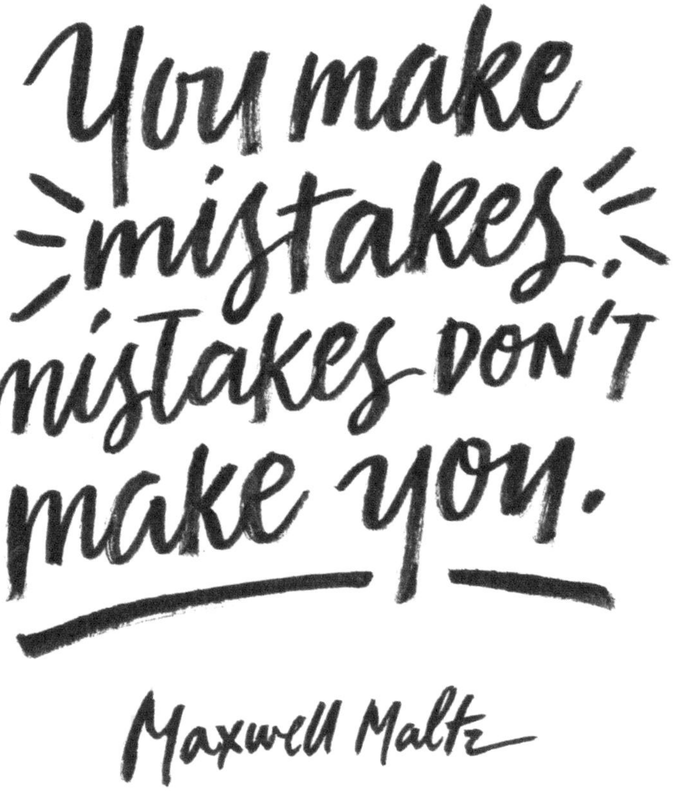

Du machst Fehler, nicht die Fehler machen dich.

An té a bhíonn siúlach, bíonn scéalach.

Wenn jemand eine Reise tut, so kann er was erzählen.

A vida é uma jornada, não um destino.

Das Leben ist eine Reise, nicht das Ziel.

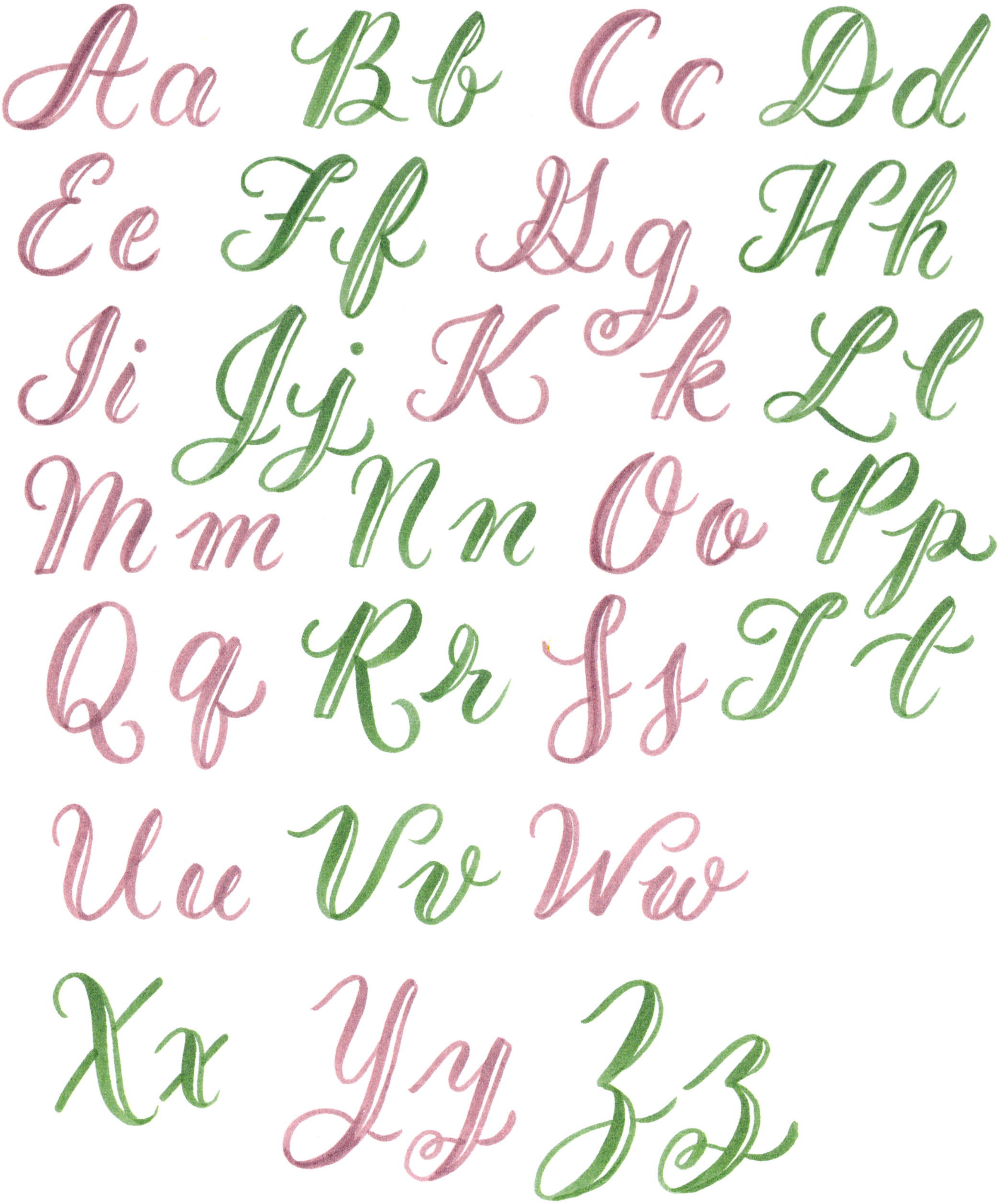
Aa Bb Cc Dd
Ee Ff Gg Hh
Ii Jj Kk Ll
Mm Nn Oo Pp
Qq Rr Ss Tt
Uu Vv Ww
Xx Yy Zz

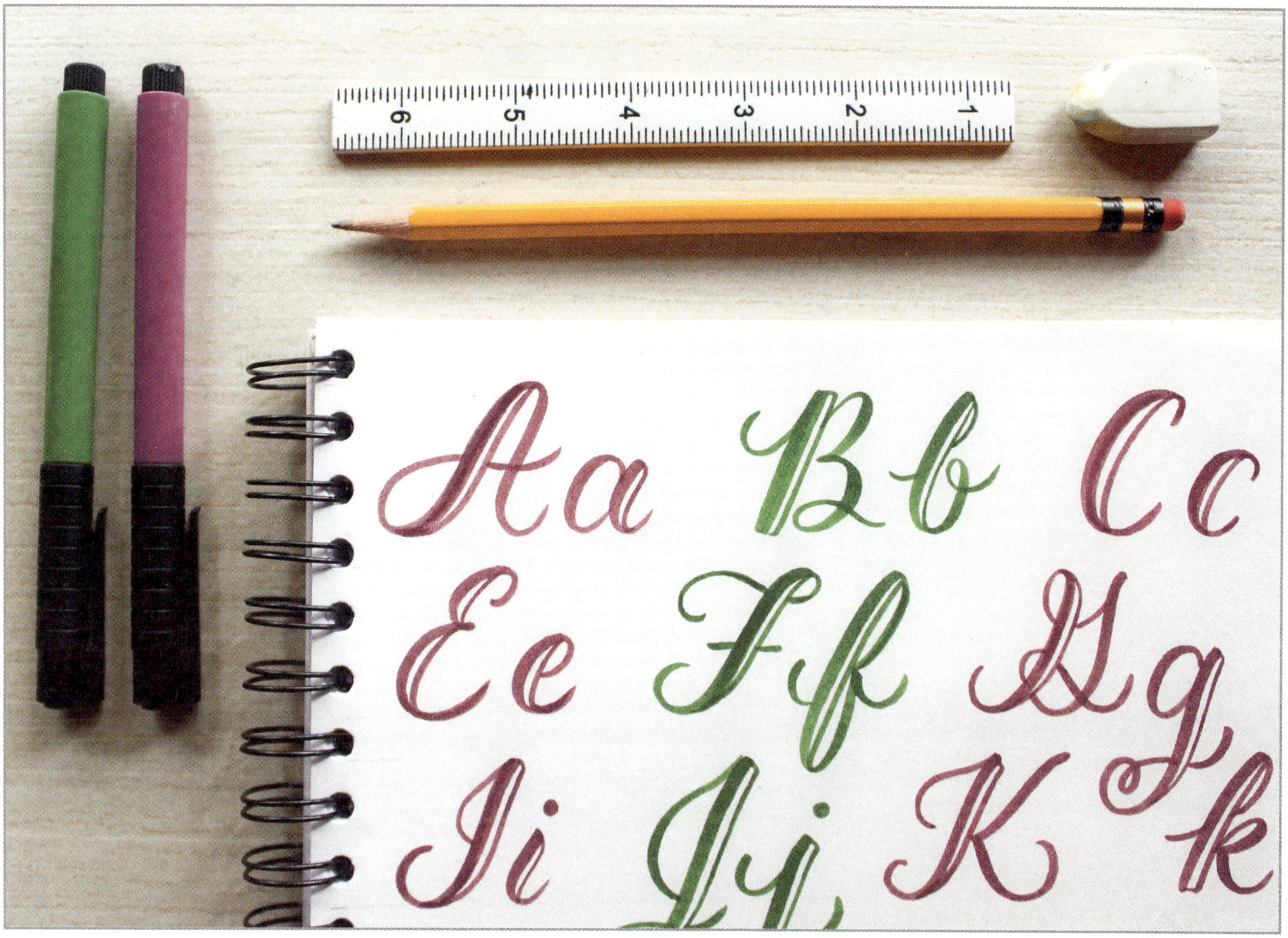

Lined Script

Hier geht es um eine elegante Schreibschrift – mit kursiven Elementen modern interpretiert. Das ergibt ein vielseitig fließendes Alphabet, bei dem man mit der Höhe jedes Buchstabens spielen kann. Jeder Buchstabe hat als besonderen gestalterischen Akzent rechts eine extra Linie.

Material & Zubehör

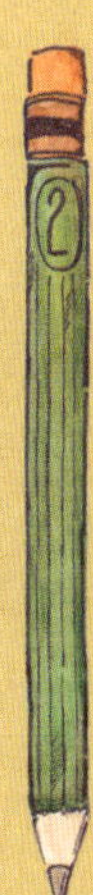

- 120 g/m² Papier
- Bleistift
- Radiergummi
- Lineal
- Pinselstift

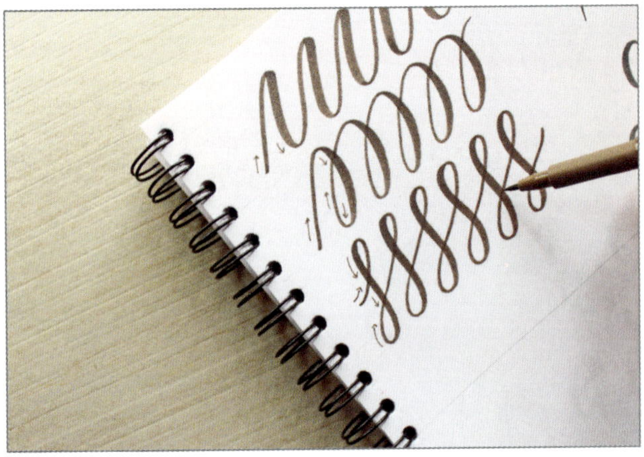

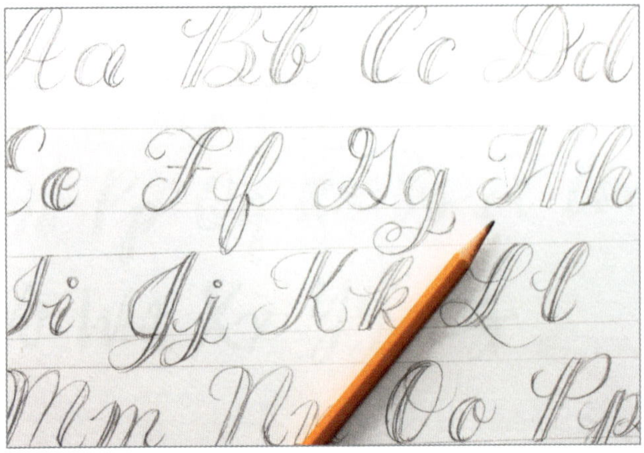

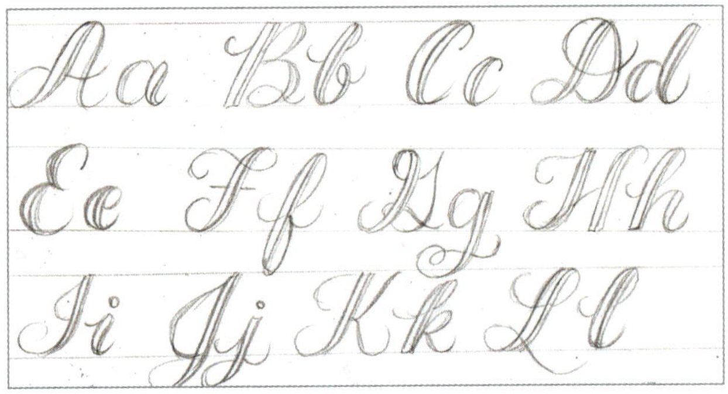

1 Pinselstifte eignen sich für Schreibschrift am besten, weil sie fließende Striche ermöglichen. Der Trick dabei ist, den Druck zu variieren – leichter Druck für dünne Striche und starker Druck für dicke Striche. Bei dieser Schrift betonen Sie den Hauptstrich jedes Buchstabens, indem Sie rechts eine Linie ergänzen. Das setzt einen interessanten ästhetischen Akzent. Üben Sie zunächst mit Ihrem Stift auf einem Skizzenblock, machen Sie manche Striche breiter und ergänzen die zusätzliche Linie als Teil des Buchstabens.

2 Wenn Sie mit den Strichen zum Aufwärmen fertig sind, können Sie sie bei den Buchstaben einsetzen. Zeichnen Sie die Buchstabenumrisse als Richtlinie für den Pinselstift mit dem Bleistift.

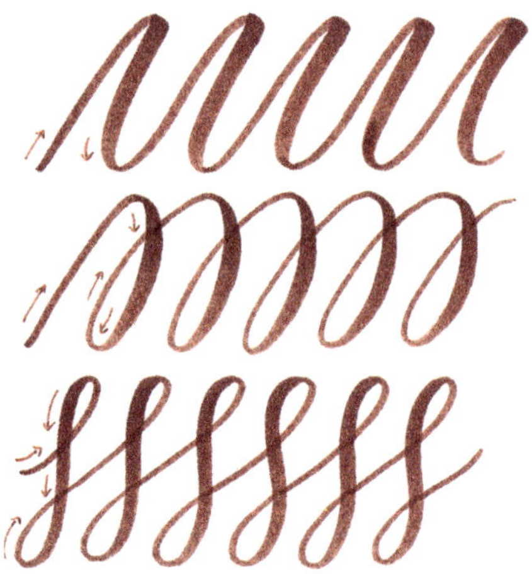

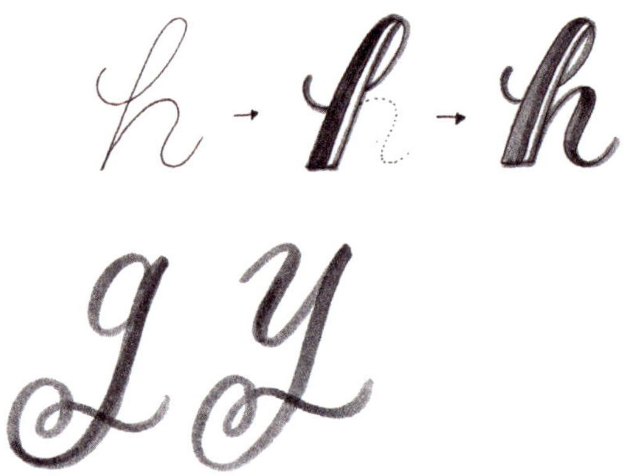

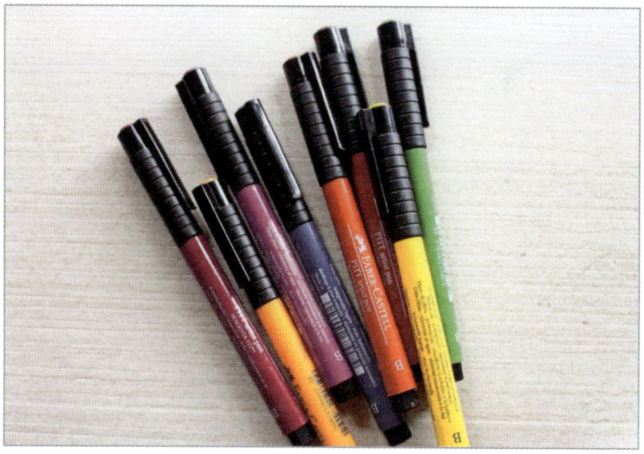

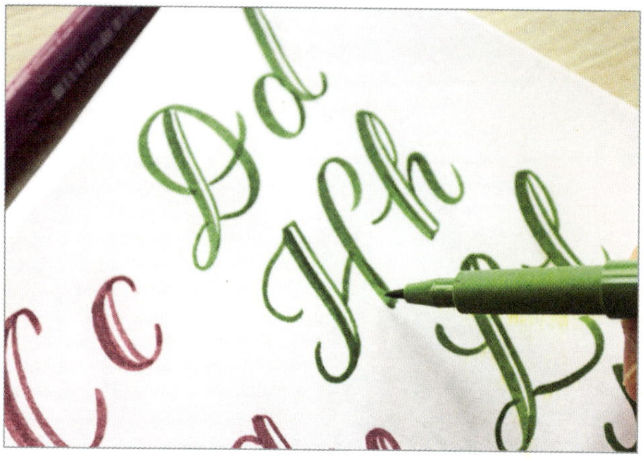

3 Wenn Sie die Buchstaben zart nachgezeichnet haben, wählen Sie die Farben, die Sie benutzen möchten. Pinselstifte gibt es in diversen Farben.

4 Achten Sie dann beim Zeichnen mit der von Ihnen gewählten Farbe auf den Druck, damit kontrastierende dicke und dünne Striche entstehen. Wenn Sie fertig sind, radieren Sie die restlichen Bleistiftmarkierungen weg.

TIPP: *Wenn Sie Layouts erarbeiten, können Sie mit den unterschiedlichen Höhen spielen und manche Elemente der Buchstaben verlängern (etwa das kleine t, l und f), damit in Ihrer Schrift keine Leerstellen vorkommen.*

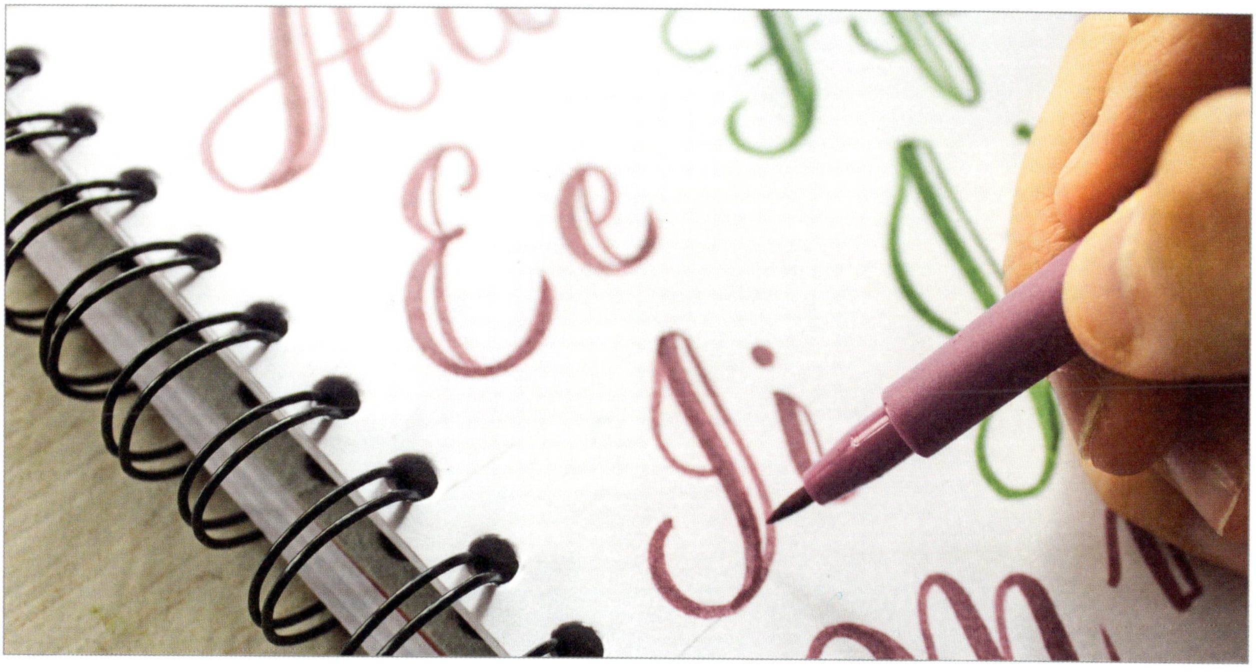

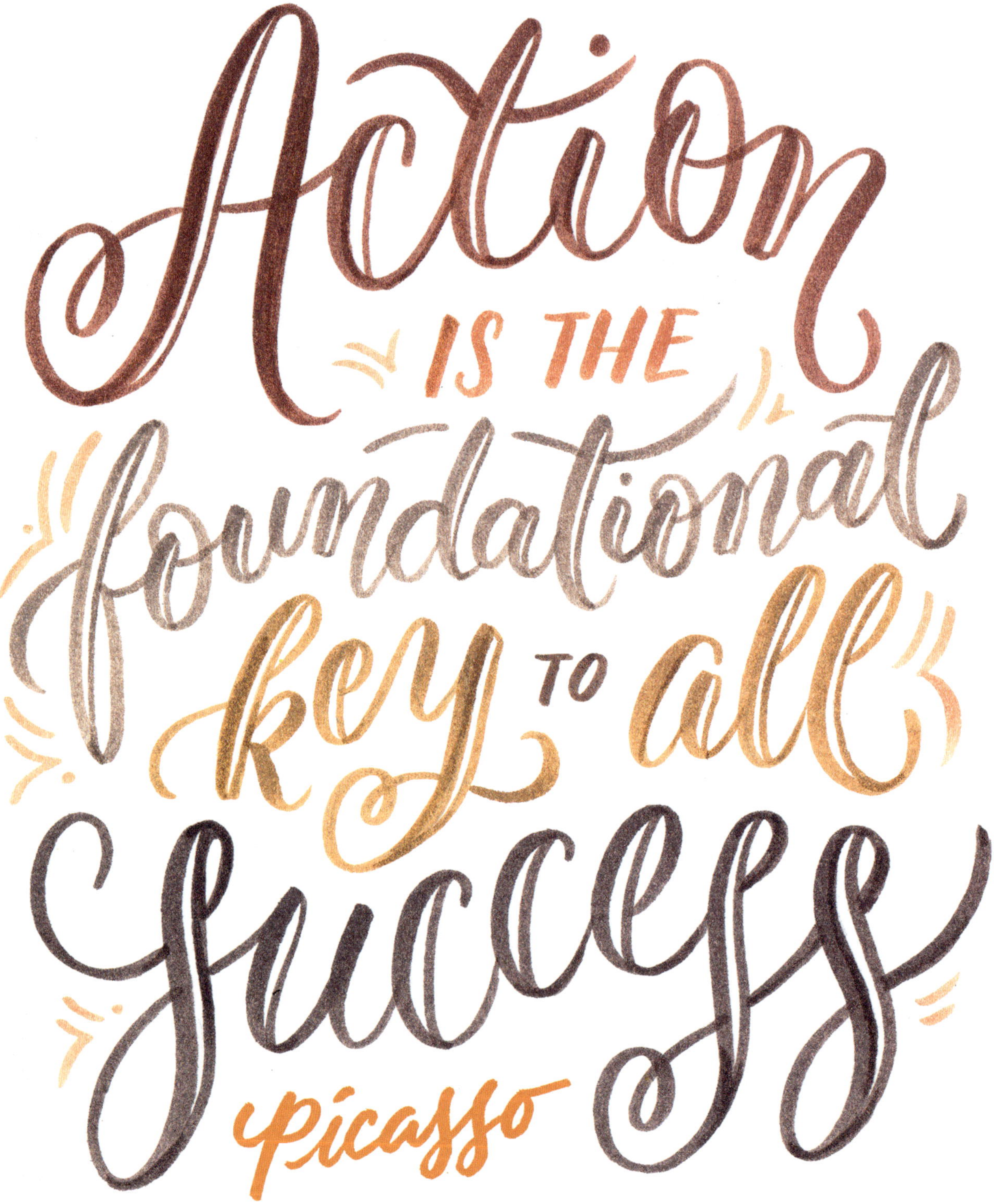

Handeln ist der Schlüssel zu jedem Erfolg.

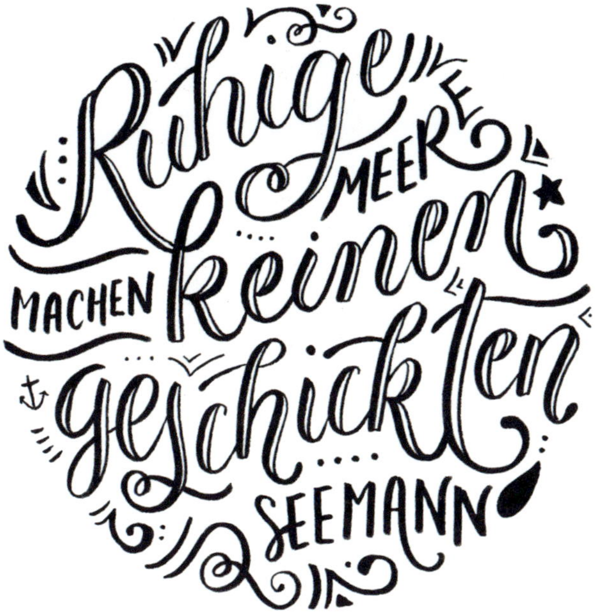

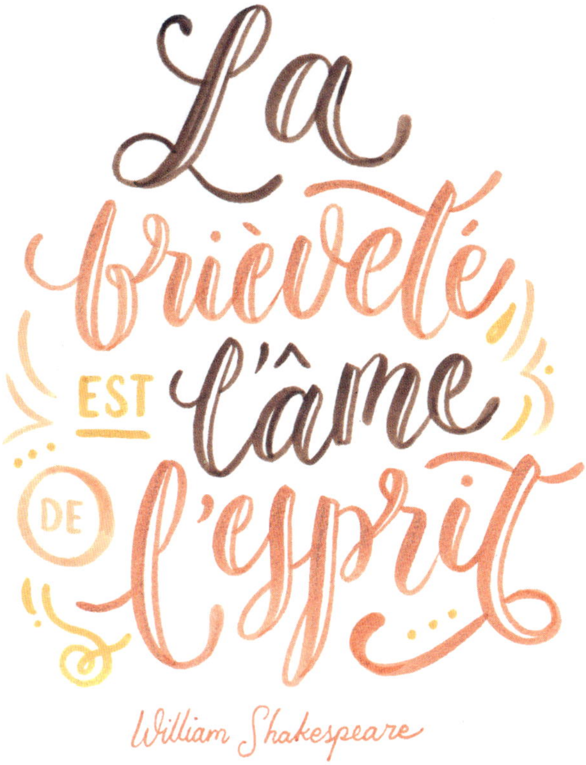

In der Kürze liegt die Würze.

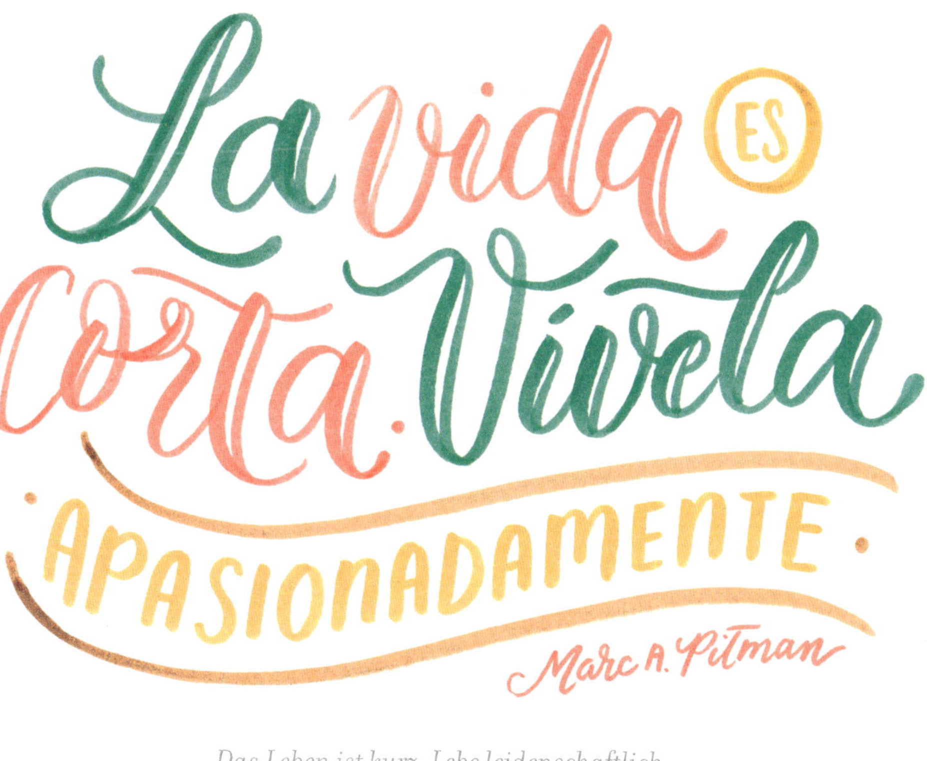

Das Leben ist kurz. Lebe leidenschaftlich.

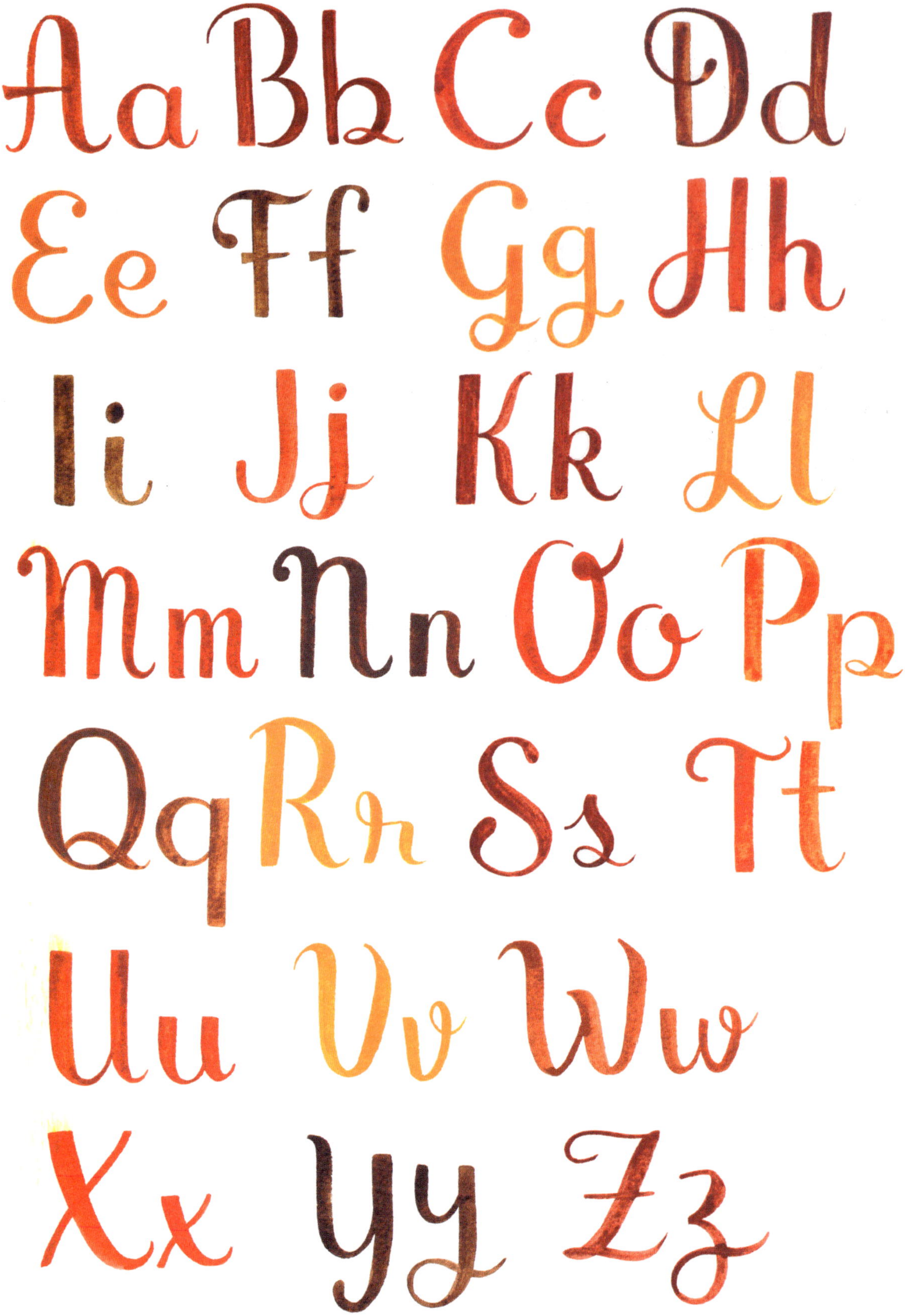
Aa Bb Cc Dd
Ee Ff Gg Hh
Ii Jj Kk Ll
Mm Nn Oo Pp
Qq Rr Ss Tt
Uu Vv Ww
Xx Yy Zz

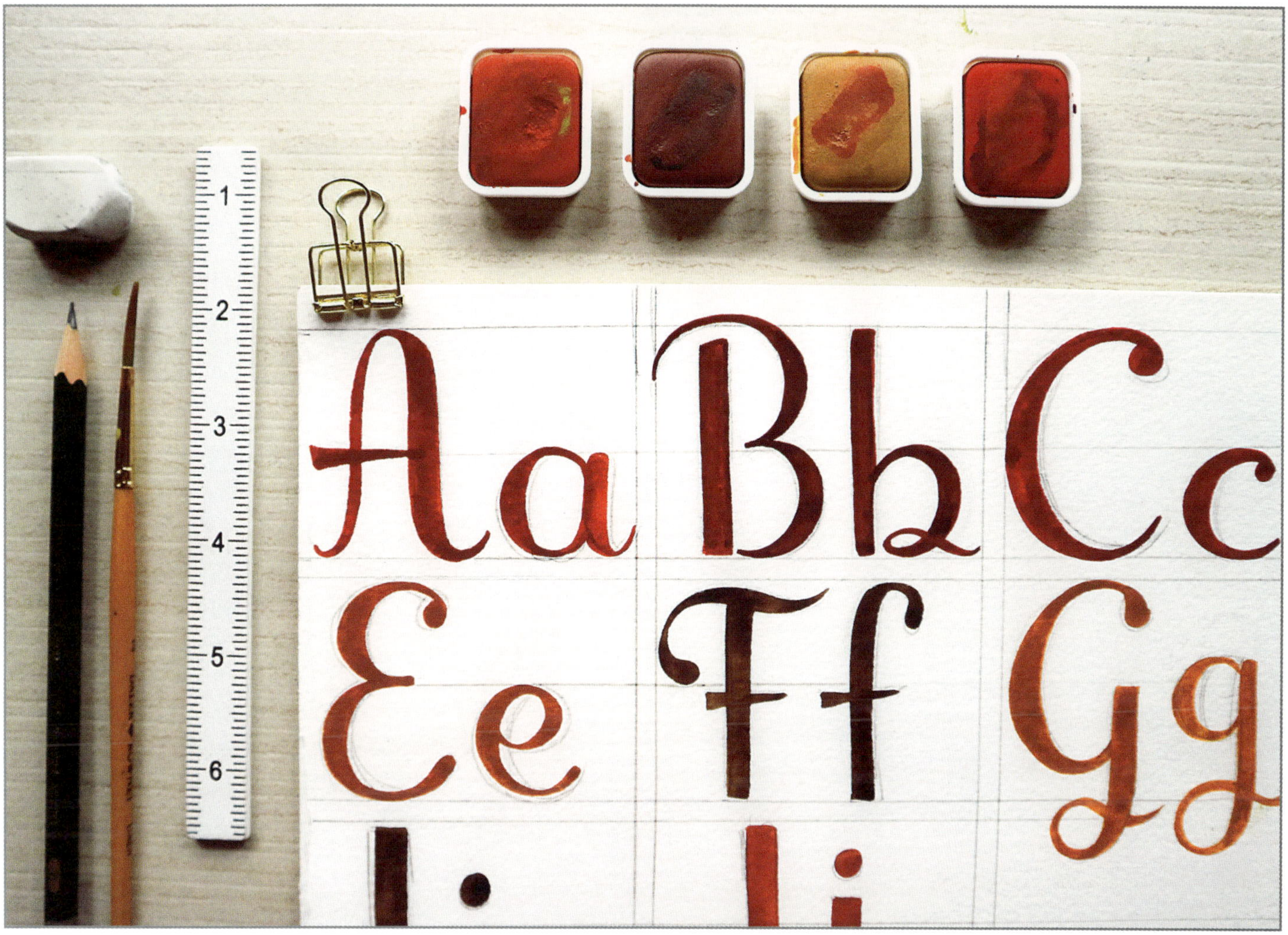

Retro Script

Diese Schrift entstand, als ich Schriften rekonstruieren wollte, die ich auf alten Postern, Schildern und Dinerlogos der 1950er- und 1960er-Jahre gesehen hatte. Darauf bezieht sich auch ihr Name: Die Kombination von runderen Elementen und einer geraden Ausrichtung macht Retro Script zu einer eher ungewöhnlichen Schriftvariante.

Material & Zubehör

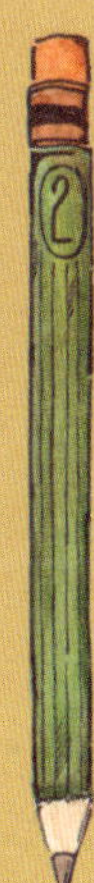

- Bleistift
- Radiergummi
- Lineal
- 300 g/m² Aquarellpapier satiniert
- dünner Pinsel
- Gouache (in Tuben oder Näpfchen)

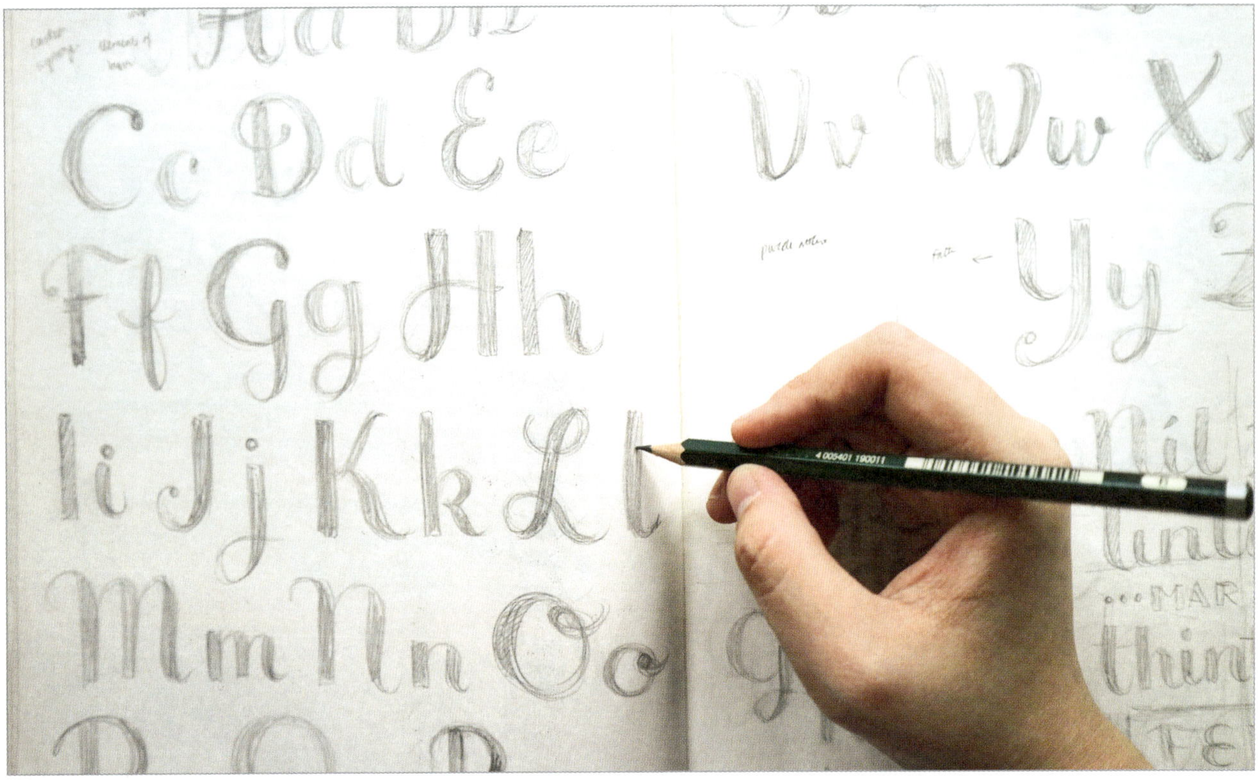

1 Ich ziehe zunächt mit einem weichen Bleistift Hilfslinien auf mein Aquarellpapier. Um genug Platz für jeden Buchstaben zu haben, verwende ich zwei Bögen. Da diese Schrift breiter ist als die meisten, achte ich auch darauf, dass jeder Groß- und Kleinbuchstabe genug Platz hat. Die Höhe beträgt 5 cm, die Breite pro (Klein- und Groß-)Buchstabenset ungefähr 6,5 cm. Manche Buchstaben, etwa das große O und Q, überschreiten auch diese Maße.

2 Für den Aufbau der Schrift beginne ich mit einem ungefähren Skelett der Buchstaben. Wie bereits erwähnt, sind diese anders als bei den meisten Schreibchriftarten nicht schräg nach rechts geneigt, also kursiv, sondern gerade. Sie können ein Lineal zu Hilfe nehmen. Wenn alle Skelette fertig sind, fange ich an, unterschiedliche dicke und dünne Umrisse zu zeichnen. Diese dienen mir beim Malen der Schrift als Richtschnur.

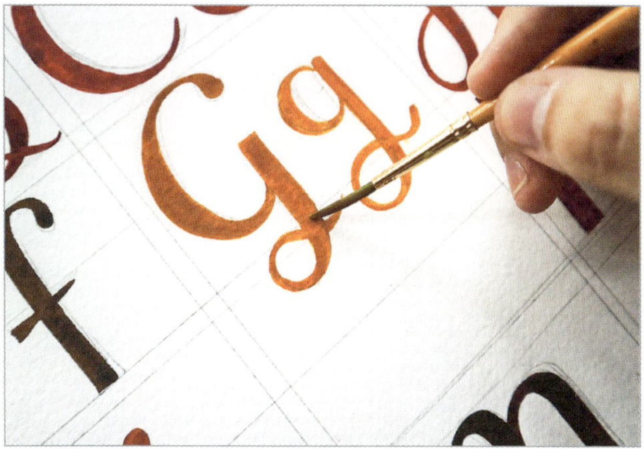

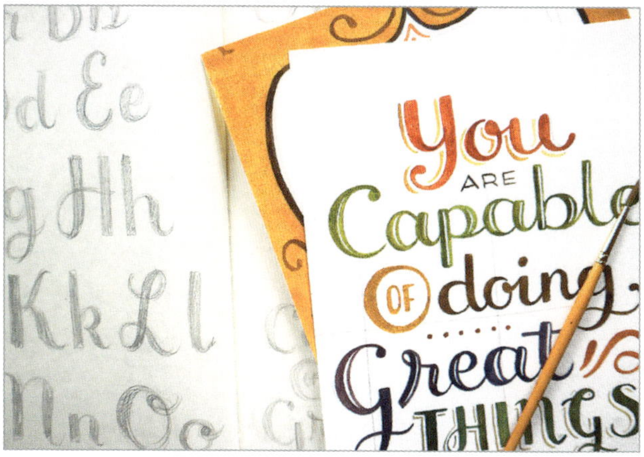

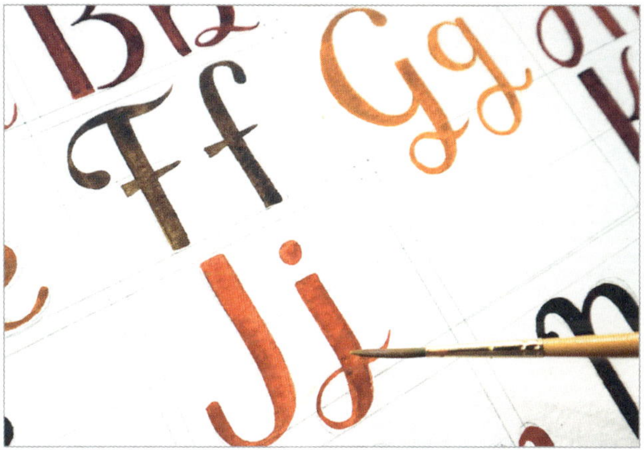

3 Ich benutze Gouache – deckende Aquarellfarbe – für die Buchstaben und einen dünnen, runden Pinsel mit langen Haaren, der sich toll für lange Striche und Schreibschrift eignet. Für die Farbgestaltung wählte ich warme Retrotöne.

4 Ich tauche den Pinsel in die Gouache und mische etwas Wasser dazu, um die Farbe zu aktivieren. Gouache verfügt über viele Pigmente, Sie brauchen daher wahrscheinlich nicht mehr als eine Schicht der Farbenwassermischung. Mit der ausgewählten Farbe male ich kräftig über die Bleistiftlinien.

5 Ich male alle Buchstaben, ziehe die Umrisse nach. Versuchen Sie, Ihre Striche flüssig und einheitlich zu machen, sodass der Farbauftrag gleichmäßig ist. Bei diesem Alphabet habe ich abwechselnd Rot, Gelb, Orange und Braun verwendet.

6 Lassen Sie das Alphabet über Nacht ruhen, damit die Farbe wirklich ganz trocken ist.

TIPP: *Die meisten Buchstaben von Retro Script ähneln einer serifenlosen Schrift, die auch ein guter Ausgangspunkt sein kann, wenn Sie Hilfe beim Alphabet brauchen. Die Rundungen unterstreichen den Retrostil.*

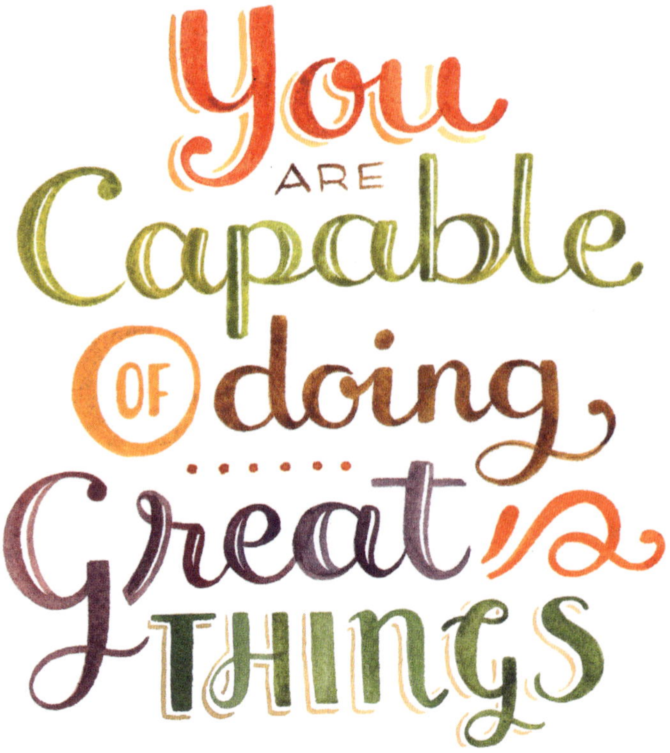

Du kannst Großes leisten.

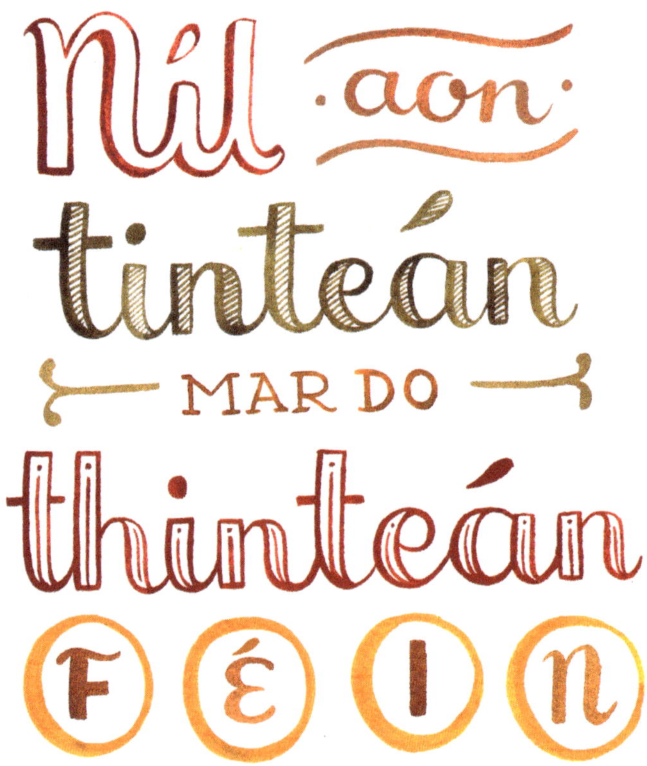

Eigener Herd ist Goldes wert.

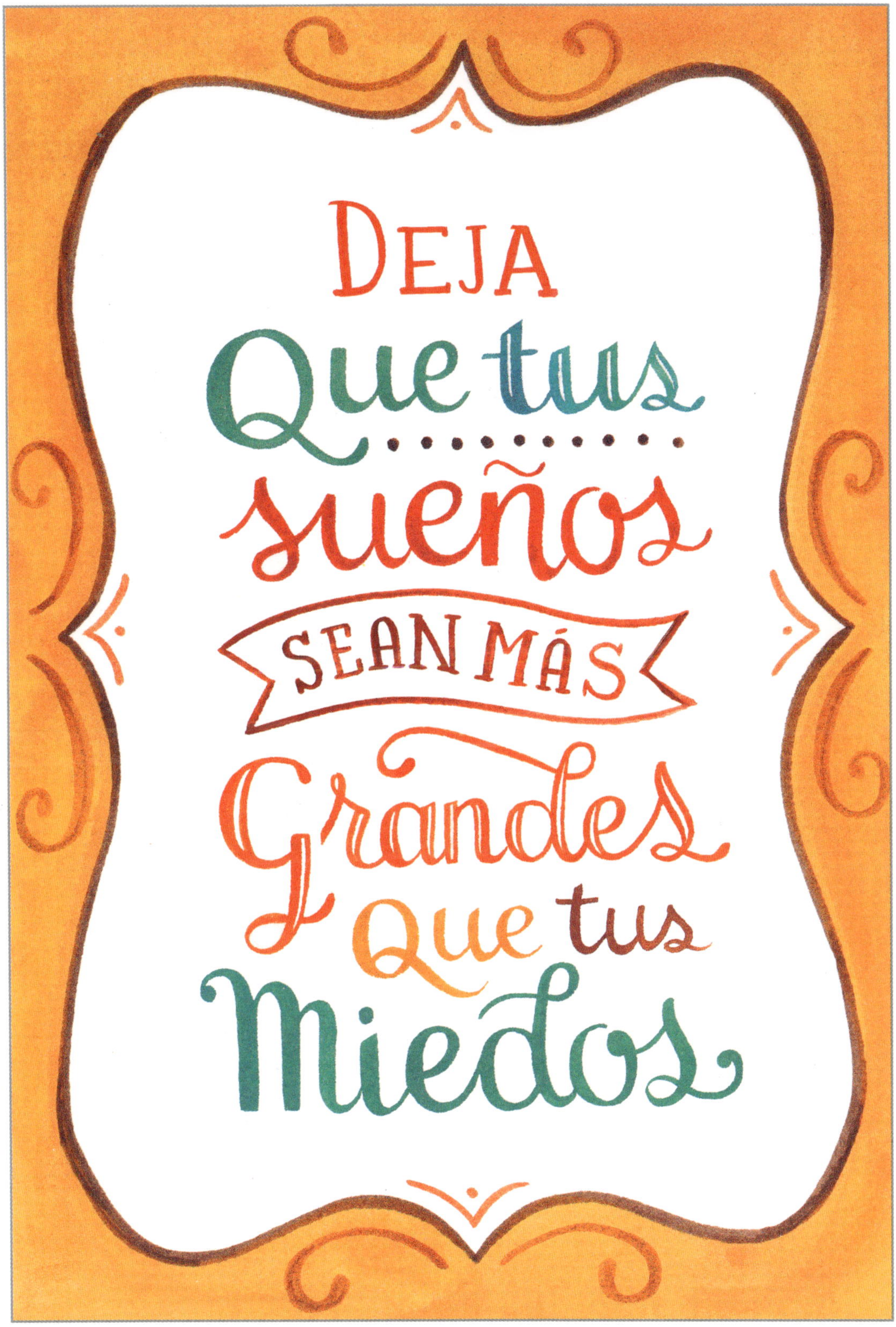

Lass deine Träume größer sein als deine Ängste.

Aa Bb Cc Dd Ee Ff Gg

Hh Ii Jj Kk Ll Mm Nn

Oo Pp Qq Rr Ss Tt Uu

Vv Ww Xx Yy Zz & Swish & Flick

GASTKÜNSTLER

Swish & Flick

von Meagan Hyland

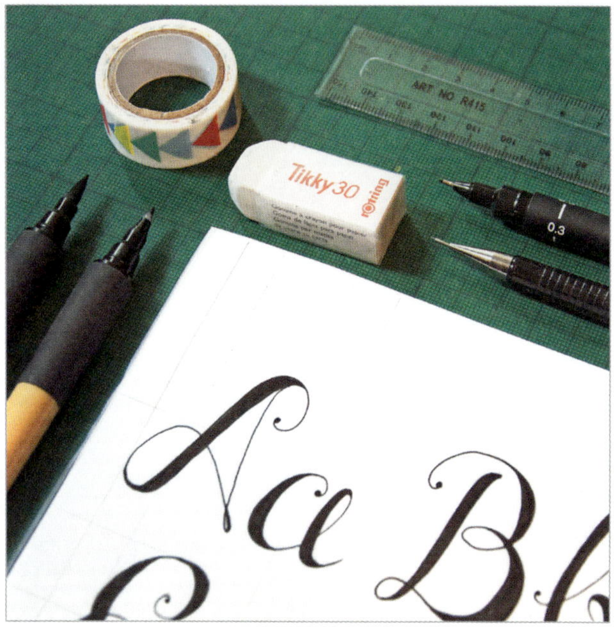

ÜBER DEN KÜNSTLER

Meagan Hyland ist eine Illustratorin, Artdirectorin und leidenschaftliche Kreative, die derzeit in Dublin arbeitet und vor allem für ihre von der Popkultur inspirierten Kunstdrucke und Typografie bekannt ist. Ihre Liebe zu den Buchstaben stand bei all ihren Projekten im Vordergrund. Sie hat in New York, Los Angeles, Chicago, San Diego, Limerick und Dublin ausgestellt. Zu ihren größten Kunden gehören Disney, Columbia Pictures, Twentieth Century Fox und Red Hour Productions.

ÜBER DEN ENTWURF

»Ich liebe Schreibschrift«, sagt Meagan, »sie ist zierlich-verspielt, und keine gleicht der anderen. Diese hier nannte ich Swish & Flick, nach dem Gewicht der Linien in den Buchstaben. Das Schwingen und Schnipsen (swish & flick) des Stifts auf dem Papier ergibt all die hübschen Kringel in dieser Schrift. Alles kommt aus dem Handgelenk. Diese Schrift basiert auf traditionellen kursiven Buchstabenformen und lässt sich leicht personalisieren; beispielsweise so dick oder dünn schreiben, wie Sie möchten.«

Material & Zubehör

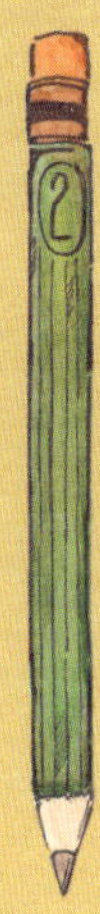

- Pergamentpapier (Velinpapier)
- Bleistift
- Radiergummi
- Lineal
- Faber-Castell PITT Stifte
- Pinselstifte (groß und klein)

Sie arbeitet gern auf Velinpapier, und zwar aus mehreren Gründen: »Es hat eine leichte, glatte Oberfläche, sodass man Bleistift spurlos ausradieren kann. Die meisten Marker dringen nicht ganz durch. Es eignet sich auch als Kopierpapier, wenn man es auf ein anderes Blatt legt. Zudem kann man es auch über Rasterpapier legen, wenn man nicht zu viele Markierungen zeichnen möchte.«

Hier stellt Meagan zwei Arten vor, wie man diese Schrift angehen kann: »Tintenpinsel sind toll für lockere Schriften, und ich zeige Ihnen, wie man damit die Schrift entwickelt. Aber für einen Anfänger kann das ziemlich schwierig sein, daher habe ich auch noch eine Methode beschrieben, bei der vor allem trockenes Material benutzt wird, um den Eindruck einer Pinselschrift zu kreieren.«

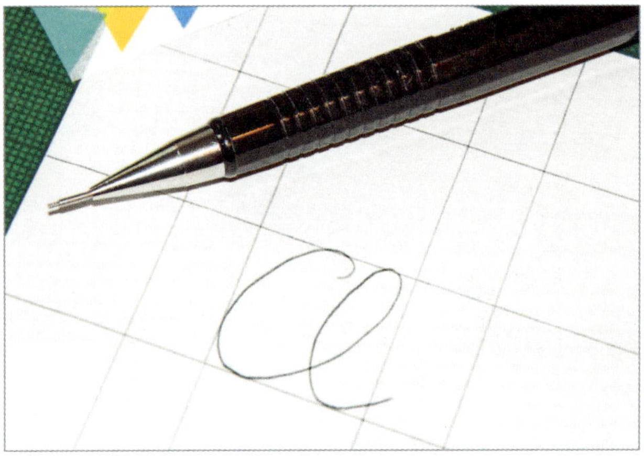

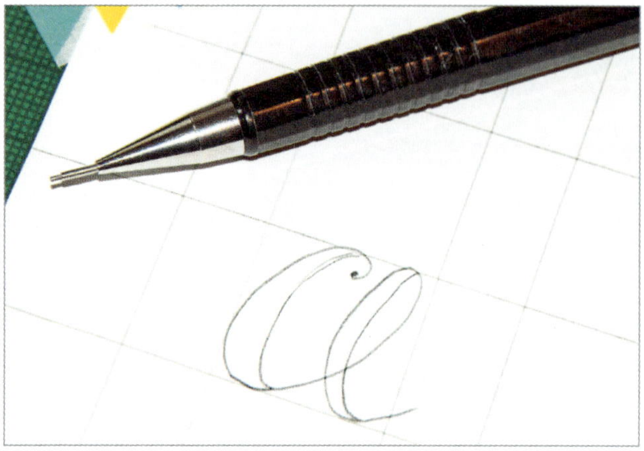

ANLEITUNG: TROCKENES MATERIAL

1 Ziehen Sie vier parallele Linien in gleichmäßigem Abstand auf Ihrem Blatt Papier. Von oben nach unten sind das die k-Linie, x-Linie, Grundlinie, p-Linie. Alle Buchstaben stehen auf der Grundlinie. Die meisten Kleinbuchstaben reichen bis zur Höhe der x-Linie, auch wenn hohe Buchstaben wie das h bis zur k-Linie reichen und solche mit einer Schleife in der Unterlänge wie das g bis zur p-Linie. Ziehen Sie jetzt paarweise parallele Linien in gleichmäßigen Abstand auf der Seite, sodass drei Kästchen entstehen. Der Hauptteil Ihres Alphabets sollte in diese Kästchen passen, mit Ausnahme besonders breiter Buchstaben wie M und W.

2 Zeichnen Sie mit dem Bleistift ein kleines a. Versuchen Sie, es in einer durchgehenden fließenden Bewegung zu zeichnen, um eine so glatte Linie wie möglich zu erhalten – wenn Sie zu langsam zeichnen, wird die Linie wackelig. Wenn Sie über die Linie hinweg zeichnen müssen, bis Ihnen der Bogen des Buchstabens gefällt, dann tun Sie das. Sie können die Bleistiftlinien ausradieren, wenn Sie die endgültige Form mit Tinte nachgezogen haben. Damit es genauso aussieht wie mit einem Tintenpinsel geschrieben, müssen Sie den Druck auf Ihren Stift ausprobieren. Denken Sie an die Kringel, die Sie vorhin gezeichnet haben: Wann haben Sie den Stift auf sich zu gezogen und wann von sich weg? Wenn Sie den Stift drücken, entsteht ein kräftiger Strich, wenn Sie ihn ziehen, ist der Strich leicht: Schwingen und schnipsen!

> **TIPP:** *Beginnen Sie damit, Ihren Bleistift locker zu halten und ein paar Reihen Kringel zu zeichnen. Machen Sie weiter, bis die Kringel eine einheitliche Höhe und Breite haben. Das wird Ihnen später beim Schreiben der Buchstaben sehr helfen.*

Beginnen Sie nun den Buchstaben oben mit Druck zu zeichnen, ziehen Sie dann geschwungen bis nach unten zur Grundlinie, drücken Sie wieder im Bogen nach oben zurück, und ziehen Sie dann entlang dem Rücken nach unten. Zuletzt drücken Sie für die Endung.

3 Wenn Sie Ihr a gezeichnet haben, kehren Sie zurück nach oben, wo die Linie beginnt, und zeichnen eine geschwungene Linie im Bogen nach unten, wie für eine Welle. Wiederholen Sie dies am schmalen Kringel für den Rücken.

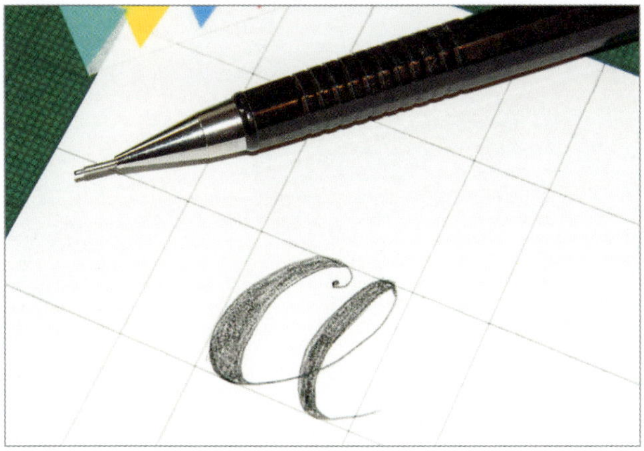

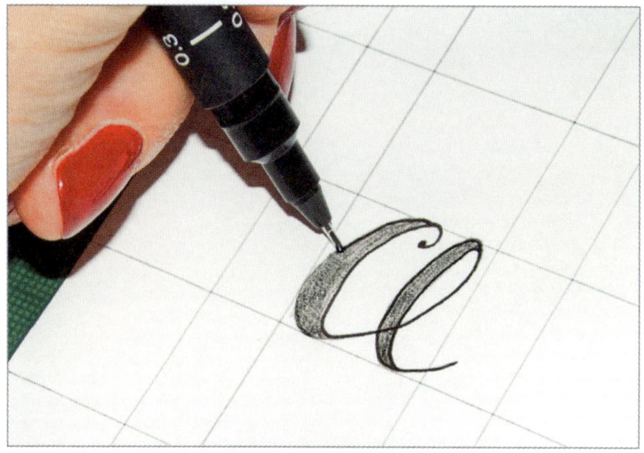

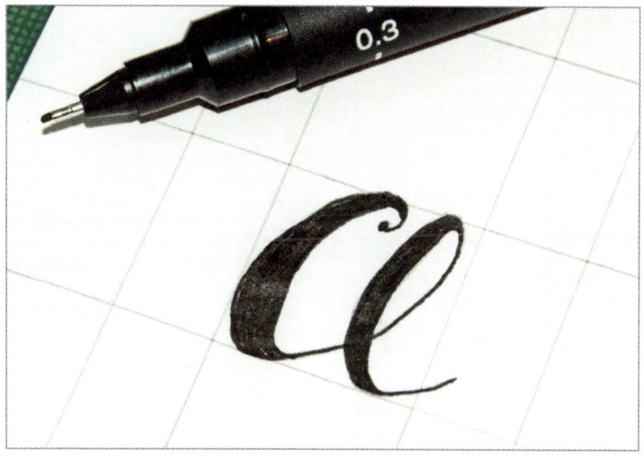

4 Zeichnen Sie die Umrisse mit dem PITT-Stift nach und füllen Sie sie mit den Pinselstiften aus. Benutzen Sie den kleineren Pinsel für die engen Ecken und den dickeren, um die größeren Bereich auszumalen. Wiederholen Sie danach alles für die anderen Buchstaben.

ANLEITUNG: FEUCHTES MATERIAL

Sehr viel schneller und in einem Schritt geht das mit einem Pinselstift. Diese Methode verlangt jedoch viel Übung und verzeiht keine Fehler. Das Wichtigste ist der Druck auf den Pinsel.
Orientieren Sie sich am Raster und beginnen Sie oben am Buchstaben, verstärken Sie den Druck auf den Pinsel, während sie ihn geschwungen nach unten ziehen. Nehmen Sie den Druck zurück. Wenn Sie sanft zurück nach oben drücken, erhöhen Sie den Druck erneut, wenn Sie für den Rücken nach unten schwingen. Schnipsen Sie den Pinsel sanft von der Seite, um die Endung zu zeichnen.

LIGATUREN: BUCHSTABEN VERBINDEN

Wenn Sie ihr Alphabet entworfen haben, versuchen Sie, ein paar Wörter zu schreiben. Das Beste an einer von Hand gezeichneten Schrift ist, dass man sich nicht auf eine Buchstabenform oder eine Art von Verbindung zwischen ihnen festlegen muss. Bei Script Fonts ist es üblich, zwei oder drei alternative Formen zu haben; je nachdem, wo sich der Buchstabe in einem Wort befindet. Wenn ein kleines i zum Beispiel neben einem kleinen f steht, können Sie eine Ligatur haben, die den Punkt auf dem i mit dem Querstrich des fs verbindet.

Ligaturen sind nützlich, wenn es viele Linien oder Kringel auf engem Raum gibt und wenn Sie Ihr Handlettering künstlerischer erscheinen lassen möchten. Es geht nur darum, was Ihnen gefällt. Mit ein wenig Übung können Sie ein paar Schnörkel an die Buchstaben zeichnen, um sie noch dynamischer zu machen. Viel Spaß!

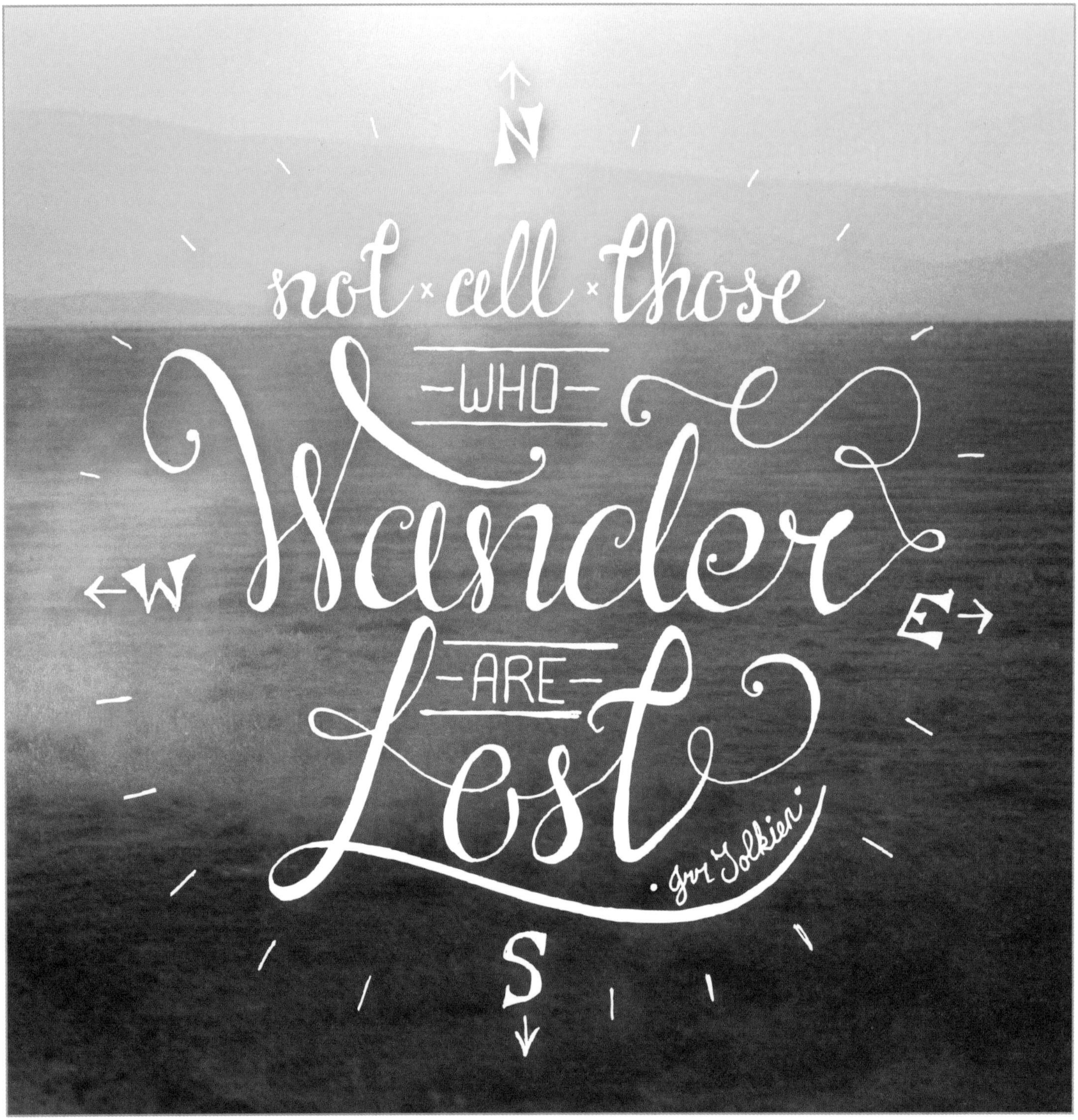

Nicht alle, die umherwandern, haben sich verirrt.

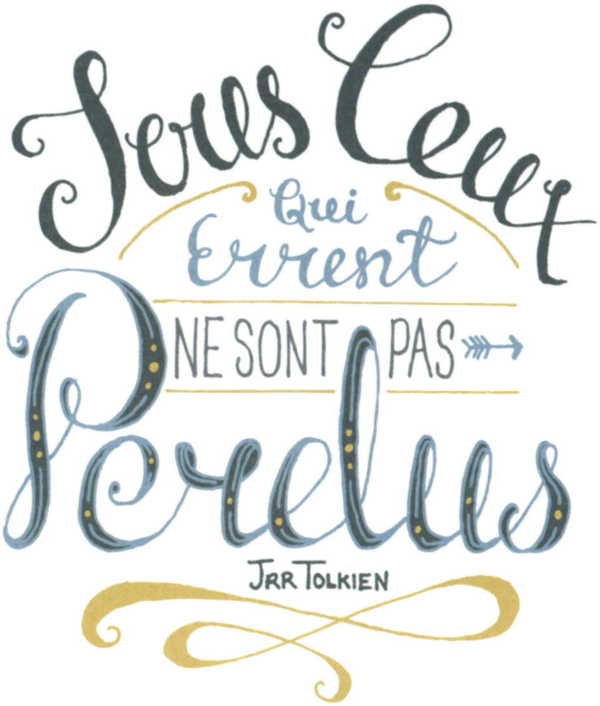

Nicht alle, die umherwandern, haben sich verirrt.

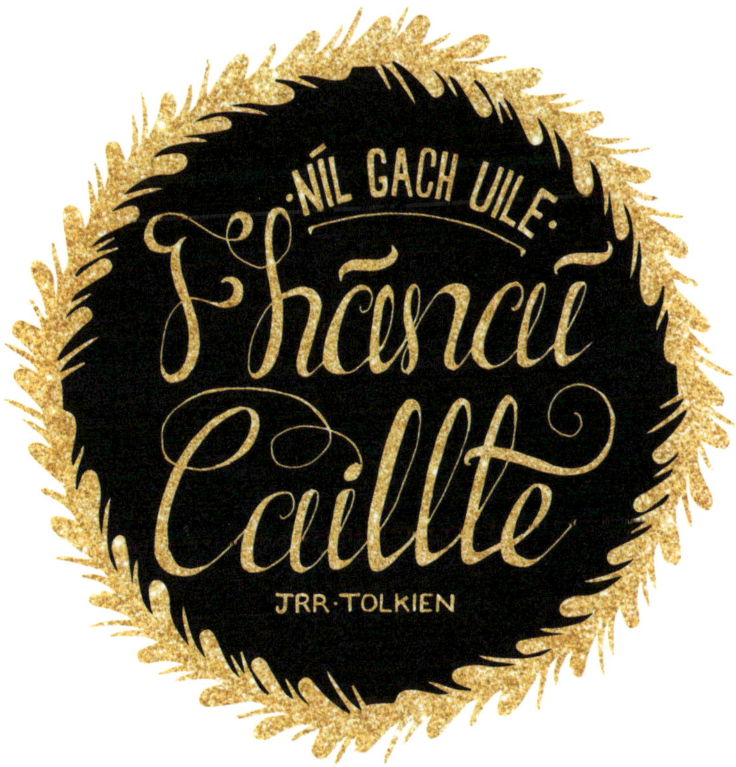

Nicht alle, die umherwandern, haben sich verirrt.

VERZIERUNGEN

Hier ein paar Muster und Details, die Sie in Ihre Entwürfe einbauen können, wenn Sie eigene Schriften entwerfen und Zitate schreiben. Experimentieren Sie ruhig, und entwickeln Sie dabei individuelle Muster und Verzierungen.

Und-Zeichen und Pfeile

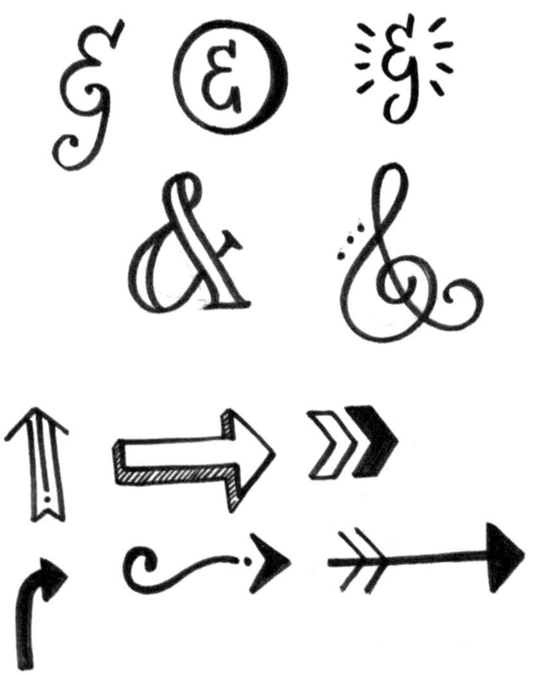

Banner und Etiketten

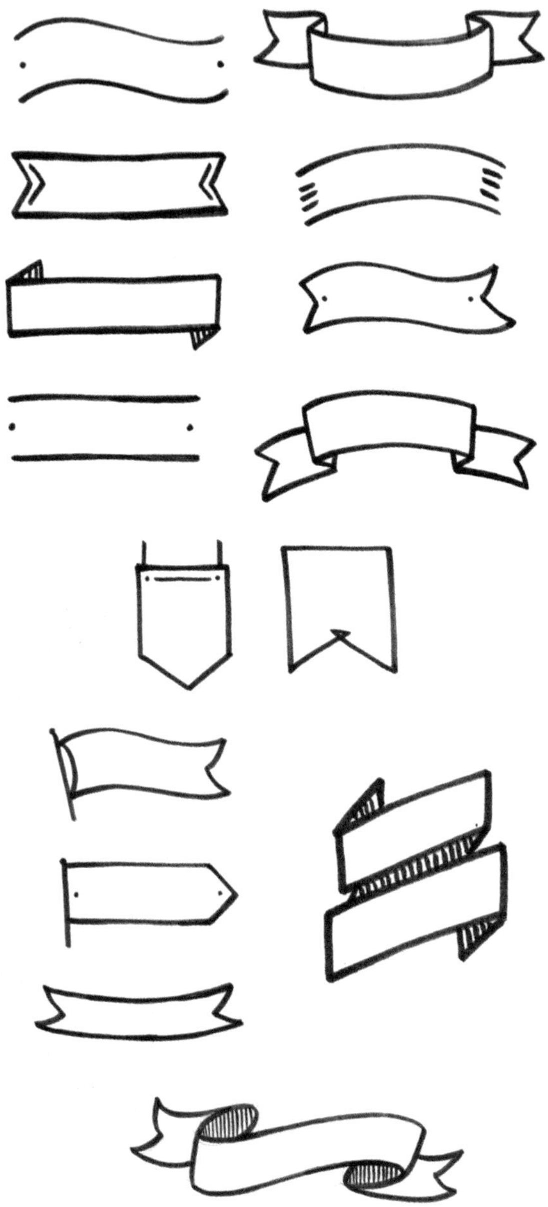

Klammern, Ränder und Ecken

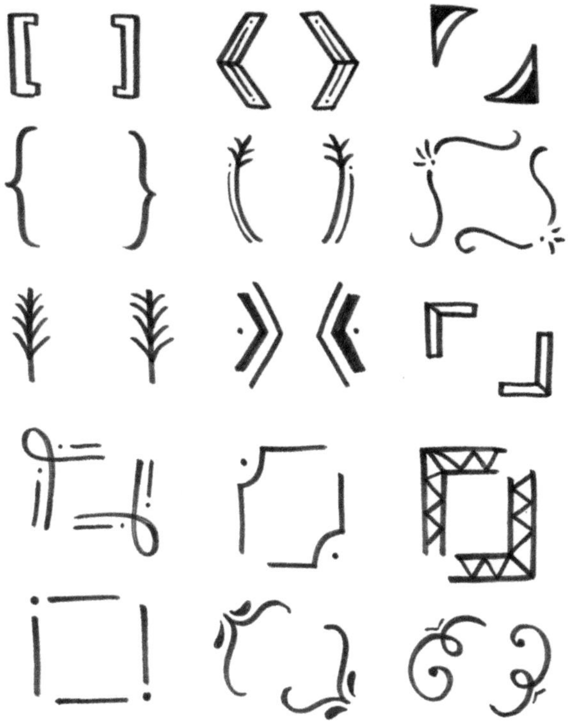

Trennungen

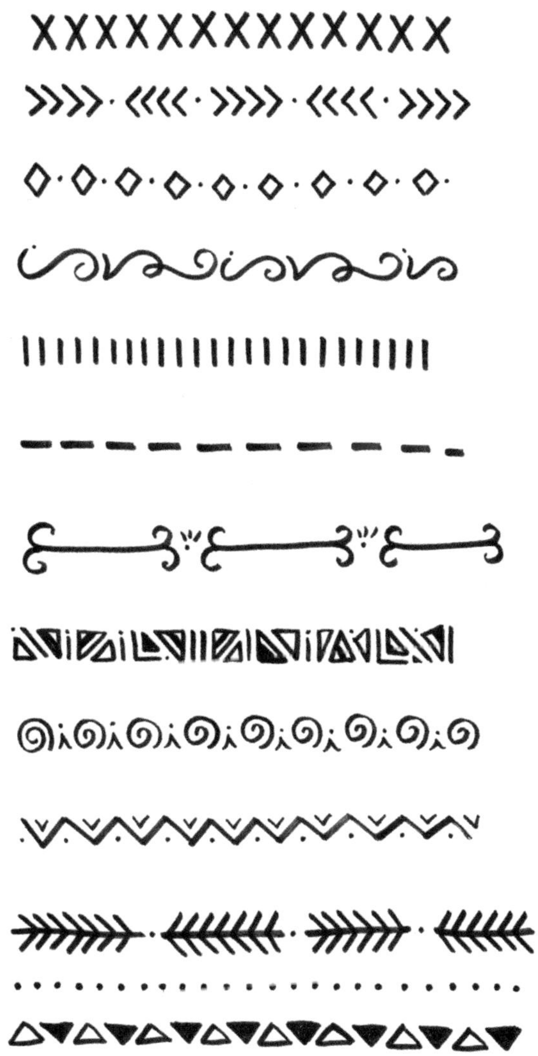

Schwünge und Endungen

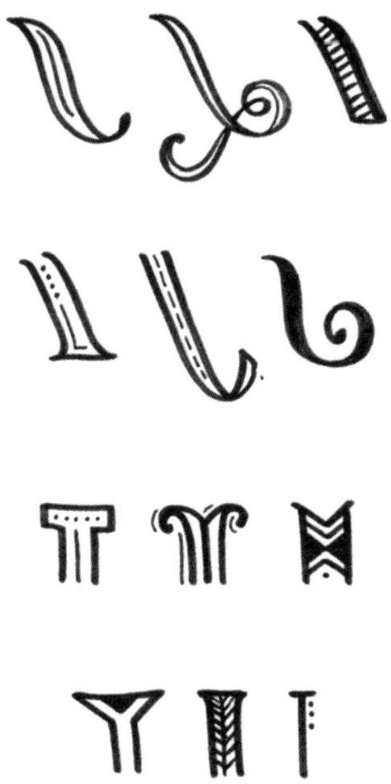

SONDERZEICHEN

Zirkumflex, Hatschek & Breve

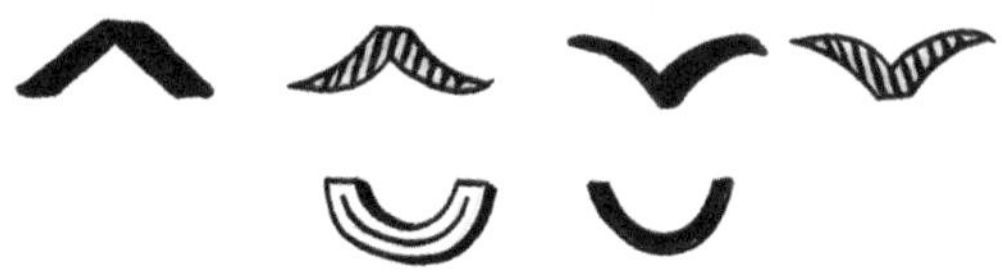

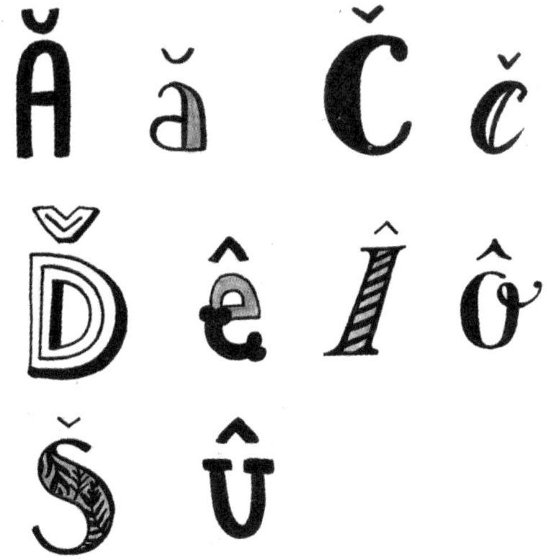

Cedille, Komma & Ogonek

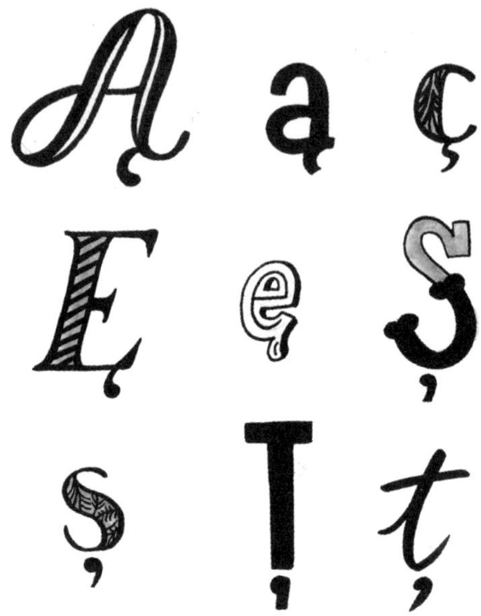

Apostroph

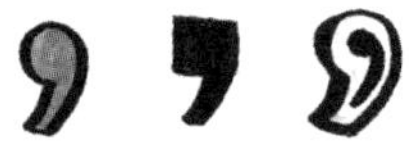

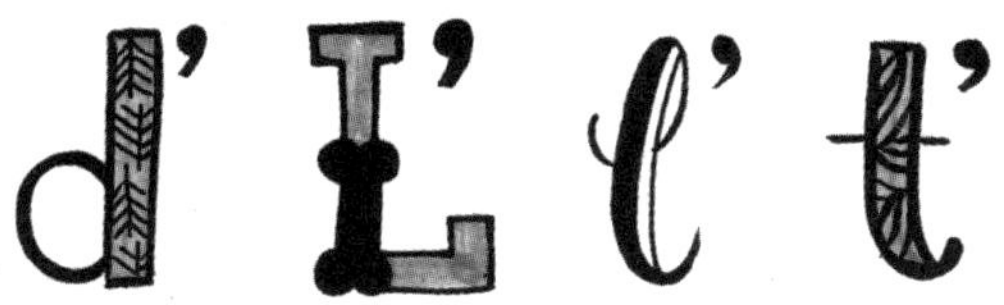

Frage- und Ausrufezeichen

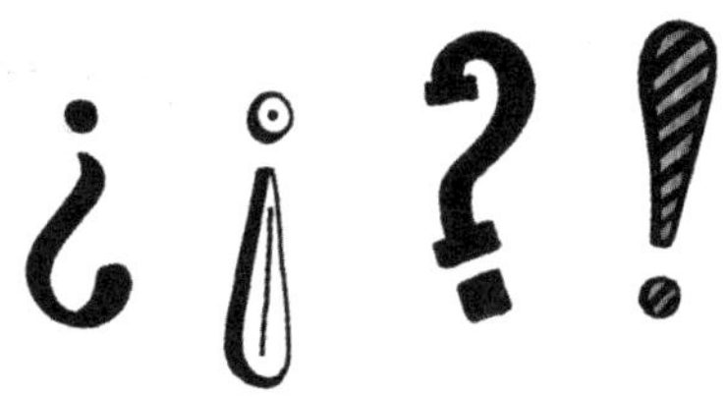

Akzentzeichen (Gravis)

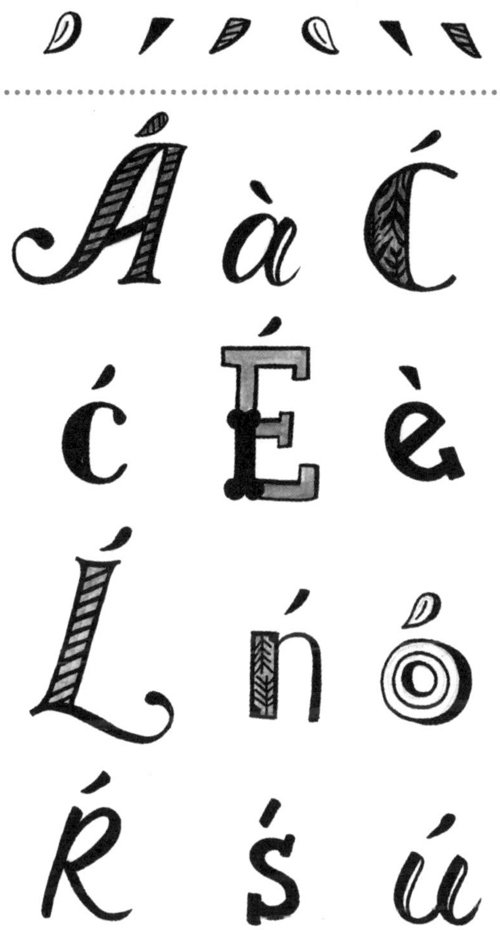

Umlaut & Vokal

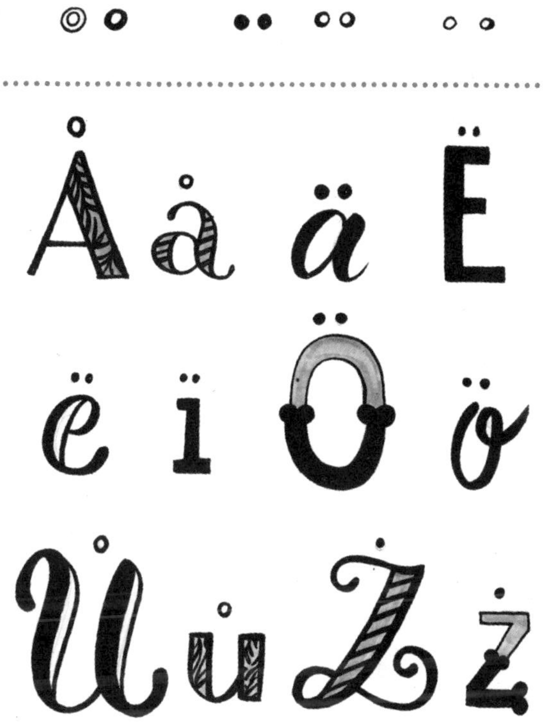

Tilde

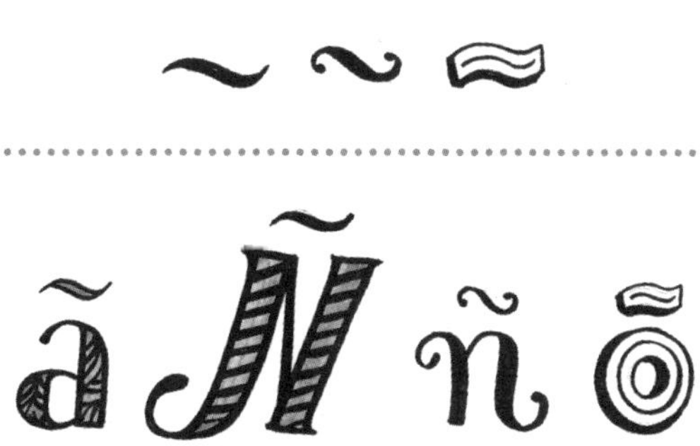

Ligatur, Schrägstrich

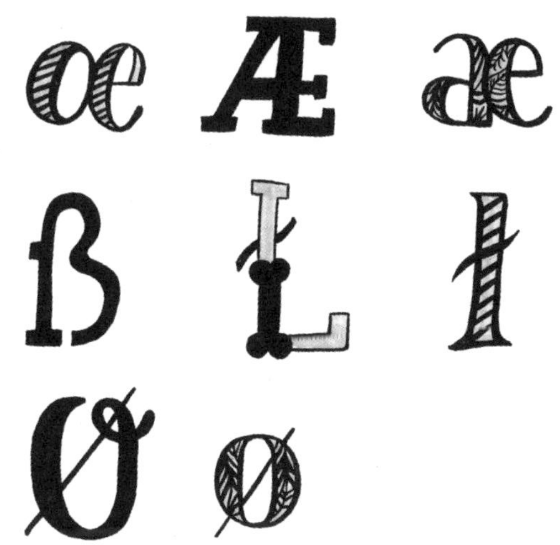

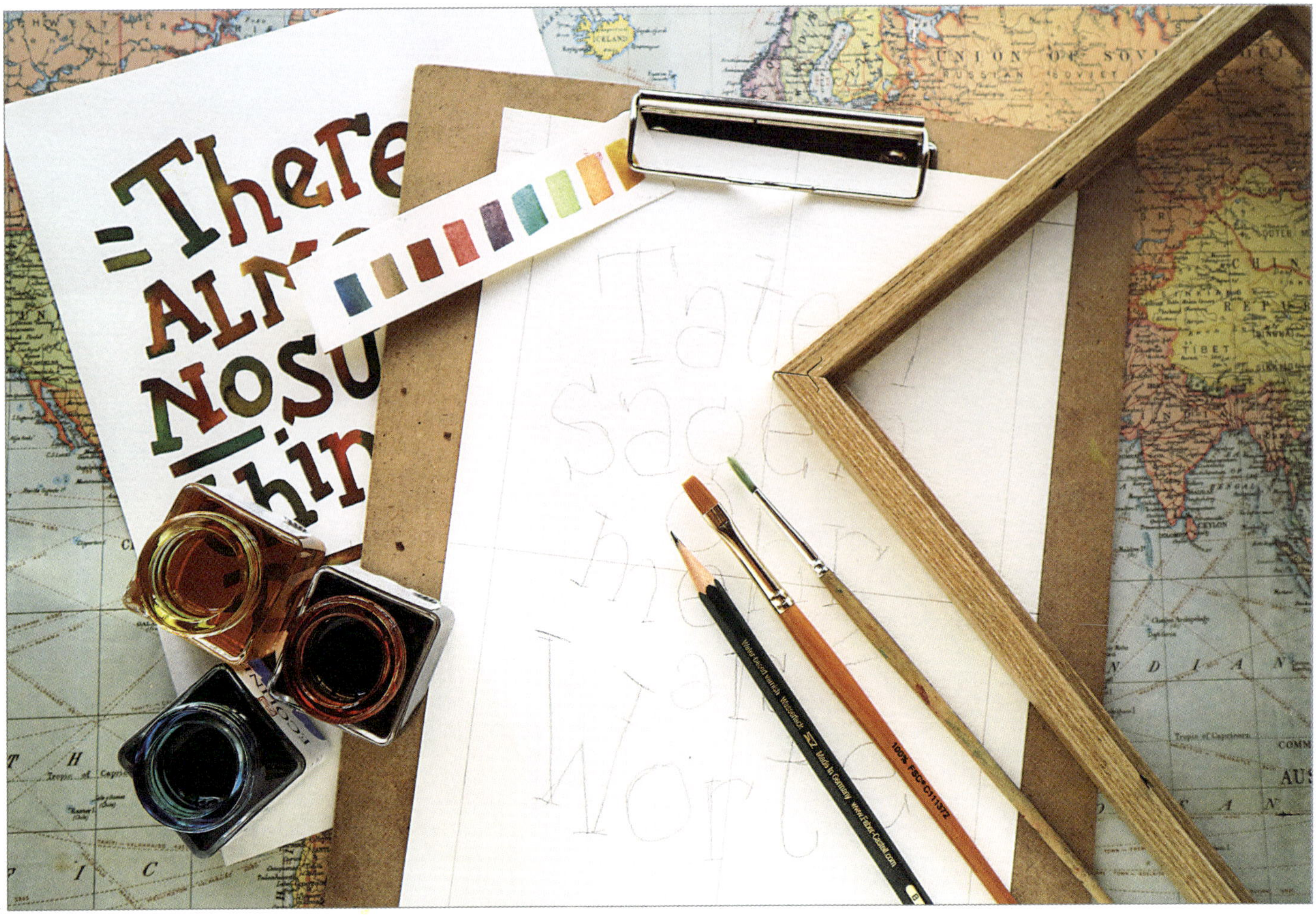

PROJEKTE

Handlettering verleiht Ihrer Arbeit einen persönlichen Touch. Hier nun ein paar Ideen, wie Sie Ihre Handletteringfähigkeiten einsetzen können.

Maßgeschneidert

Entwerfen Sie gerahmte Kunst zum Verschenken oder für Ihr eigenes Zuhause.

Material & Zubehör

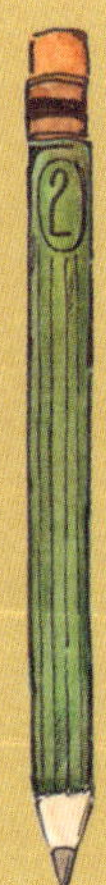

- Cardstock oder 300 g/m² Aquarellpapier satiniert
- Rahmen Ihrer Wahl
- Flachpinsel
- Pinselstift
- konzentrierte Aquarellfarbe
- Bleistift
- Radiergummi
- Lineal

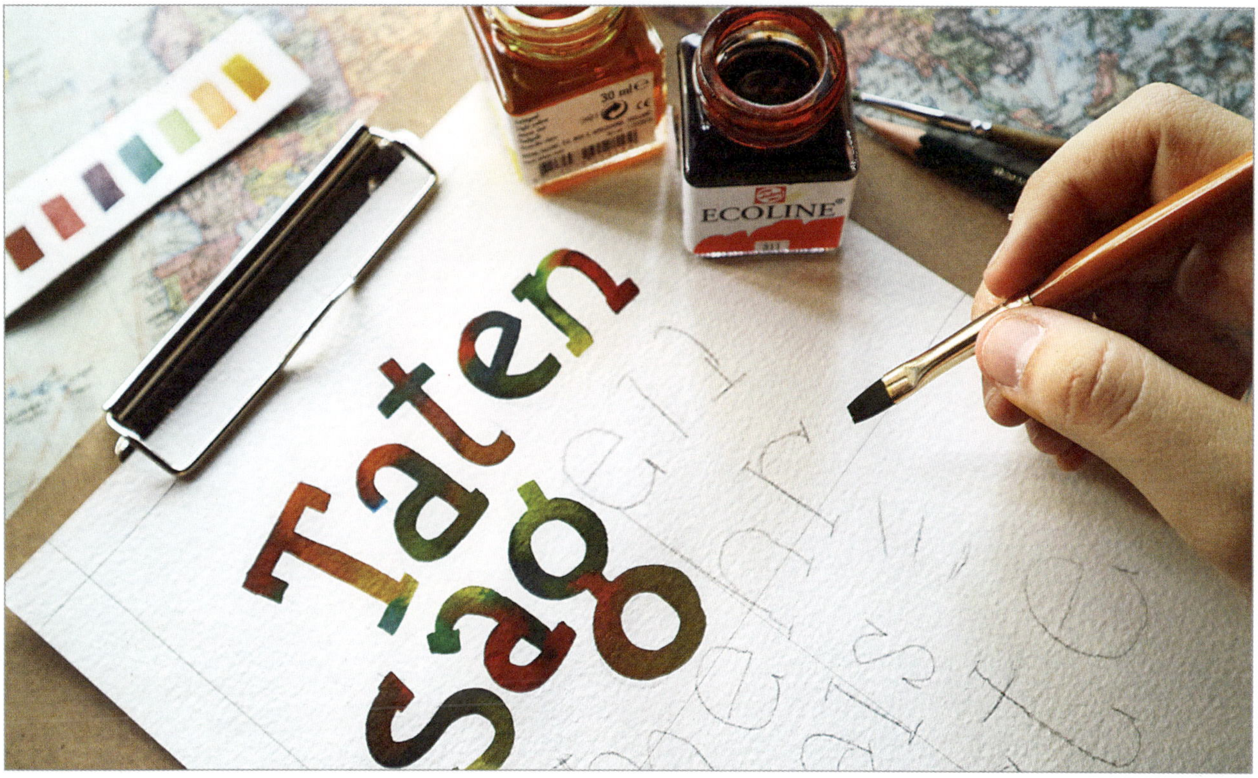

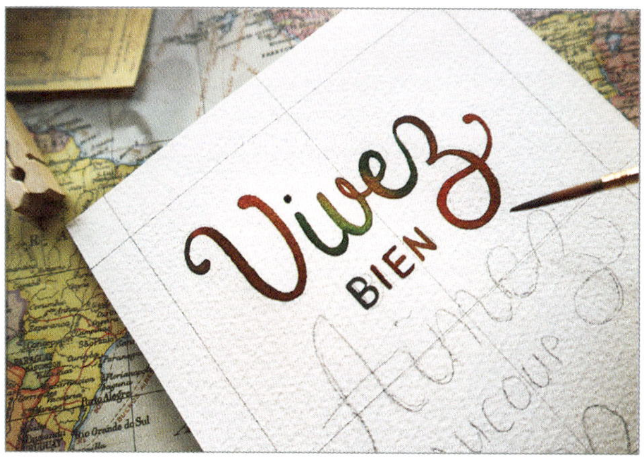

1 Schneiden Sie das Aquarellpapier auf die Größe des Rahmens zu.

2 Ziehen Sie auf dem Aquarellpapier Hilfslinien mit Bleistift. Rechnen Sie mindestens 2,5 cm Rand ein, damit das gesamte Zitat auf jeden Fall in die Mitte des Papiers passt. Schreiben Sie die Worte mit Bleistift darauf, um sicherzugehen, dass sie hineinpassen und richtig platziert sind.

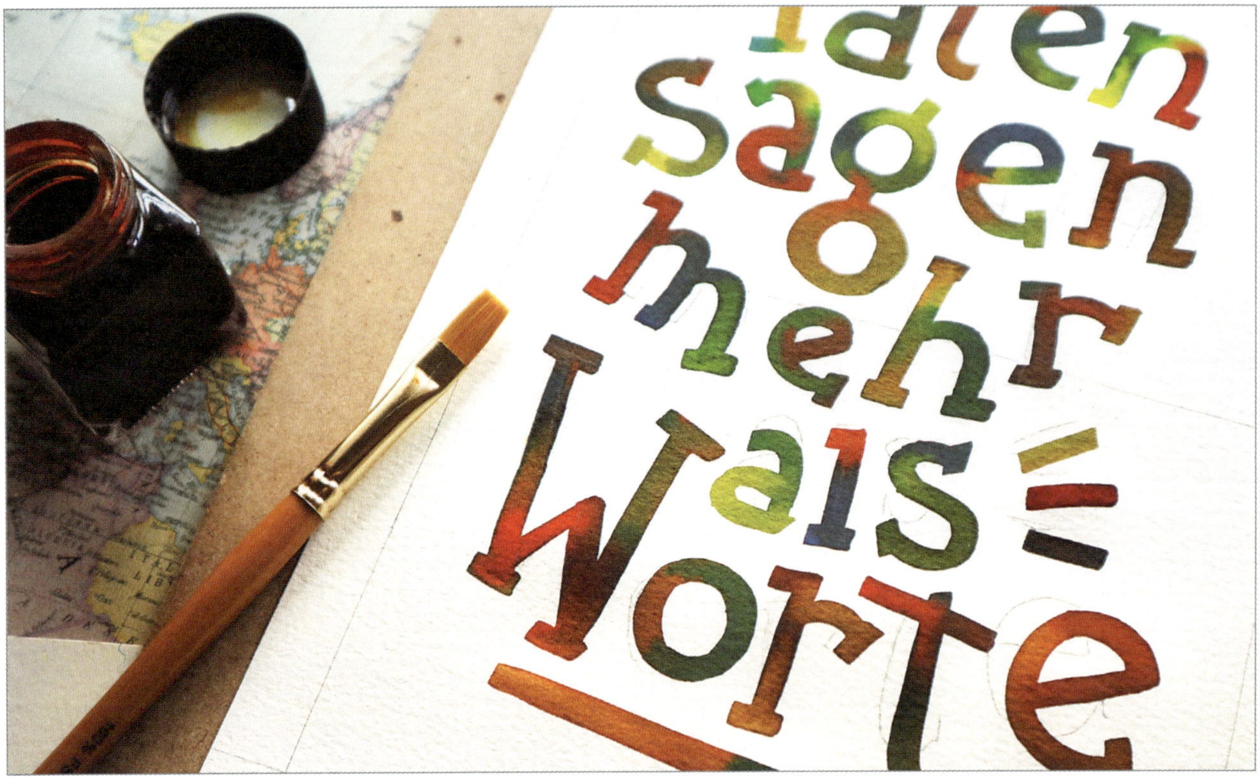

3 Ich habe mich für zwei Zitate und zwei Schriftarten entschieden: eins in Lazy Serif, das andere in Retro Script. Wenn Sie fertig sind, lassen Sie die Arbeit trocknen.

4 Radieren Sie alle Bleistiftmarkierungen sorgfältig aus, dann kann das Ganze gerahmt und aufgehängt werden.

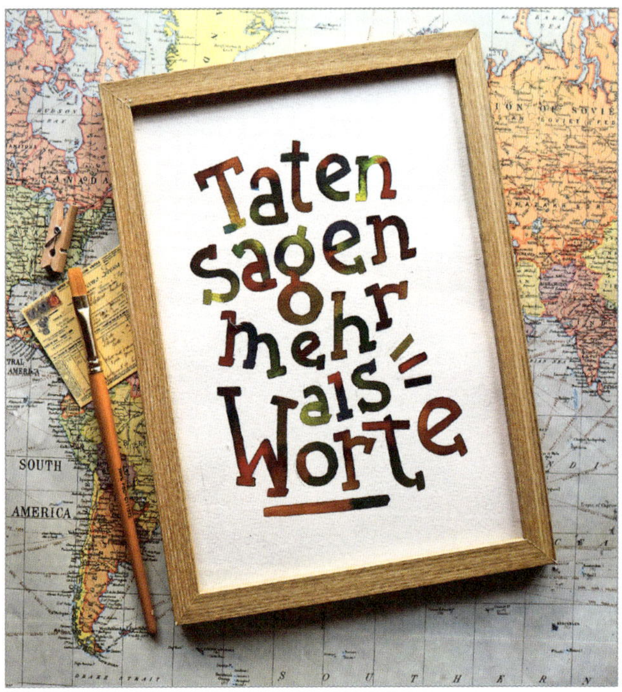

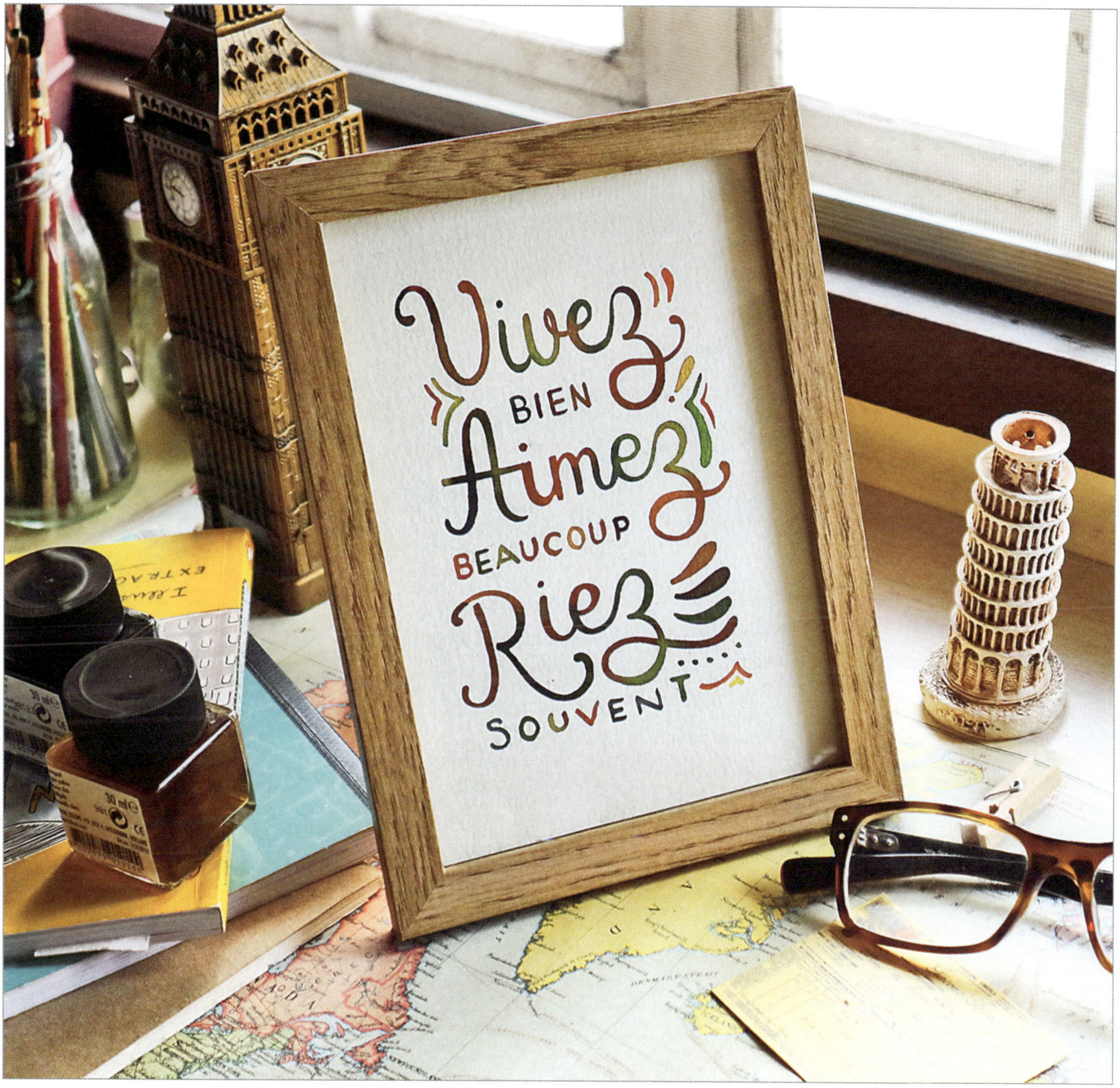

Lebe gut, liebe viel, lache oft.

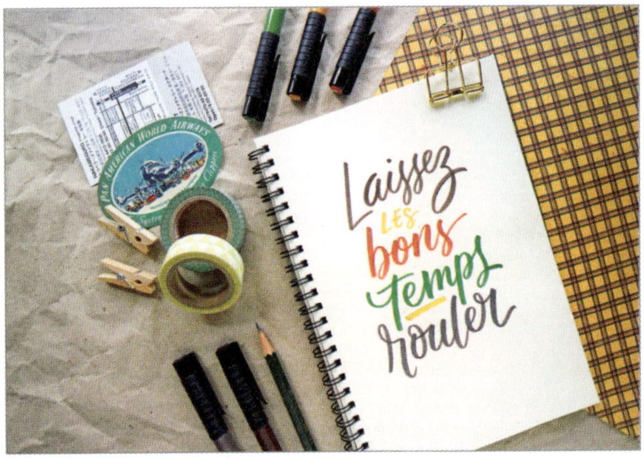

Künstlerisches Tagebuch

Ein Tagebuch ist ein ideales Projekt, um Gedanken oder Zitate zu notieren, an die Sie sich gern erinnern möchten. Handgeschriebene Zitate sind dabei eine tolle Ergänzung. Hier ein paar Tipps dazu.

1 Entscheiden Sie sich für ein Zitat, das Sie gern schreiben möchten. Das kann etwas sein, das Sie besonders inspiriert hat oder aus einem anderen Grund bemerkenswert ist. Ich wählte dieses: »Laissez les bons temps rouler« (»Lass die guten Zeiten beginnen«).

2 Schreiben Sie Ihr Zitat mit einem Fineliner oder Pinselstift in das Tagebuch. Denken Sie daran, dass Tagebücher nicht perfekt sein müssen. Es ist also schön, es fließen zu lassen und die Buchstaben einfach zu halten. Ich habe mein Zitat zur Orientierung erst zart mit Bleistift geschrieben und dann ausradiert, nachdem ich es mit dem Pinselstift nachgezeichnet hatte.

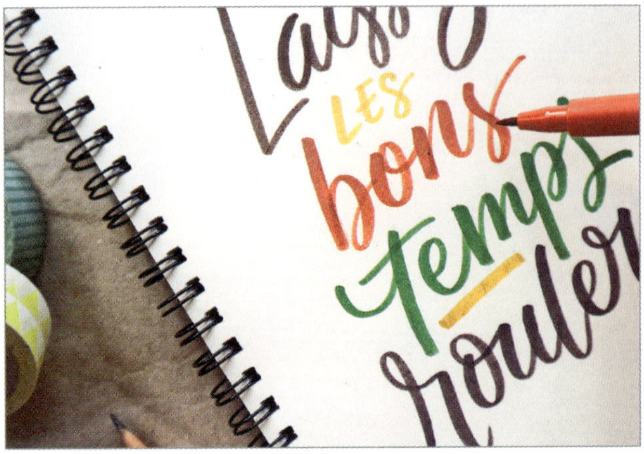

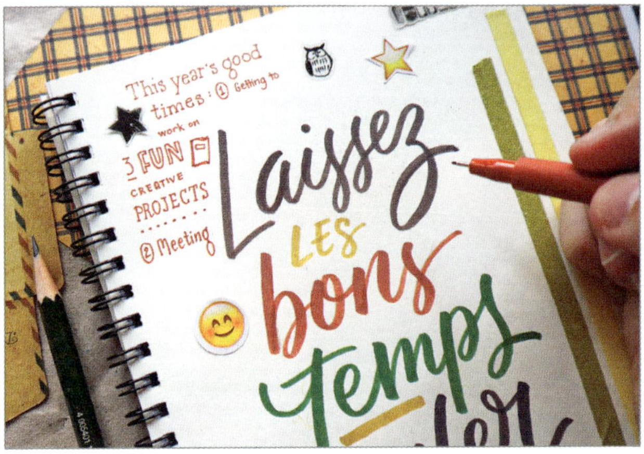

3 Wenn Sie das Zitat fertig gezeichnet haben, füllen Sie den leeren Platz mit Klebeband, Stickern oder was auch immer Sie gern ergänzen möchten. Auf meiner Tagebuchseite habe ich zuerst Aufkleber und Klebeband eingesetzt und den restlichen Platz mit Wörtern und Schnörkel aufgefüllt.

TIPP: *Experimentieren Sie mit unterschiedlichen Layouts, um herauszufinden, wie Ihre Tagebuchseite aussehen soll. Ich platziere das Zitat meistens in der Mitte der Seite, um später noch Platz für weitere Elemente zu haben.*

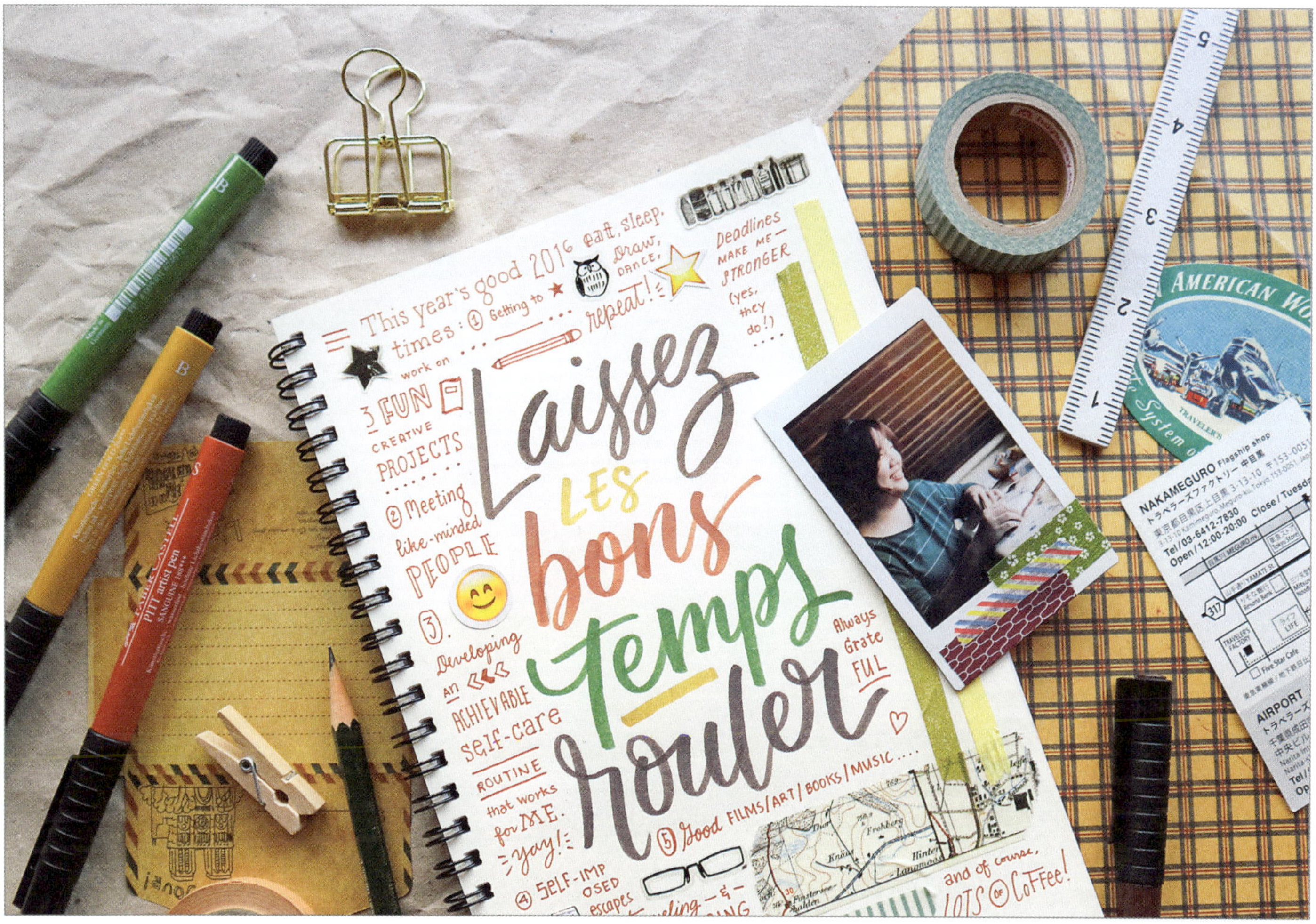

Material & Zubehör

- Tagebuch
- Washitape, Aufkleber etc.
- Fineliner
- Pinselstift

TIPP: *Sie können auch Fotos, Etiketten oder andere Zettel in Ihr Tagebuch kleben, um es noch persönlicher zu machen. Ich ändere die Inhalte meines Layouts gern; je nachdem, was an dem jeweiligen Tag auf der Seite ergänzt werden soll.*

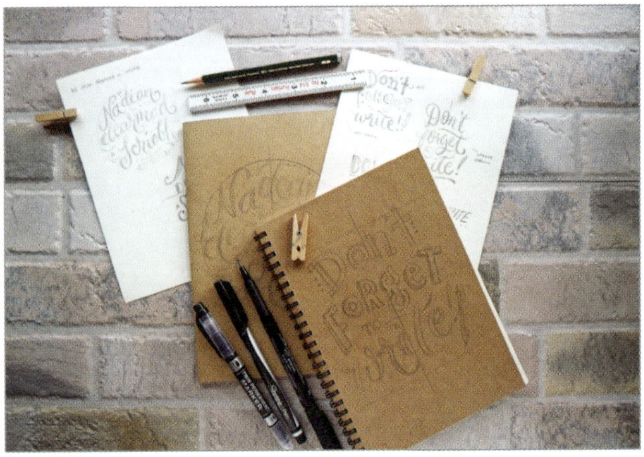

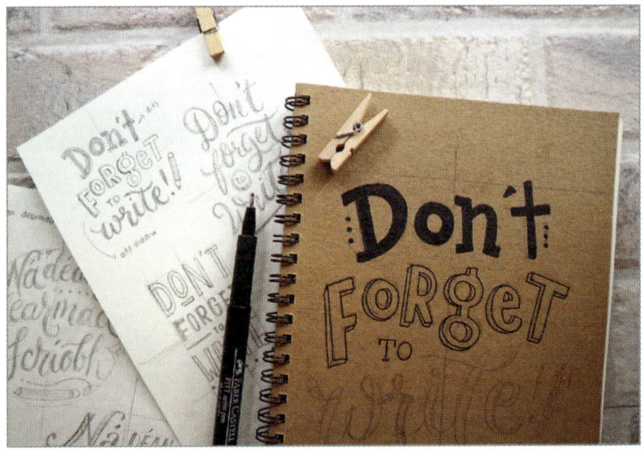

Notizbuch-Cover

Ein handgeschriebener Umschlag verleiht Ihrem Notizbuch eine individuelle Note. So geht's:

1 Überlegen Sie sich, was Sie gern auf das Cover Ihres Notizbuchs zeichnen möchten. Es könnte Ihr Name sein, ein Mantra, eine Aussage oder ein Zitat, das zusammenfasst, wofür das Notizbuch benutzt wird (z.B. als Reisetagebuch, Kalender, Hausaufgabenheft). Ich entschied mich für »Don't forget to write!« auf Englisch und die irische Übersetzung »Ná déan dearmad a scríobh!«

2 Probieren Sie zunächst auf Ihrem Papier unterschiedliche Layouts aus und arbeiten Sie an möglichen Buchstabenformen, die Sie gern in Ihr Zitat einbauen möchten. Zeichnen Sie diese Skizzen mit dem Bleistift. Sie können auch unterschiedliche Formen als Grundlage des Layouts ausprobieren – Kreis, Quadrat, Herz und so weiter. Um den Entwurf einfacher zu übertragen, zeichnen Sie Orientierungslinien und richten sie so aus, dass sie durch die Mitte des Umschlags und des Entwurfs reichen.

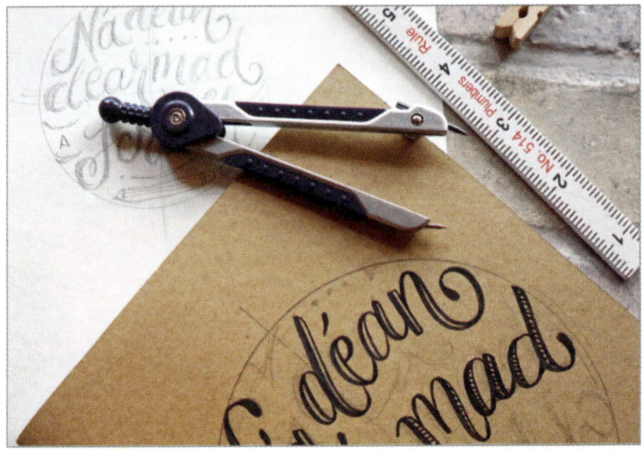

Material & Zubehör

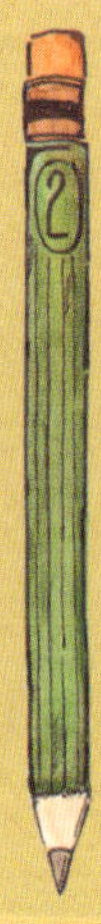

- Bleistift
- Radiergummi
- Lineal
- Papier zum Üben
- Fineliner
- Notizbuch mit leeren Umschlagsblatt (A5 ist die empfohlene Größe)

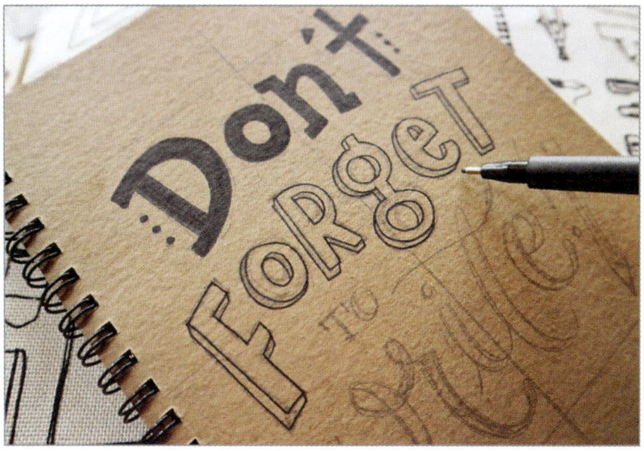

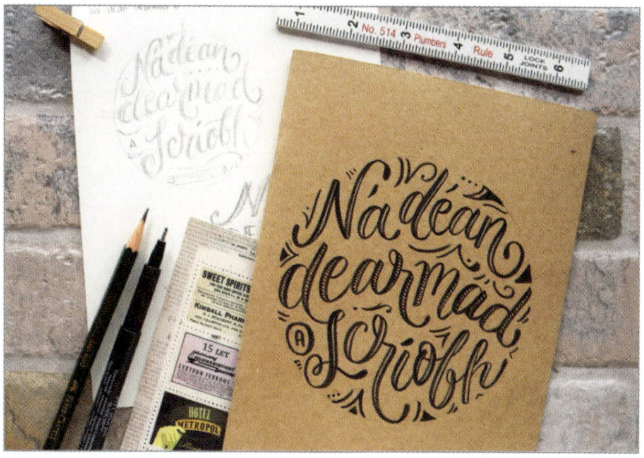

3 Bereiten Sie den leeren Umschlag des Notizbuchs vor, in dem Sie an allen vier Kanten Ränder einzeichnen. Ziehen Sie dann eine Linie durch die Mitte und zeichnen Sie Orientierungslinien ein. Für ein rundes Layout verwenden Sie einen Zirkel.

4 Zeichnen Sie Ihr Layout zart mit Bleistift vor und arbeiten Sie es dann mit dem Fineliner aus.

5 Wenn Sie alles ausgemalt haben, lassen Sie den Umschlag 30 Minuten lang ruhen. Erst wenn die Tinte trocken ist, radieren Sie vorsichtig die restlichen Bleistiftmarkierungen aus.

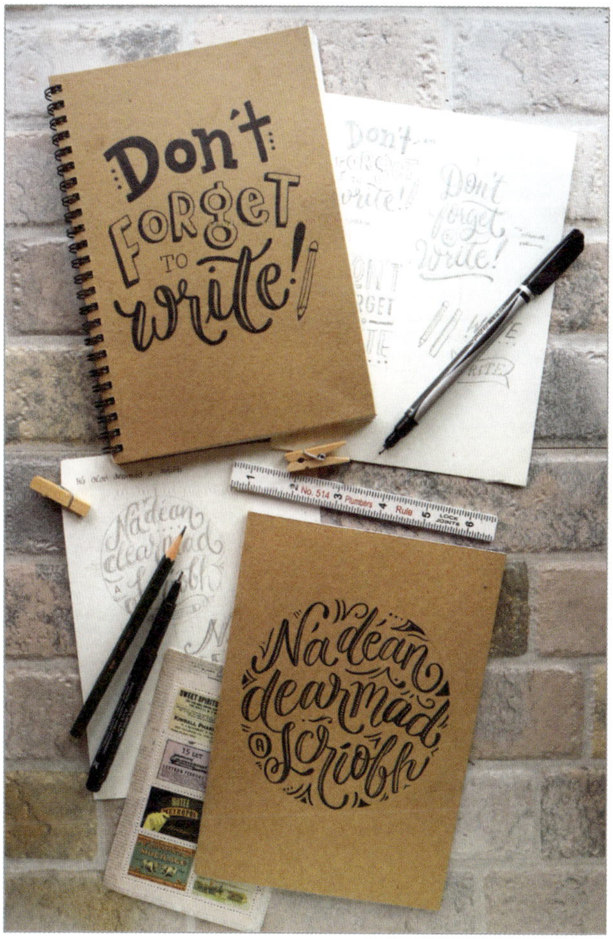

TIPP: *Ich entwerfe gern zwei oder drei Musterlayouts und spiele mit den Buchstabenformen. Auf diese Weise erkenne ich, welchen Stil ich beim endgültigen Titelbild einsetzen will. Bei diesen beiden Notizbüchern habe ich mit Lazy Serif und Lined Script gespielt, um es vielfältiger zu machen.*

TIPP: *Achten Sie darauf, dass Ihre Hand entspannt ist, wenn Sie zeichnen. Wenn sie zu angespannt ist, sehen die Buchstaben schnell zittrig aus.*

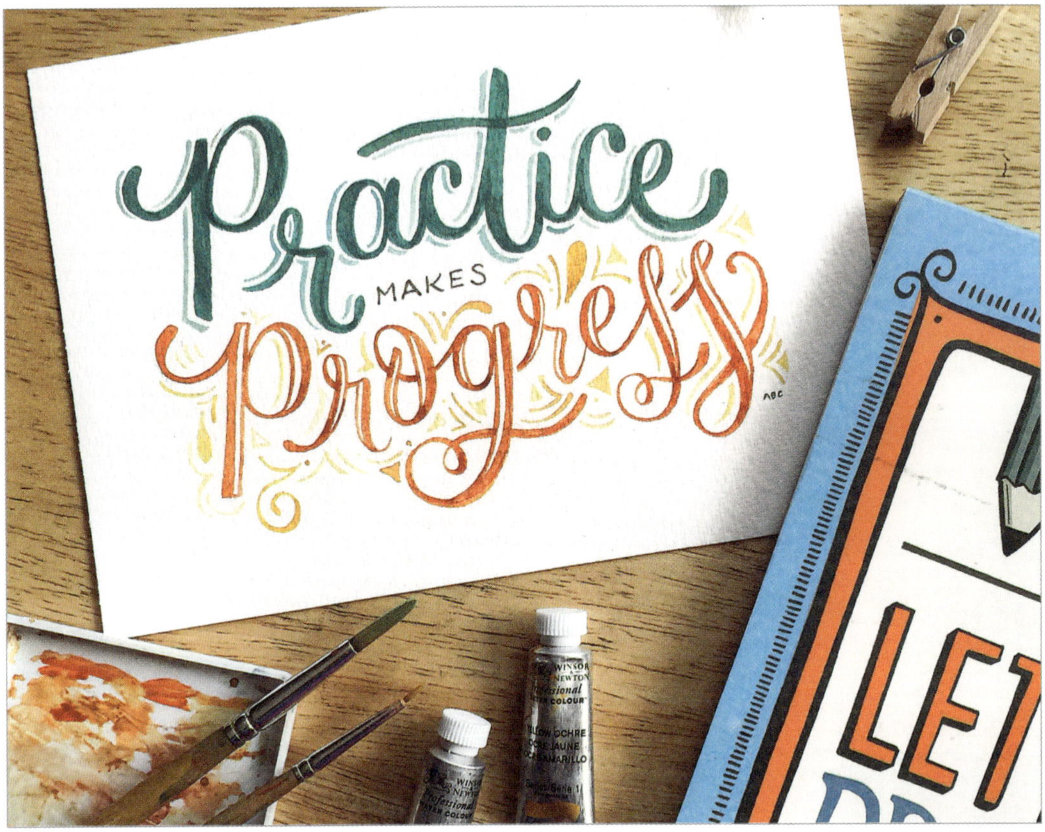
Practice
MAKES
Progress

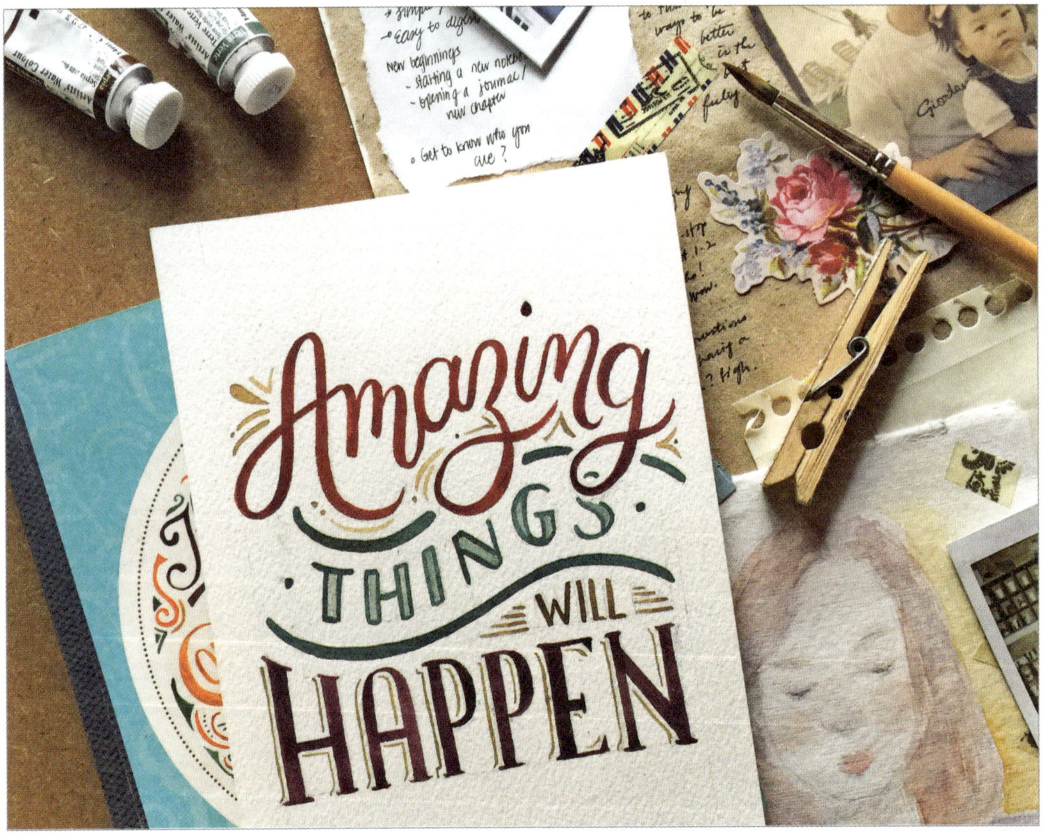
Amazing
THINGS
WILL
HAPPEN

GALERIE

Hier einige der vielen Varianten, wie meine Gastkünstler und ich unser Lettering einsetzen. Ich hoffe, dass diese Beispiele Sie zu vielen eigenen Entwürfen inspirieren.

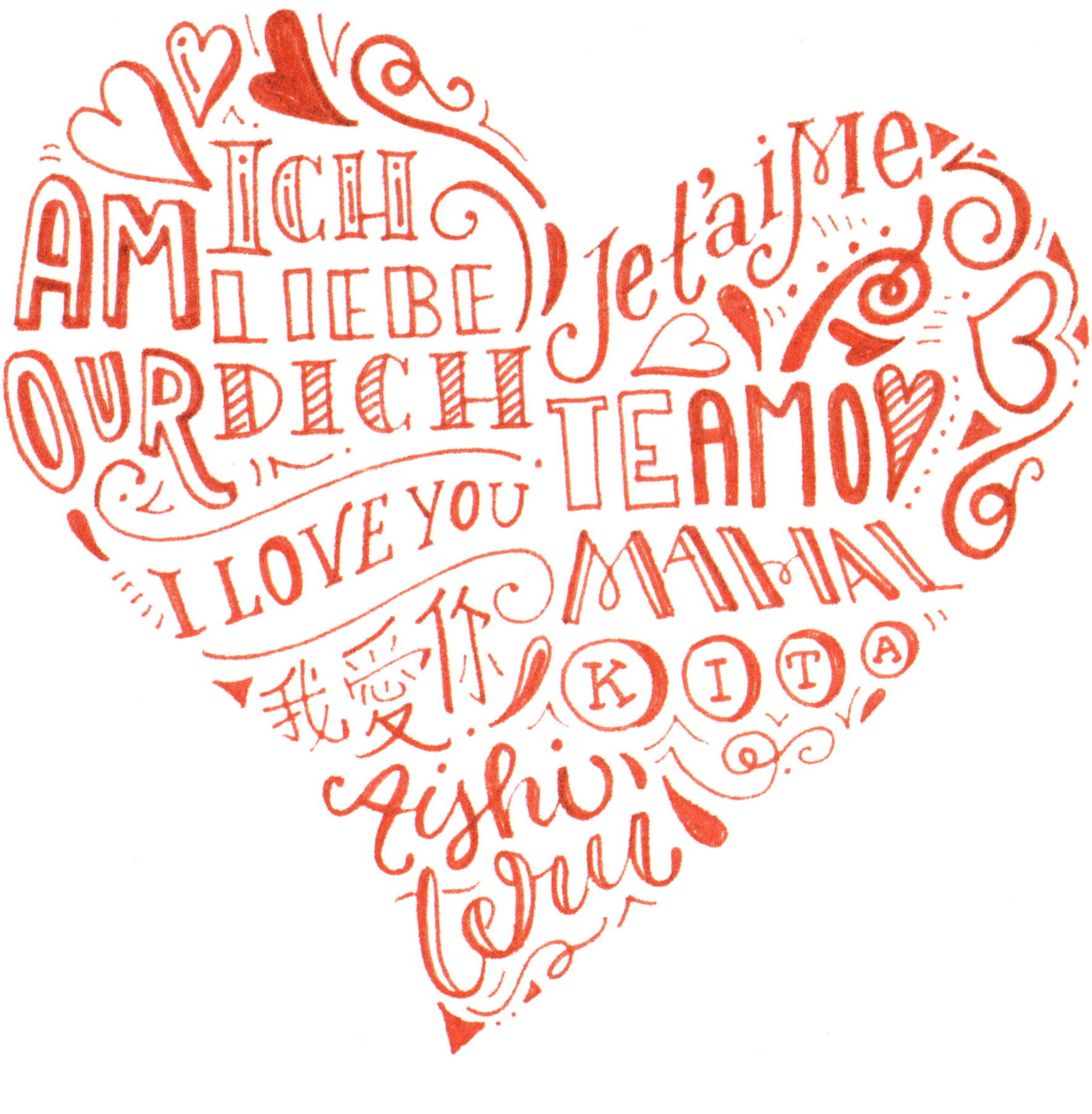

Abbey Sy

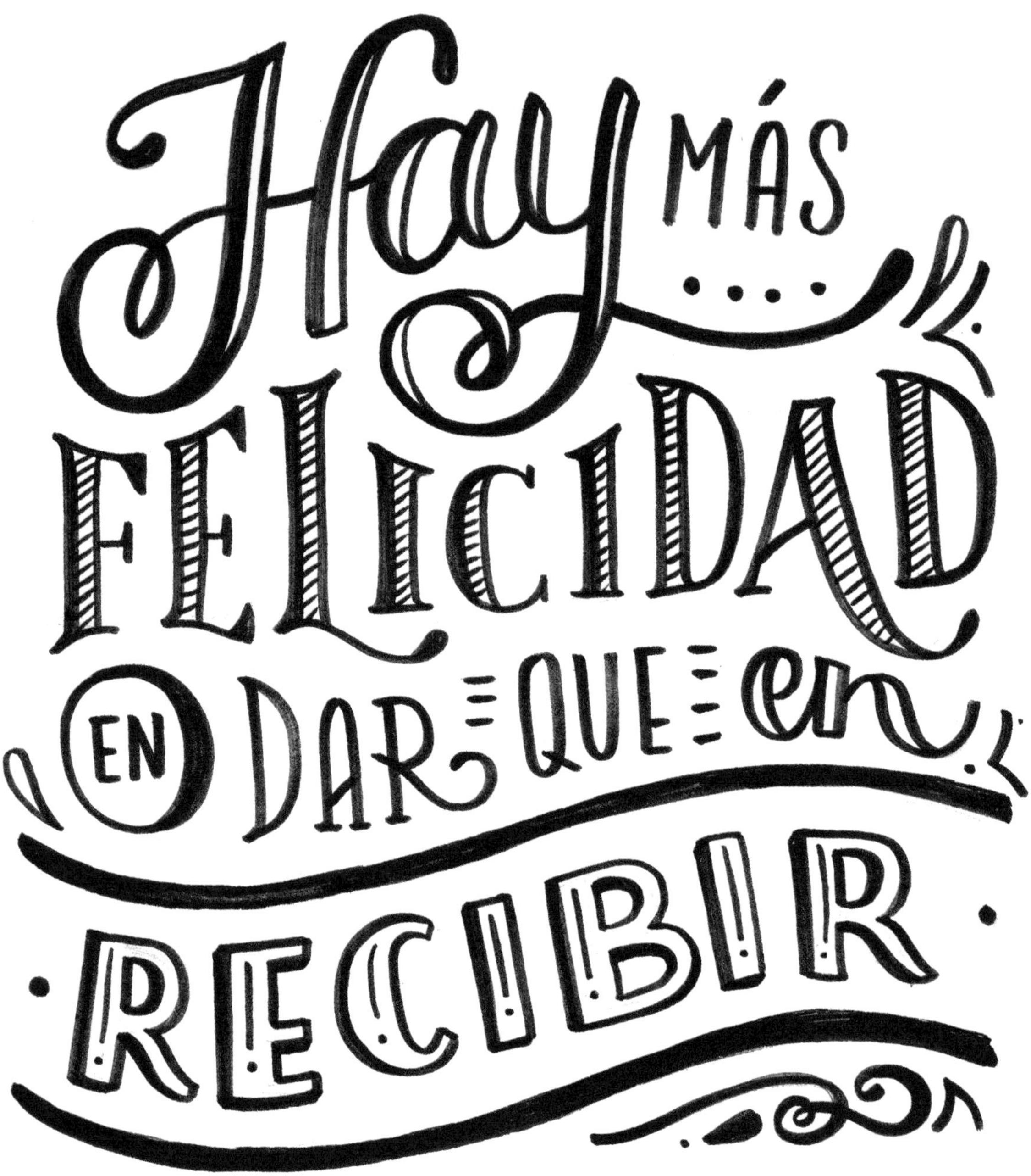

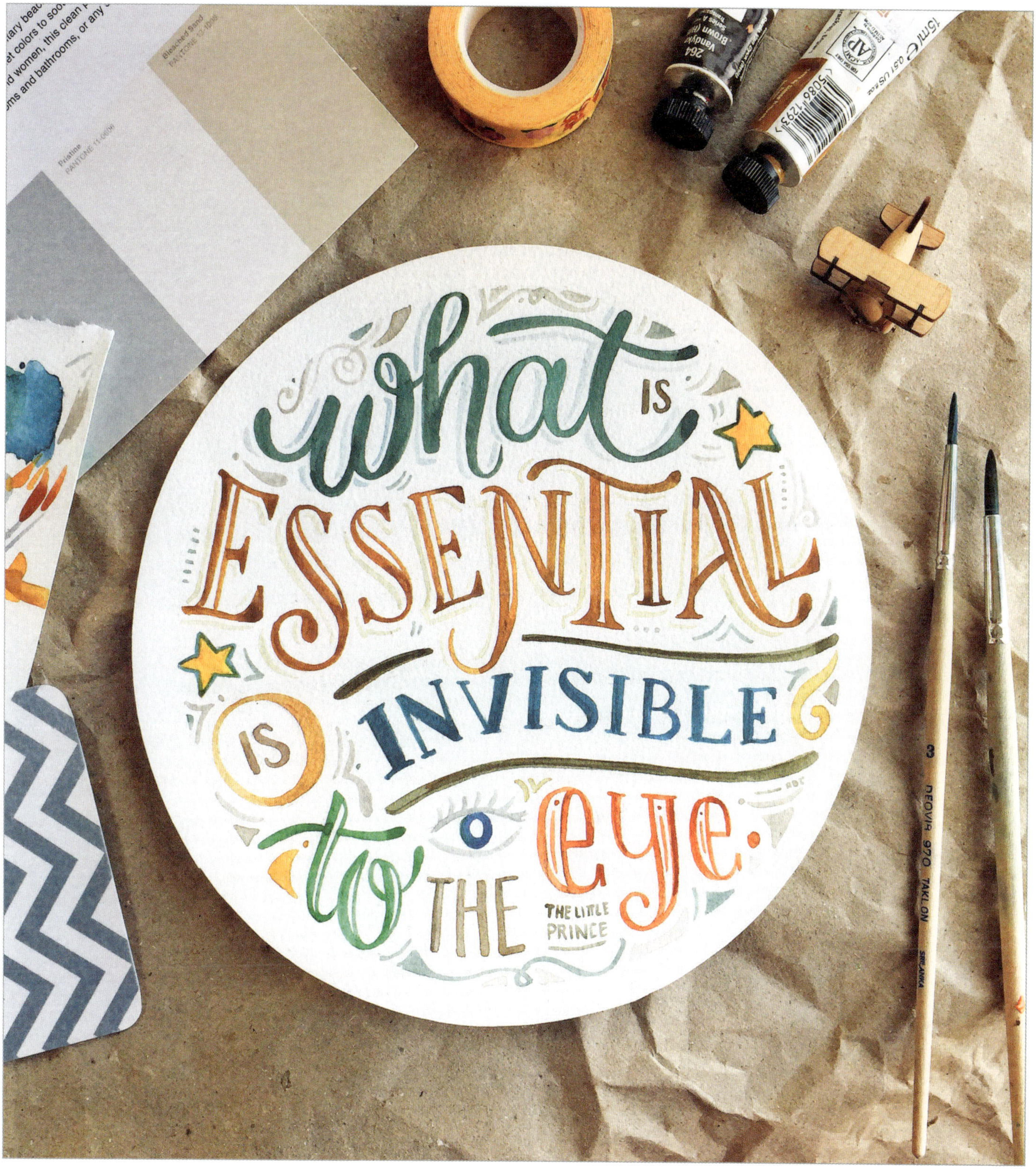
what is
ESSENTIAL
is INVISIBLE
to the eye.
THE LITTLE PRINCE

Googly Gooeys

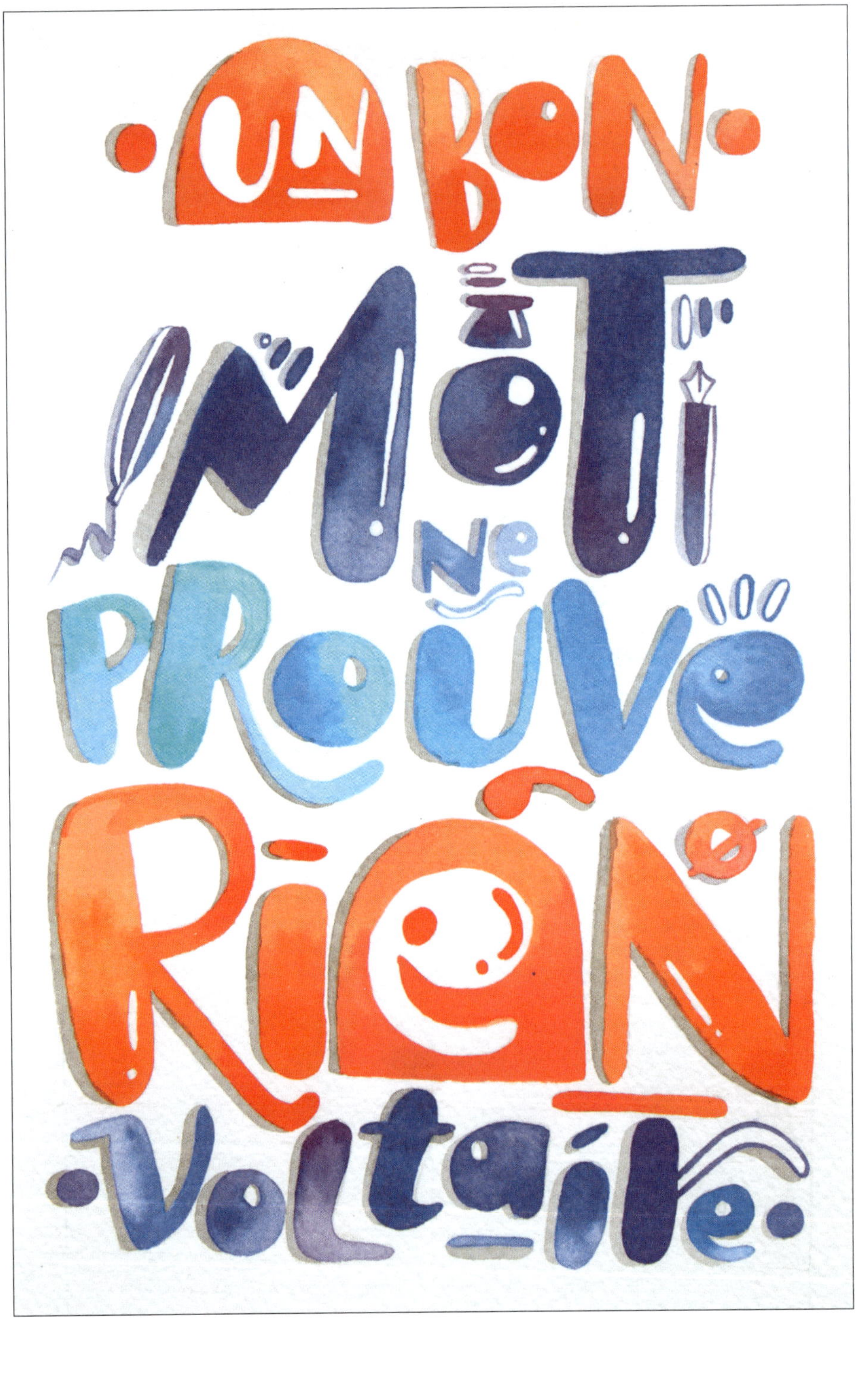

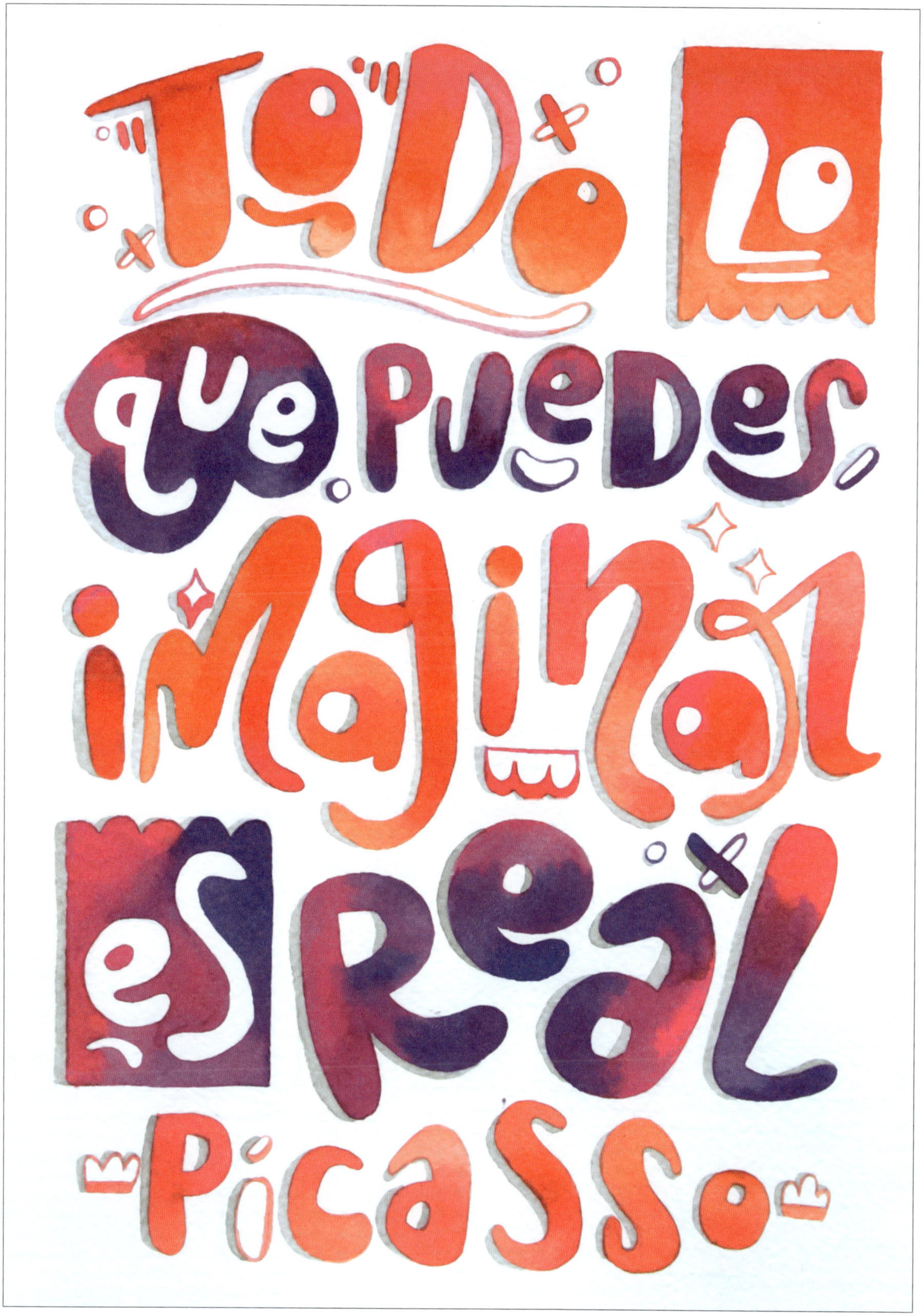
Todo lo
que puedes
imaginar
es real
-Picasso-

João Neves

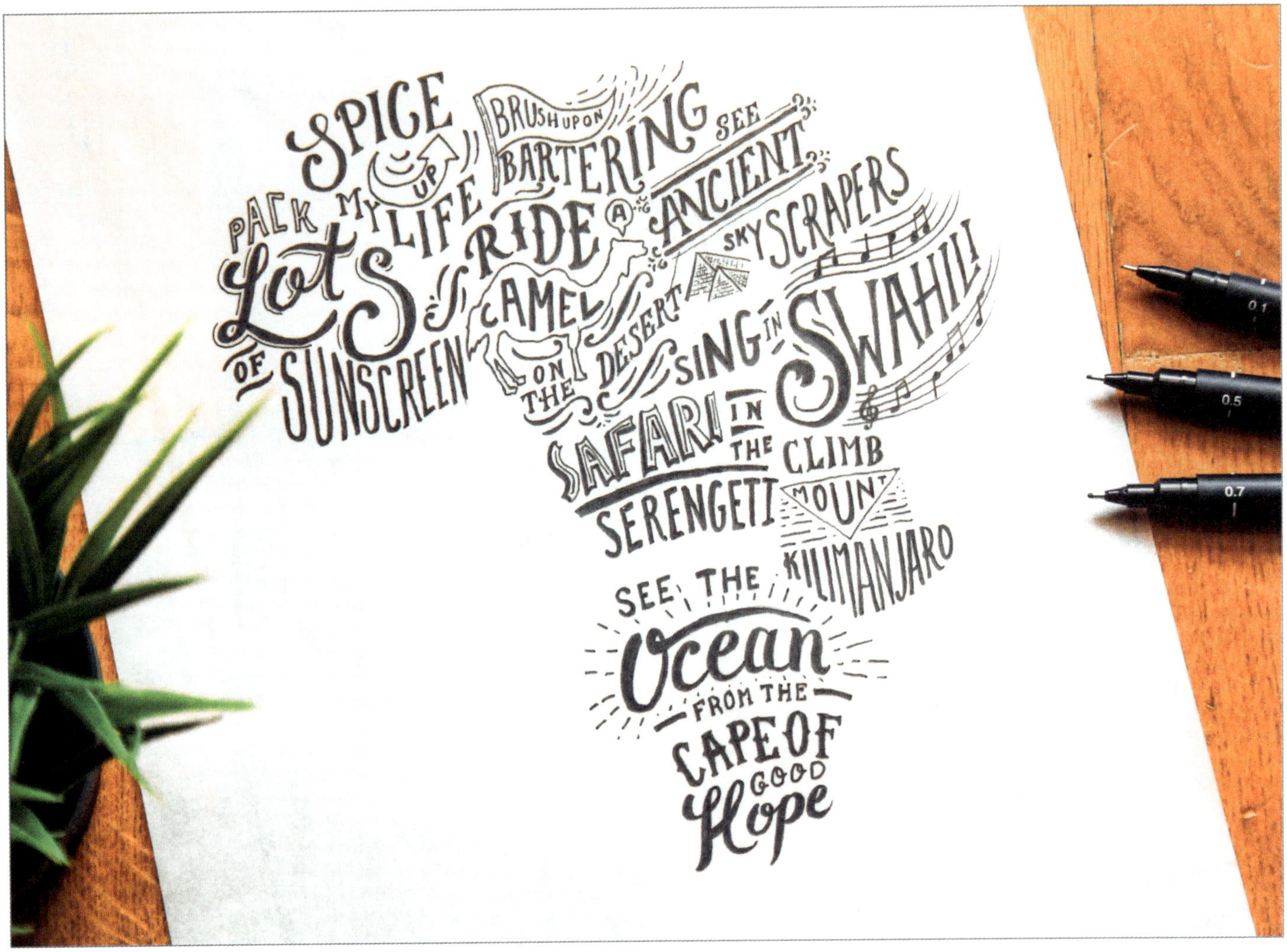
SPICE
BRUSH UP ON
BARTERING
SEE
PACK MY LIFE UP
RIDE A
ANCIENT
SKYSCRAPERS
LOTS
OF
SUNSCREEN
CAMEL
ON THE
DESERT
SING IN
SWAHILI
SAFARI IN THE
SERENGETI
CLIMB
MOUNT
KILIMANJARO
SEE THE
Ocean
FROM THE
CAPE OF
GOOD
Hope
0.1
0.5
0.7

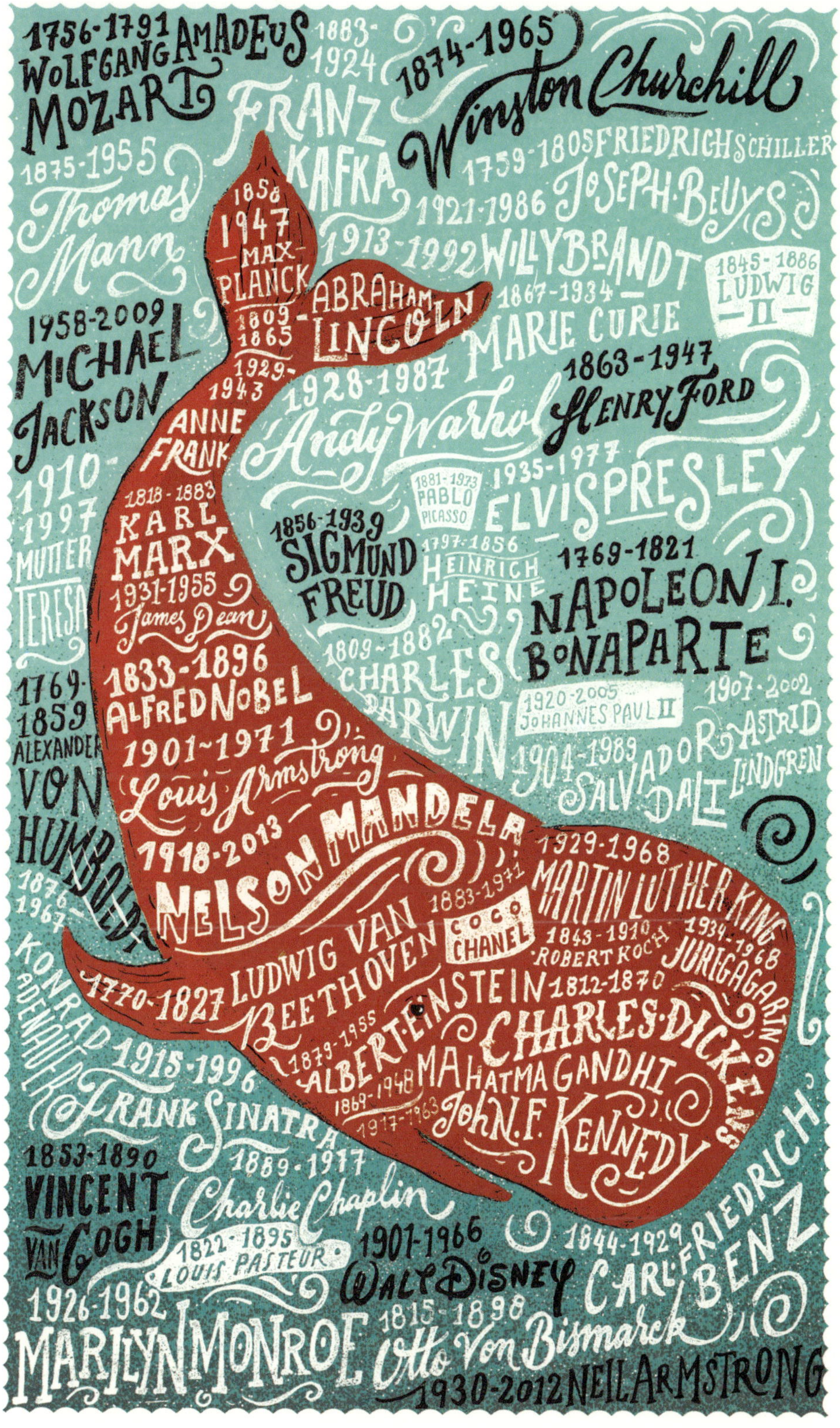
1756-1791 WOLFGANG AMADEUS MOZART
1883-1924 FRANZ KAFKA
1874-1965 Winston Churchill
1875-1955 Thomas Mann
1759-1805 FRIEDRICH SCHILLER
1921-1986 JOSEPH BEUYS
1858-1947 MAX PLANCK
1913-1992 WILLY BRANDT
1845-1886 LUDWIG II
1809-1865 ABRAHAM LINCOLN
1867-1934 MARIE CURIE
1958-2009 MICHAEL JACKSON
1929-1945 ANNE FRANK
1928-1987 Andy Warhol
1863-1947 HENRY FORD
1910-1997 MUTTER TERESA
1881-1973 PABLO PICASSO
1935-1977 ELVIS PRESLEY
1818-1883 KARL MARX
1856-1939 SIGMUND FREUD
1797-1856 HEINRICH HEINE
1769-1821 NAPOLEON I. BONAPARTE
1931-1955 James Dean
1809-1882 CHARLES DARWIN
1833-1896 ALFRED NOBEL
1769-1859 ALEXANDER VON HUMBOLDT
1920-2005 JOHANNES PAUL II
1907-2002 ASTRID LINDGREN
1901-1971 Louis Armstrong
1904-1989 SALVADOR DALI
1918-2013 NELSON MANDELA
1929-1968 MARTIN LUTHER KING
1876-1967 KONRAD ADENAUER
1883-1971 COCO CHANEL
1843-1910 ROBERT KOCH
1934-1968 JURI GAGARIN
1770-1827 LUDWIG VAN BEETHOVEN
1879-1955 ALBERT EINSTEIN
1812-1870 CHARLES DICKENS
1869-1948 MAHATMA GANDHI
1917-1963 John F. KENNEDY
1915-1998 FRANK SINATRA
1889-1977 Charlie Chaplin
1853-1890 VINCENT VAN GOGH
1822-1895 LOUIS PASTEUR
1901-1966 WALT DISNEY
1844-1929 CARL FRIEDRICH BENZ
1926-1962 MARILYN MONROE
1815-1898 Otto von Bismarck
1930-2012 NEIL ARMSTRONG

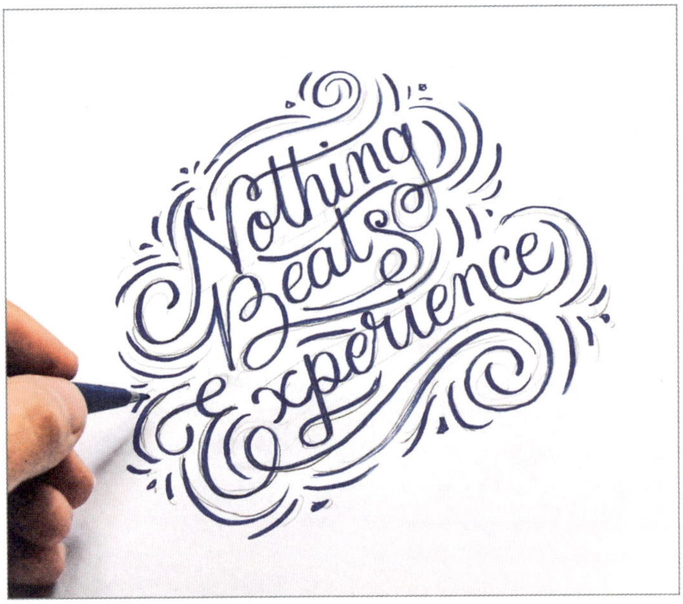
Nothing Beats Experience

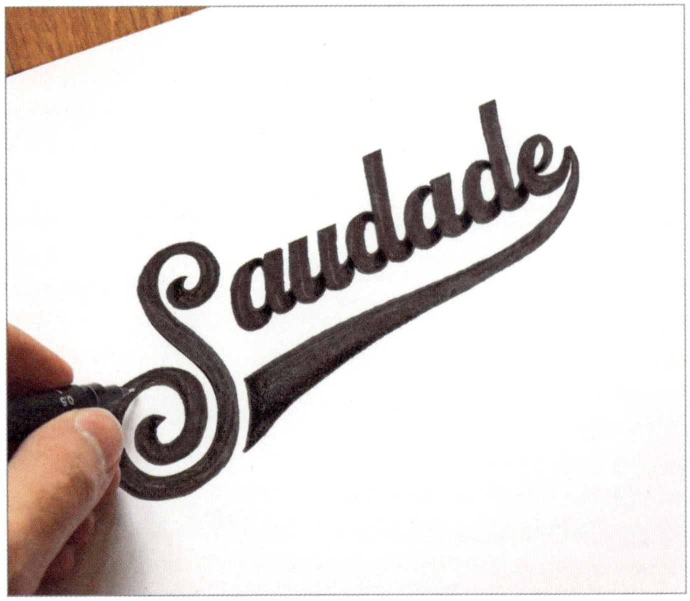
Saudade

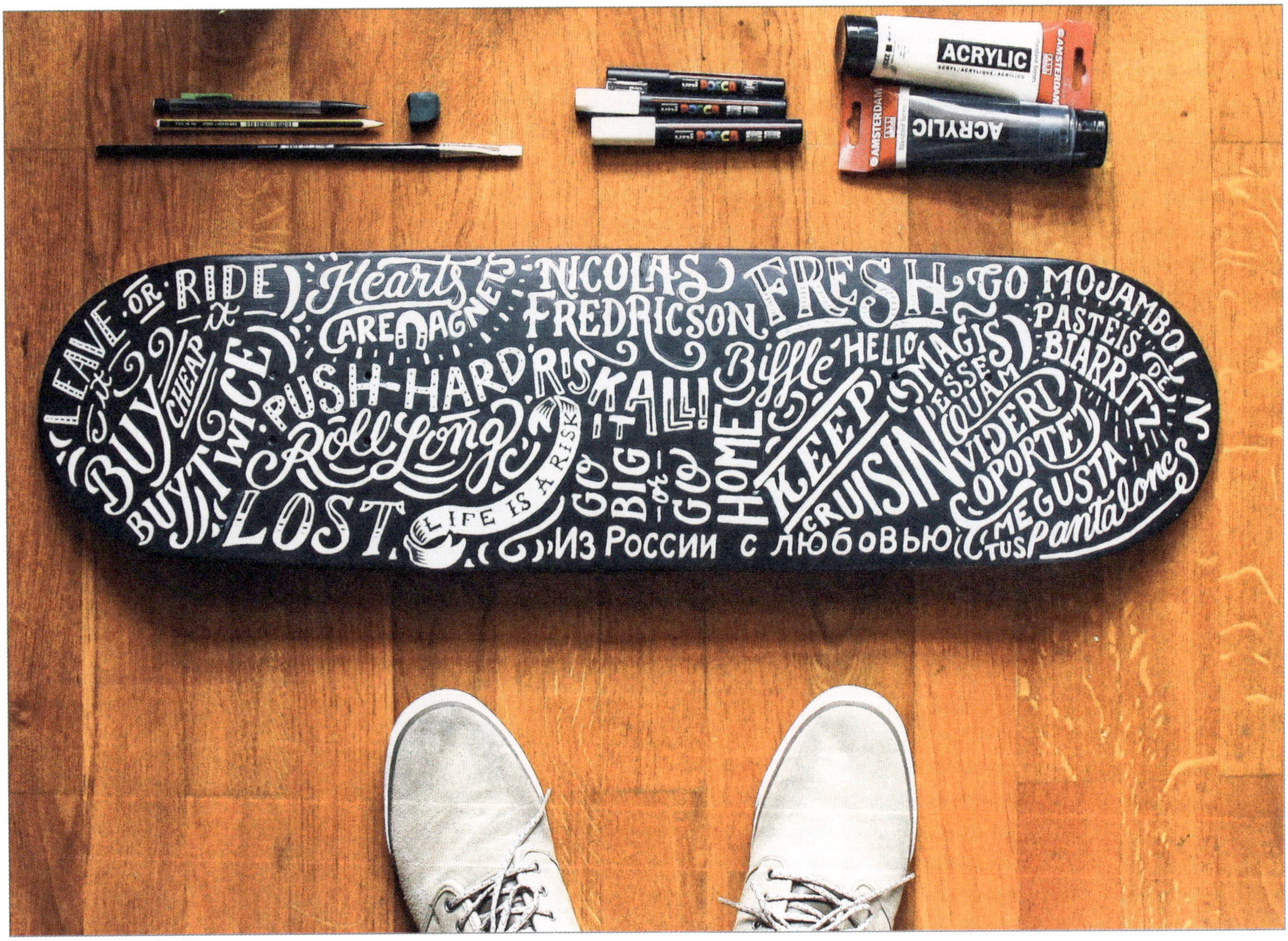
ACRYLIC
AMSTERDAM
ACRYLIC
LEAVE it OR RIDE it
BUY CHEAP BUY TWICE
Hearts ARE MAGNETS
NICOLAS FREDRICSON
FRESH
GO MOJAMBO
PASTEIS DE BIARRITZ
PUSH HARD
RISKALL!
Roll Long
LOST
LIFE IS A RISK
GO BIG or GO HOME
Biffle
HELLO
KEEP CRUISIN
MAGIS ESSE QUAM VIDERI OPORTET
ME GUSTA TUS Pantalones
Из России с любовью

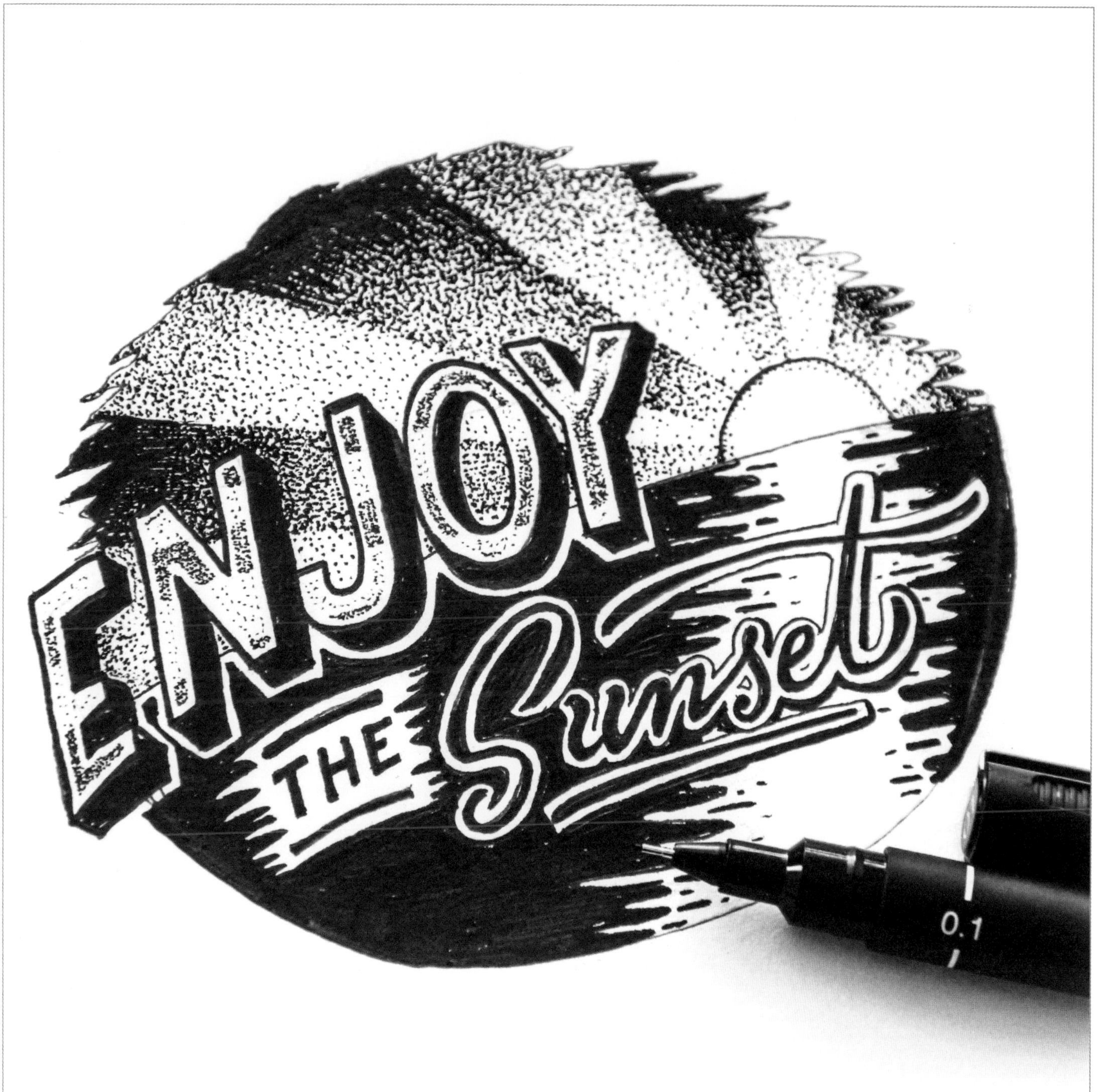
ENJOY
THE
Sunset
0.1

Lisa Lorek

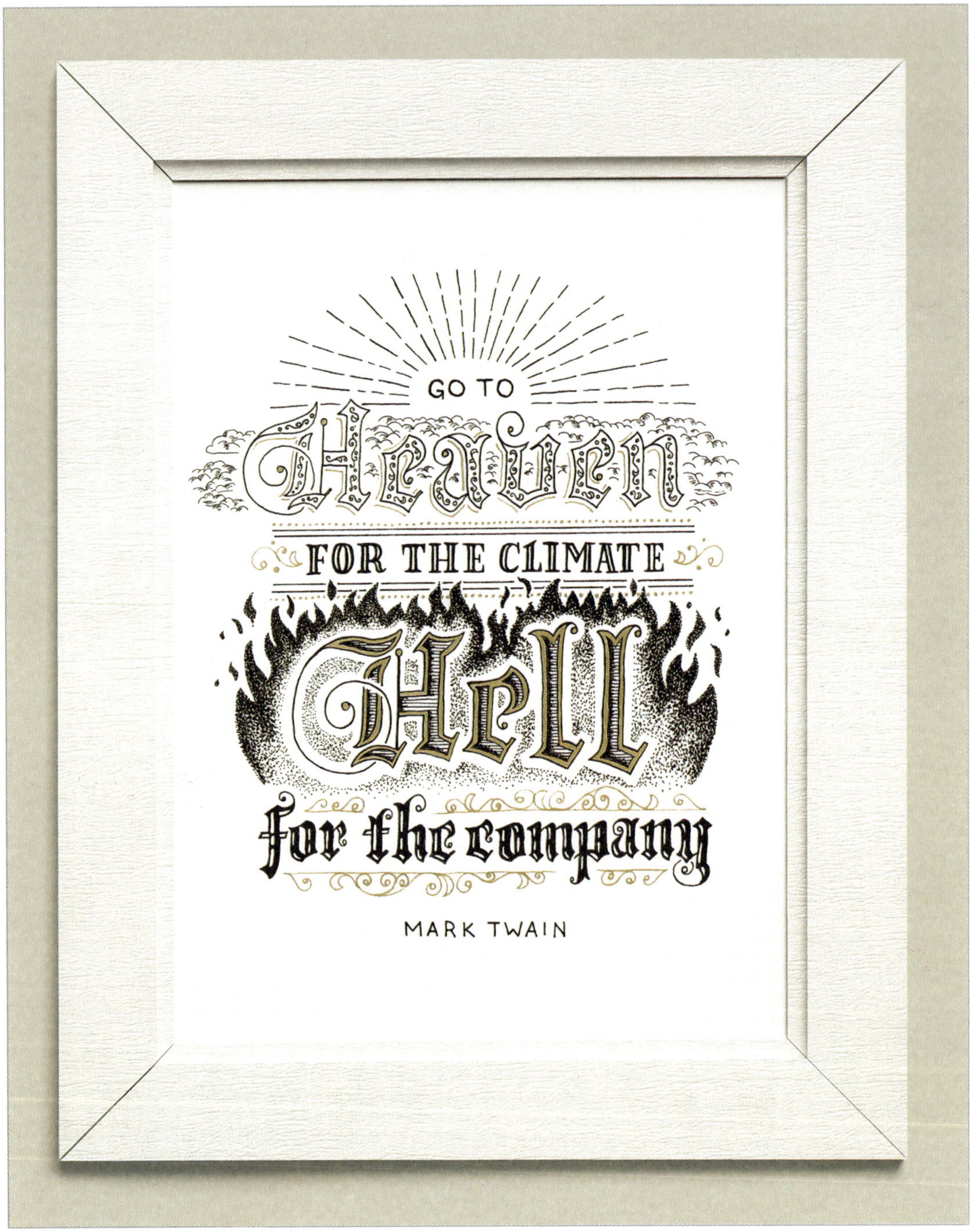

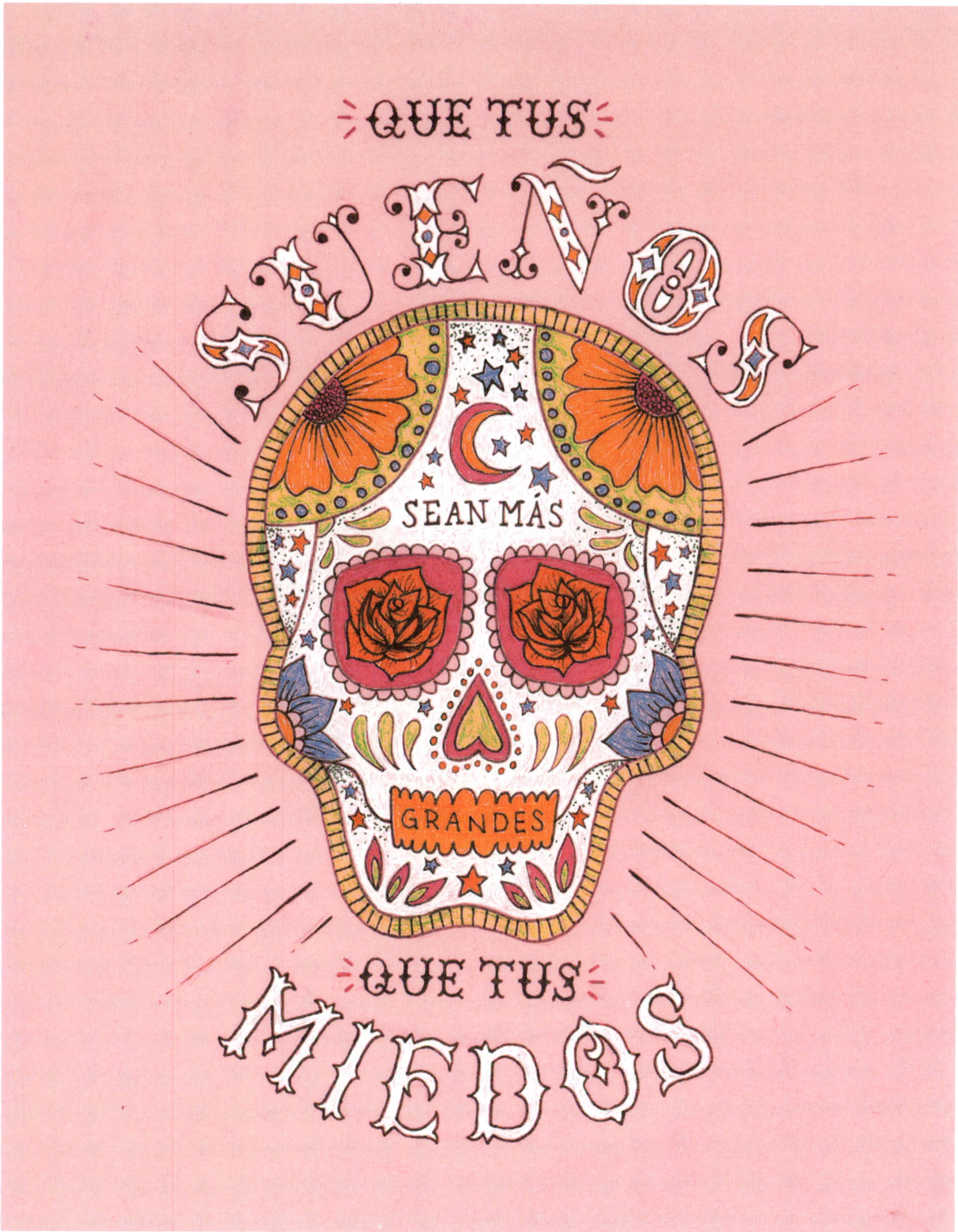
QUE TUS
SUEÑOS
SEAN MÁS
GRANDES
QUE TUS
MIEDOS

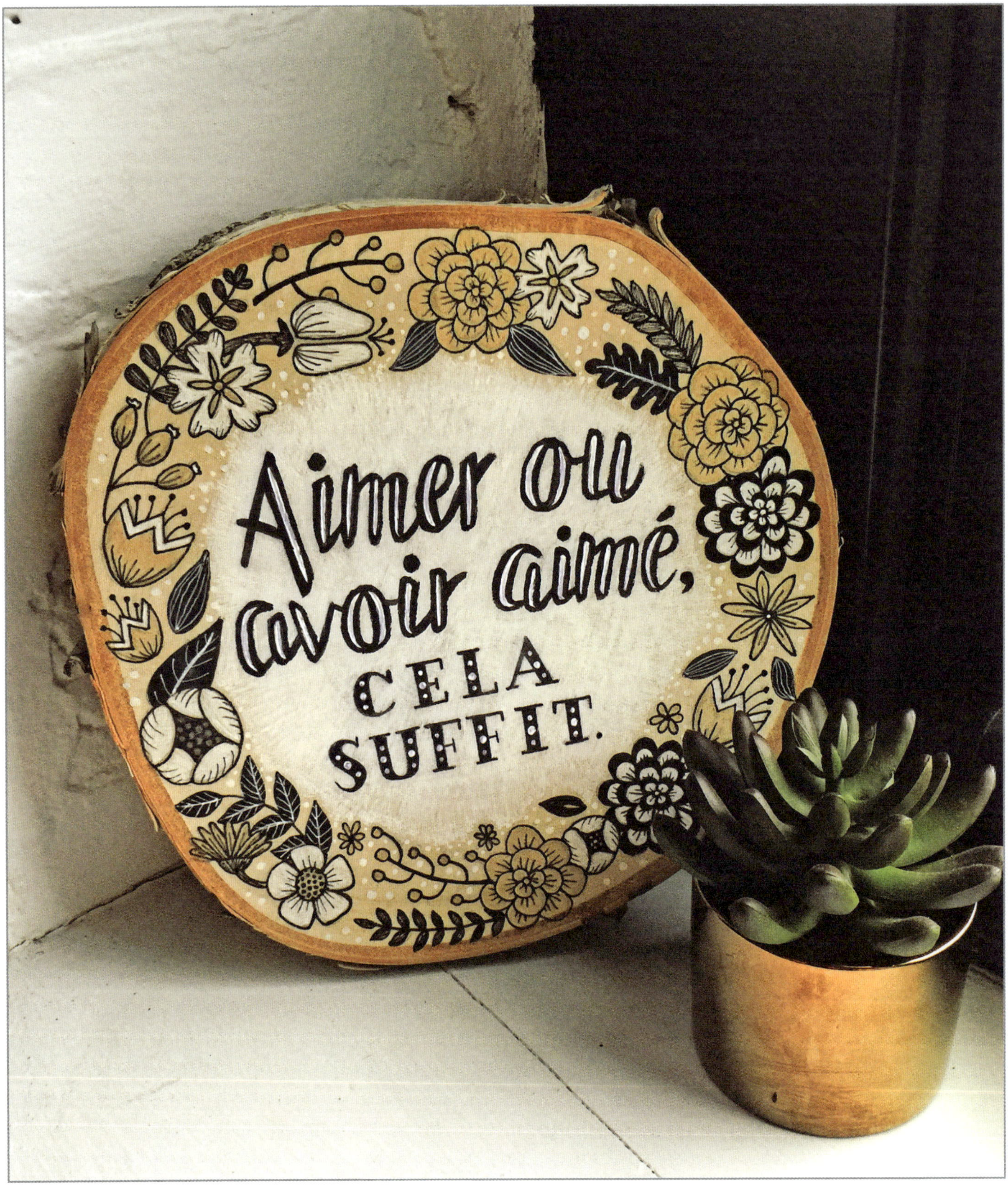
Aimer ou
avoir aimé,
CELA
SUFFIT.

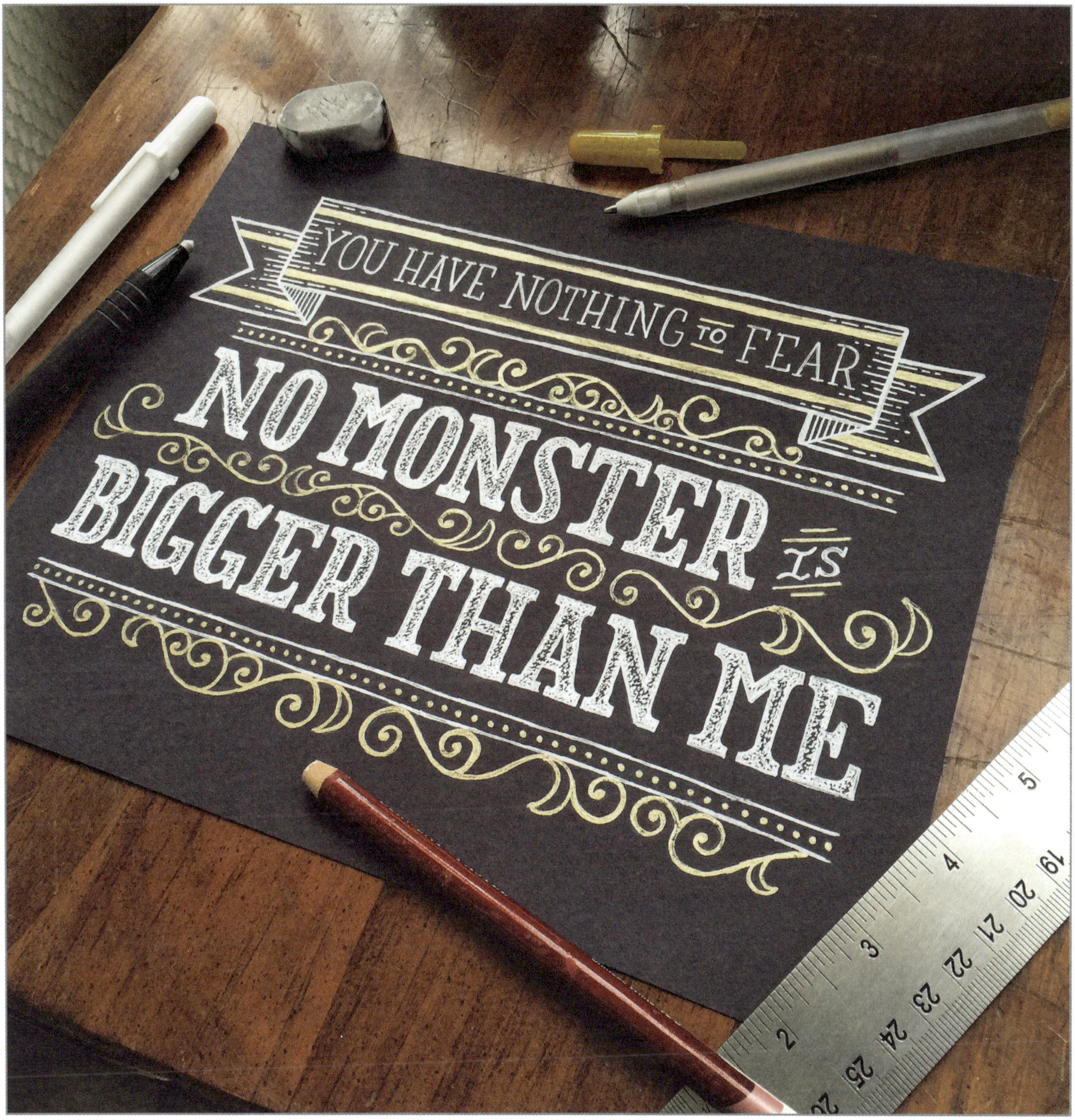
YOU HAVE NOTHING TO FEAR
NO MONSTER IS BIGGER THAN ME

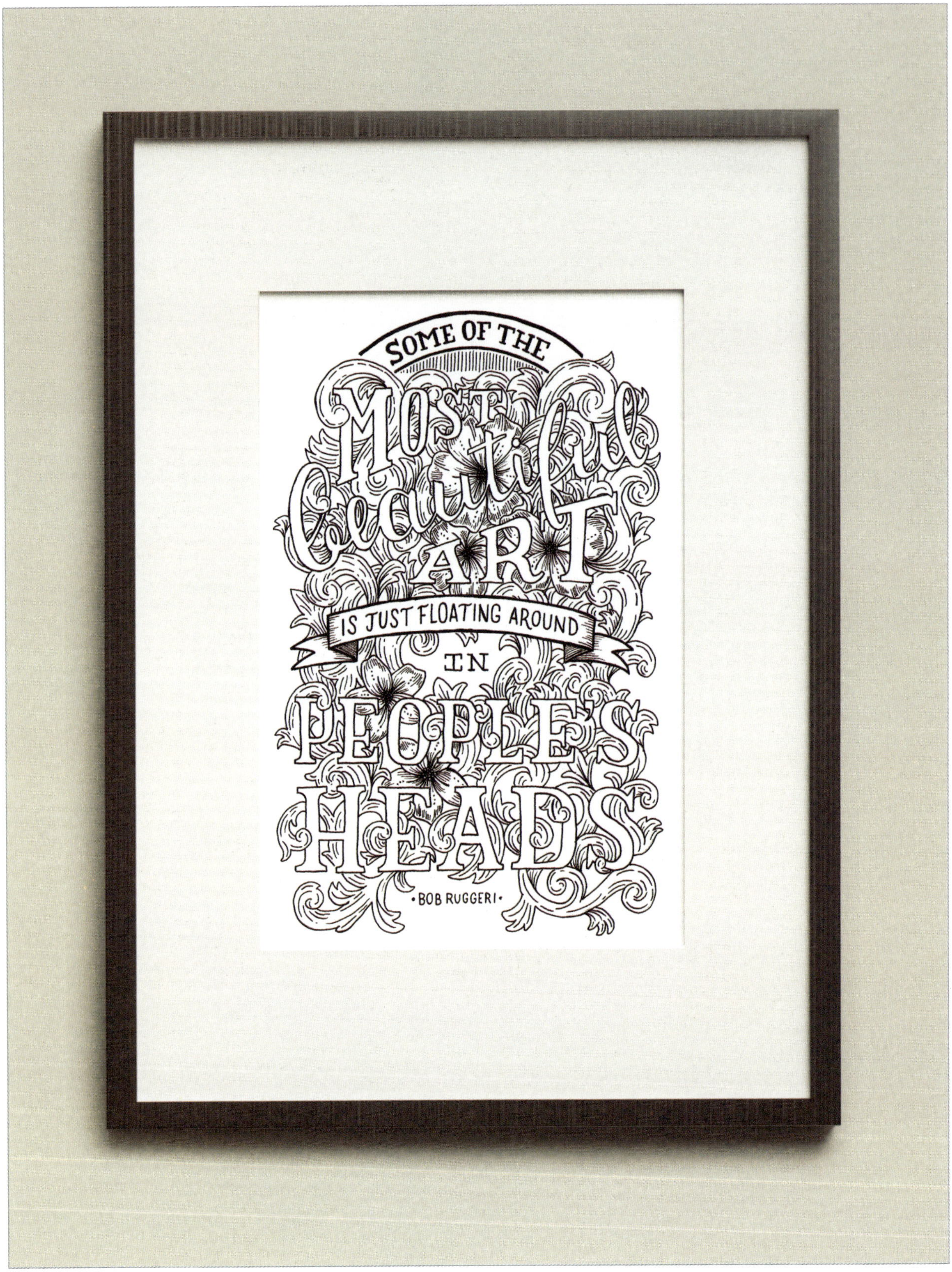
SOME OF THE
MOST
beautiful
ART
IS JUST FLOATING AROUND
IN
PEOPLE'S
HEADS
• BOB RUGGERI •

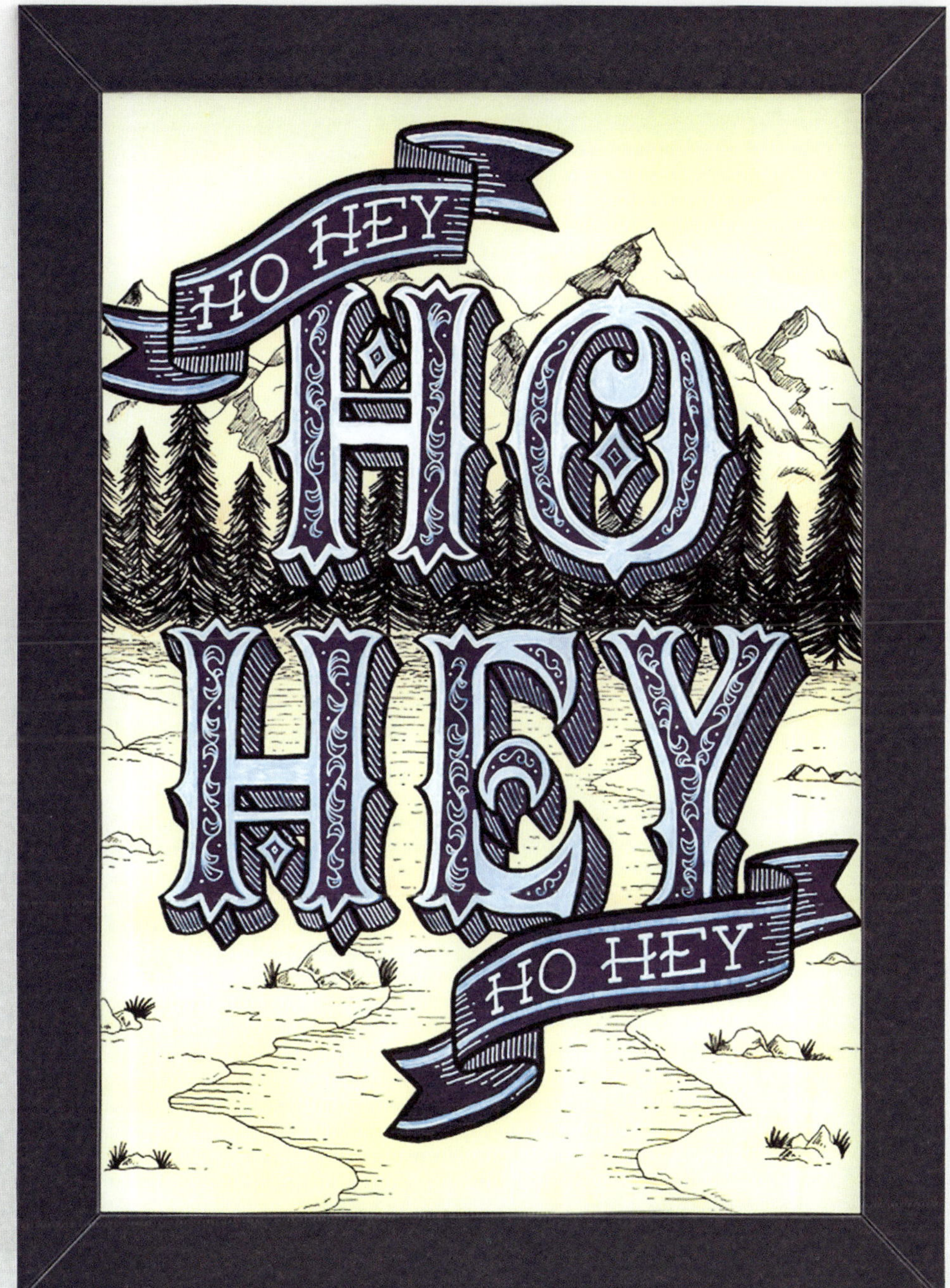
HO HEY
HO
HEY
HO HEY

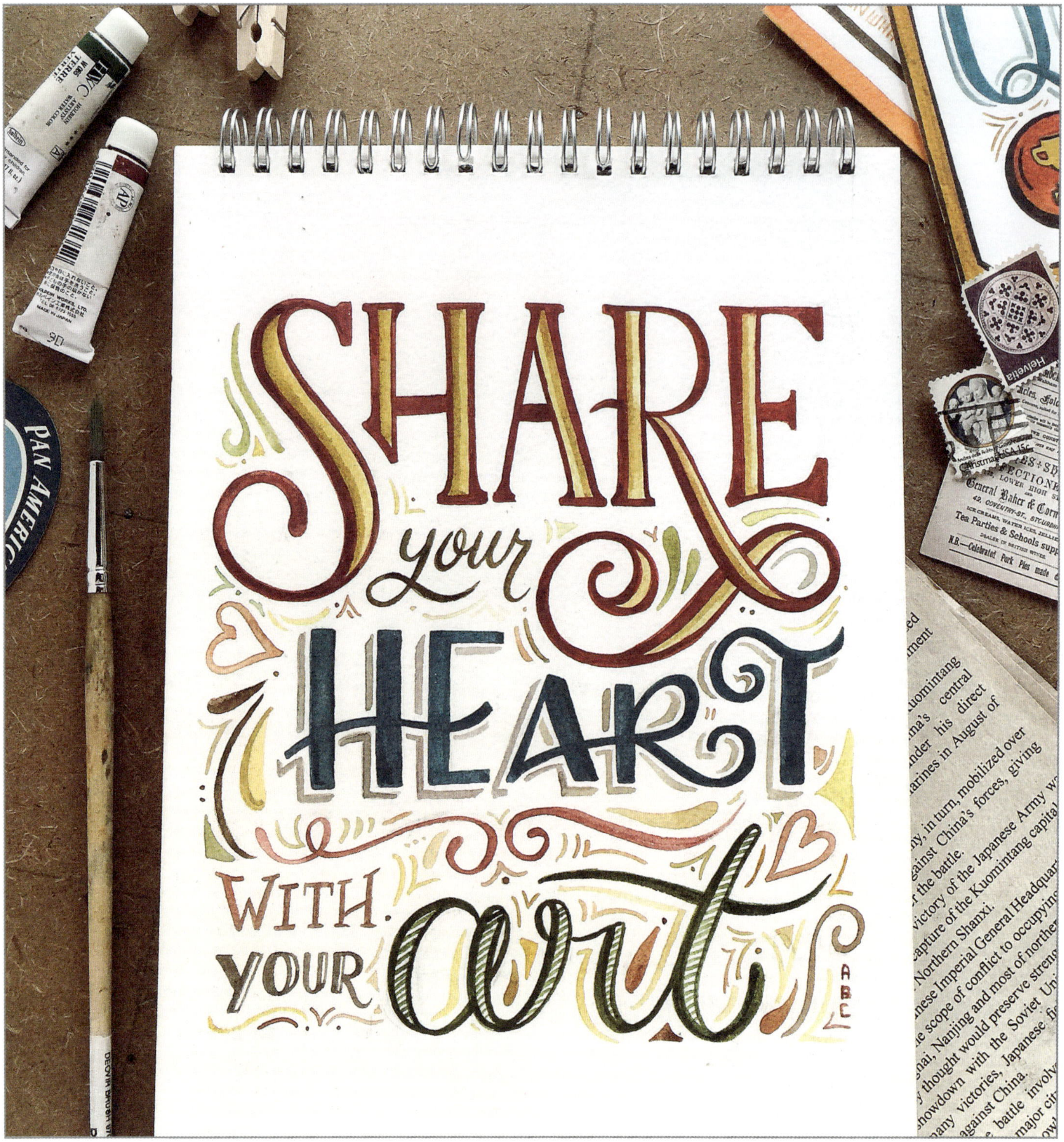
SHARE
your
HEART
WITH
YOUR
art